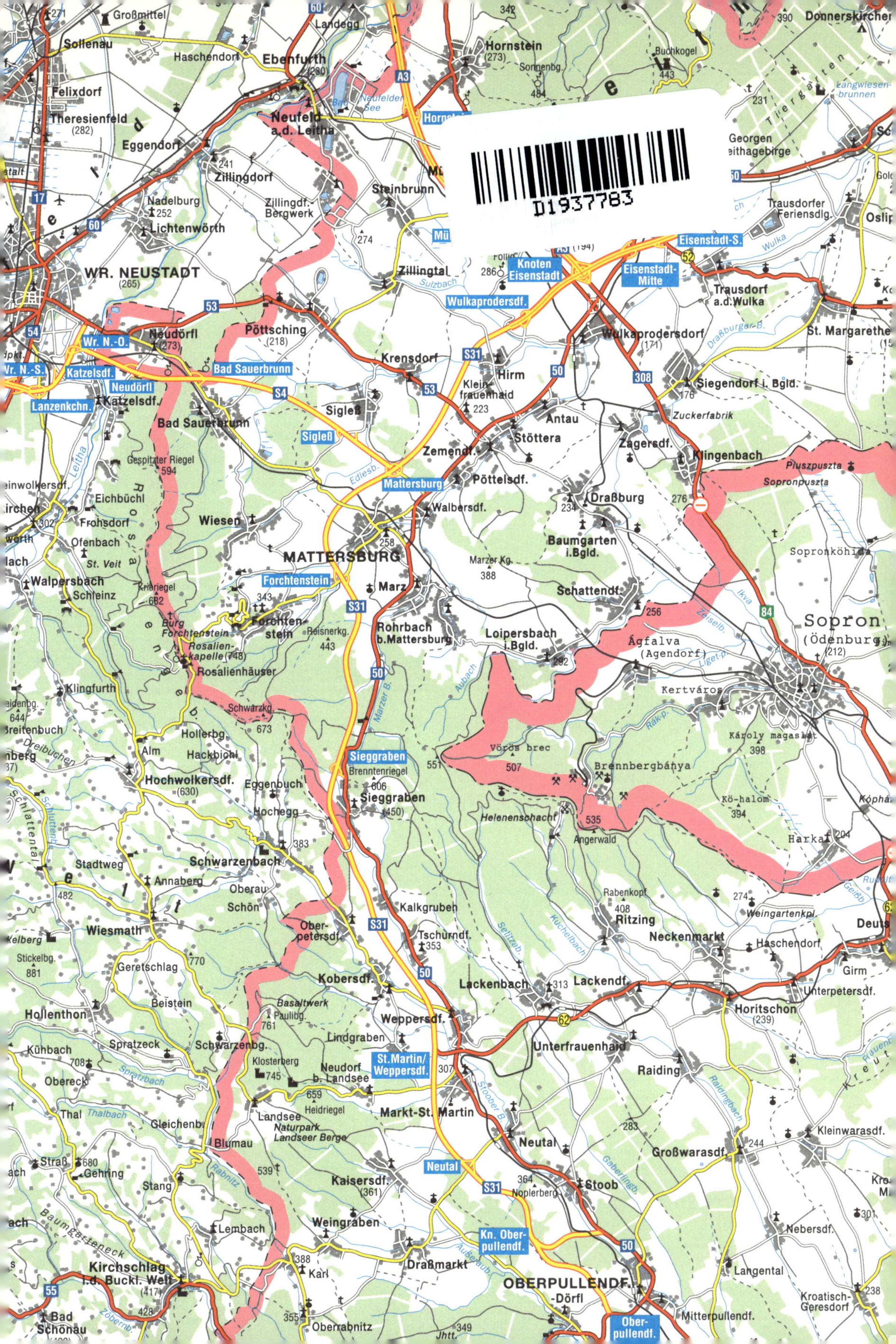

Großmittel
Sollenau
Haschendorf
Ebenfurth
Landegg
Hornstein
Felixdorf
Theresienfeld
Neufeld a.d. Leitha
Neufelder See
Eggendorf
Zillingdorf
Steinbrunn
Nadelburg
Lichtenwörth
Zillingdf.-Bergwerk
WR. NEUSTADT
Zillingtal
Knoten Eisenstadt
Eisenstadt-Mitte
Eisenstadt-S.
Trausdorf a.d.Wulka
Trausdorfer Feriensdlg.
Wulkaprodersdf.
Wulkaprodersdorf
St. Margarethen
Neudörfl
Pötsching
Wr. N.-O.
Wr. N.-S.
Katzelsdf.
Bad Sauerbrunn
Krensdorf
Hirm
Klein-frauenhaid
Siegendorf i. Bgld.
Zuckerfabrik
Lanzenkchn.
Katzelsdf.
Sigleß
Antau
Stöttera
Zagersdf.
Klingenbach
Pluszpuszta
Sopronpuszta
Gespitzter Riegel
Zemendf.
Pöttelsdf.
Mattersburg
Walbersdf.
Draßburg
Eichbüchl
Frohsdorf
Wiesen
Baumgarten i.Bgld.
Ofenbach
St. Veit
MATTERSBURG
Marzer Kg.
Sopronkőhida
Walpersbach
Schleinz
Forchtenstein
Marz
Schattendf.
Burg Forchtenstein
Forchten-stein
Reisnerkg.
Rohrbach b.Mattersburg
Loipersbach i.Bgld.
Sopron (Ödenburg)
Ágfalva (Agendorf)
Rosalien-kapelle
Rosalienhäuser
Klingfurth
Kertváros
Breitenbuch
Schwarzkg.
Hollerbg.
Hackbichl
Vörös brec
Brennbergbánya
Károly magaslat
Alm
Sieggraben
Brenntenriegel
Hochwolkersdf.
Eggenbuch
Sieggraben
Helenenschacht
Kő-halom
Hochegg
Angerwald
Harka
Stadtweg
Schwarzenbach
Annaberg
Oberau
Schön
Kalkgruben
Rabenkopf
Ritzing
Weingartenkpl.
Wiesmath
Ober-petersdf.
Tschurndf.
Neckenmarkt
Haschendorf
Stickelbg.
Geretschlag
Kobersdf.
Lackenbach
Lackendf.
Girm
Unterpetersdf.
Beistein
Basaltwerk Paulibg.
Horitschon
Hollenthon
Weppersdf.
Lindgraben
Unterfrauenhaid
Kühbach
Spratzeck
Schwarzenbg.
St.Martin/ Weppersdf.
Raiding
Klosterberg
Neudorf b. Landsee
Obereck
Heidriegel
Landsee
Naturpark Landseer Berge
Markt-St. Martin
Thal
Gleichenb.
Neutal
Kleinwarasdf.
Blumau
Großwarasdf.
Straß
Gehring
Stang
Kaisersdf.
Noplerberg
Stoob
Weingraben
Lembach
Kn. Ober-pullendf.
Nebersdf.
Kirchschlag i.d. Buckl. Welt
Karl
Draßmarkt
OBERPULLENDF.
-Dörfl
Langental
Bad Schönau
Oberrabnitz
Ober-pullendf.
Mitterpullendf.
Kroatisch-Geresdorf
Donnerskirchen
Buchkogel
Georgen
Leithagebirge
Tiergarten

publication PN°1
Bibliothek der Provinz

Architektur der Provinz – Wiener Stadtbaumeister der Jahrhundertwende im Wechselgebiet
Erika Sieder / Helga Erol-Rieß

BÜRGER – BAUER – EDELMANN
Karl Rieß – Vater (1837–1930), Franz Rieß – Sohn (1876–1954)
Wien, Baden, Mariensee

Eine Dokumentation in Wort und Bild mit Auszügen aus dem Schularchiv der Volksschule Mariensee am Wechsel

Informationen, Photographien und Pläne aus den Sammlungen von: Architekturzentrum Wien – Sammlung Achleitner, Baupolizei Wien I, III, IV, VII, IX, X, XVIII, XX, Bezirksmuseum Währing, Bezirksmuseum Wieden, Bildarchiv – Österreichische Nationalbibliothek, A. und I. Brandl Lichtenwörth, G. Buchinger Wien, Bundesdenkmalamt Wien, H. Erol-Rieß Wien, F. Feurstein Bregenz, Fotoarchiv BDA Wien, Friedhofsverwaltung Baden, R. Gansterer Kirchberg am Wechsel, Gemeinde Aspangberg-St. Peter, Gemeinde Lichtenwörth, Gemeinde Miesenbach, S. Göbel Wien, U. Göbel Wien, Grundbuch Wien XIX, Grundbuch Wiener Neustadt, Kronprinzenwerk, Landesarchiv St. Pölten, R. Maurer Baden, Media Service Wien, B. Neuwirth Wien, Niederösterreichisches Landesmuseum St. Pölten, M. Ofner Mariensee, Österreichisches Volksliedarchiv Wien, Pfarre Baden St. Stephan, Pfarre Lichtenwörth St. Jakobus, Pfarre Wien IV St. Elisabeth, Pfarre Wien IV Zu den Hl. Schutzengeln, Pfarre Wien XIX St. Paul, M. Rieß Wien, R. Rieß Höflein, Rollett-Museum Baden, G. Rössler Linz, H. Saak-Rieß Miesenbach, Lisbeth Schildecker Tulln, M. Schlechta Wien, H. Schnack Wien, U. Schopper Klosterneuburg, Schubert & Franzke, Kartografischer Verlag St. Pölten, Schularchiv Mariensee, Photo-Antiquariat H. Seemann Wien, M. Spitzer Lichtenwörth, Stadtarchiv Baden, Stadtmuseum Stockerau, J. Stickelberger Mariensee, K. Stiegler Wien, L. Taylor Braunau, St. Toifl Miesenbach, F. Trimmel Aspang, WIENER LINIEN, Wien Museum, Wiener Linien, Wiener Stadt- und Landesarchiv, W. Wieser Wiener Neustadt, O. Wolfrum Wien, F. Zinkl Mariensee.

Gestaltung und Layout: Gottfried Eilmsteiner, unterstützt von Michael Fink
Lektorat: Barbara Sinic

herausgegeben von Richard Pils

ISBN 3 85252 693 0
Verlag *publication PN°*1 Bibliothek der Provinz
A-3970 WEITRA 02856/3794

Titelbild: »Eierstabdekoration« aus der Fassade des Rieß-Hauses Baden, Pfarrplatz 4;
Idee: Alexandra Paulnsteiner
Schmutzblatt vorne: Landkarte mit Mariensee, Semmering; Miesenbach und Baden, *Schubert & Franzke*
Schmutzblatt hinten: U-Bahn-Plan Wien, *Wiener Linien*

Architektur der Provinz
Wiener Stadtbaumeister der Jahrhundertwende im Wechselgebiet

Erika Sieder
Helga Erol-Rieß

BÜRGER BAUER EDELMANN

Karl Rieß
Vater
1837–1930

Franz Rieß
Sohn
1876–1954

WIEN, BADEN, MARIENSEE

Eine Dokumentation in Wort und Bild mit
Auszügen aus dem Schularchiv der Volksschule
Mariensee am Wechsel

Kein Mensch ist eine Insel, die für sich allein bestehen kann
John Donne (17. Jahrhundert)

INHALTSVERZEICHNIS

Stadtbaumeister Carl Rieß mit seiner Familie im »Familienhaus« Wien IV, Graf-Starhemberg-Gasse 42, um 1895

VORWORT

Der Titel »BÜRGER – BAUER – EDELMANN« mag auf den ersten Blick ungewöhnlich erscheinen. Die Darstellung der städtischen Architektur auf dem Lande wird im vorliegenden Buch mit der gesellschaftlichen Position und der sozialen Funktion der Beteiligten in Verbindung gebracht. Im Bürger, Bauer und Edelmann spiegelt sich ihr jeweiliger kultureller Einfluß auf die architektonische Entwicklung um 1900. In dieser Zeit ist zu beobachten, daß Baumeister und Künstler aus den Städten hinaus aufs Land zogen, um auch hier Werke ihres Könnens und ihrer Epoche zu hinterlassen:

> Unser Jahrhundert zeigt das Land Niederösterreich architektonisch in vollster Abhängigkeit von der Reichshauptstadt. Kirchen und Staatsbauten, Klöster und Herrnsitze wie der gesamte Privatbau, alles trägt den Stempel der Wiener Schule.
>
> (Kronprinzenwerk Niederösterreich, S. 281)

Den Anstoß dazu gaben der Aufbruch in ein neues Jahrhundert, neue wirtschaftliche Möglichkeiten, wachsendes Interesse für Natur und Landleben, Vergnügen an Jagd und Hundezucht, der Beginn der Wanderbewegung, aber auch private, persönliche Kontakte. Die mondänen Bauten am Semmering und die vom Kaiserhaus und dem Industrieadel bevorzugten Orte um die Residenzstadt Wien sind bereits dokumentiert. Das Wechselgebiet dagegen blieb bis heute unbekanntes Land.

Die Chroniken und Dokumentationen über Mariensee und St. Peter am Wechsel[1] führten zum Wiener Stadtbaumeister Karl Rieß und dessen Sohn Franz. Ihre Baubiographien umfassen den städtischen ebenso wie den ländlichen Bereich. Alle Rieß-Bauten auf dem Lande entstanden aufgrund persönlicher privater und familiärer Kontakte. Vier der ursprünglich fünf Bauten der beiden Architekten sind in Mariensee derzeit noch größtenteils erhalten, ebenso wie eine Stadtvilla und zwei Wohnhäuser in Baden bei Wien. Die Ähnlichkeit der von Franz Rieß geplanten Marienseer Volksschule mit der 1912 erbauten Volksschule Miesenbach-Scheuchenstein (heute Gauermann-Museum) sowie die Tatsache, daß die Wopfinger »Jagdvilla Oscar Merz«[2]

---

1 Beutel, Ortsbild, 1995; Sieder, Hungerloch, 2002; Stickelberger, Ortschronik, 1997; Stickelberger, Ursprünge, 1994.

2 Oscar Merz (geb. 17.6.1830 Fulda, Deutschland, gest. 4.12.1904 in seiner Villa in Wopfing bei Gutenstein), Ausbildung zum Architekten an der Akademie der bildenden Künste in München, 1854 Berufung an das Atelier Ludwig Förster in Wien, 1857 im Hochbaubüro der Staatseisenbahn Ges. unter W. Flattich (Südbahnhof), ab 11.12.1870 Mitglied des Künstlerhauses, trat aber bereits mit seinem Schreiben vom 2.11.1871 aus: »Nachdem ich nicht mehr im Stande bin an den Bestrebungen der löblichen Genossenschaft Theil zu nehmen,« Wohnte damals in Wien IV., Weyringergasse 4. 1872–73 in der Direktion der 1. österr. Bau- und Verkehrsges., ab 1875 selbständiger Architekt, der vor allem in Wien-Neubau und Wien-Mariahilf (siehe Dehio, Wien) baute. Mitglied des Sängerbundes und im Verwaltungsrat des Wr. Sängerhausvereines. Lt. lokalen Wopfinger Erinnerungen war ein Modell seiner Jagdvilla auf der Pariser Weltausstellung. Lt. Künstlerhausarchiv scheint in den Katalogen der Weltausstellungen Paris 1878 und 1900 Merz nicht auf. Es könnte nur sein, daß er unter dem Namen eines größeren Architekturbüros ausstellte. An der Weltausstellung Paris 1889 gab es keine Beteiligung Österreich-Ungarns. Der Kaufvertrag zwischen Ernestine Merz und Dr. Emilie Rieß läßt ebenso wie die Wiener Bauten von Oscar Merz und seinem Sohn Richard auf geschäftlich-familiäre Beziehungen schließen.

1912 von der Familie des Architekten erworben wurde, lassen die Vermutung zu, daß auch diesem Gebäude ein Entwurf von Franz Rieß zugrunde liegt. Leider sind alle Unterlagen, welche dies bestätigen könnten, einem Brand zum Opfer gefallen.

Geschäfts- und Sitzungsprotokolle, die Korrespondenz zwischen Bauherrn, Schuldirektor und Baumeister, sowie die Bauausschreibungen illustrieren nicht nur die Bedeutung des Marienseer Schulbaus für das Tal, sondern erlauben dem Fachmann Einblicke in zeitbezogene technische Details. Als Ergänzung dazu ermöglichen die vollständig erhaltene Lehrmittelsammlung, die Klassenbücher und Zeugnisse dieser Schule in Mariensee eine eingehende Betrachtung der Sozialstruktur des Tales.

Etwa zur selben Zeit löste die Stadterweiterung Wiens mit ihrer regen Bautätigkeit und dem Zuzug der dafür benötigten Arbeiter und Handwerker aus den Kronländern in Wien einen rasant steigenden Bedarf an Unterkünften aus. Die Ausstellung »ALT-WIEN, die Stadt, die niemals war«[3] warf einen kritischen Blick auf die dadurch entstandenen Auswirkungen, auch wenn die Einstufung der Bauherrn und Baumeister als Spekulanten wohl nicht immer ganz zutraf. Ein leicht nostalgischer Blick auf die Biedermeierhäuser mag verständlich sein, es wird dabei jedoch übersehen, daß mit den neuen drei- bis vierstöckigen Zinshäusern mit bis zu 60 Mietwohnungen, heute etwas abwertend als ›Substandard-Wohnungen‹ eingestuft, nicht nur ein wichtiger Beitrag zur Linderung der Wohnungsnot geleistet, sondern auch der Hygienestandard beträchtlich gehoben wurde. Diese neu entstandenen Mietwohnhäuser sind als die ersten Wiener Sozialwohnbauten anzusehen, und damit kann der Beginn des sozialen Wohnbaus in Wien wohl bereits vor 1900 angesetzt werden. Ähnliches gab es auch früher schon, wie beispielsweise die zu Maria Theresias Zeiten in den Spinnereien von Lichtenwörth bei Wiener Neustadt errichteten Arbeiterwohnungen.

Alle Bauten, welche von Karl und Franz Rieß als planende oder nur ausführende Baumeister stammen, sind im vorliegenden Buch anhand von Photographien oder Zeichnungen dokumentiert. Aus Gründen des Datenschutzes und der Respektierung der Privatsphäre sind Privathäuser und Villen nur in alten Postkarten wiedergegeben. Baupläne der Wohnhäuser in Wien und Baden sowie der Marienseer Volksschule geben detaillierte Einblicke in deren typische Grundrisse. Stadtpläne und Landkarten laden zu Stadtspaziergängen und Landpartien ein.

Die photographischen Impressionen der Wiener Bauten wurden von Bernhard Neuwirth, die der Volksschule Mariensee von Robin Rieß, einem Ururenkel des Stadtbaumeisters Karl Rieß, erstellt. Die Sammlung der biographischen Daten erfolgte durch Helga Erol-Rieß, Urenkelin des Stadtbaumeisters Karl Rieß und Großnichte des Baumeisters Franz Rieß, tatkräftig unterstützt von Ulrich Schopper, einem weiteren Urenkel und Großneffen, sowie von Lore

3 316. Sonderausstellung Wien Museum im Künstlerhaus, 25. Nov. 2004 – 28. März 2005.

Taylor, Urenkelin des Bruders Anton Rieß, und von Maria Spitzer aus Lichtenwörth.[4] Biographische Feinheiten sind dem besonderen Interesse der Ururenkelin Ulrike Göbel zu verdanken.

Vom Großneffen Prof. Herbert Schnack kam der Hinweis auf fünf Portraits berühmter Architekten am Attikagesims des »Hotel Regina«, dem von Emil Förster im Jahre 1876 erbauten ehemaligen Palais Angerer in Wien IX, Rooseveltplatz 15–16. Eine der auf dem »zurückschwingenden Attikageschoß mit Pilastergliederung und Figuren«[5] dargestellten Persönlichkeiten war der Großvater Karl Rieß. Leider ist von der Figurenbekrönung durch die Kriegsschäden nichts mehr erhalten geblieben.[6] Emil Försters Originalplan enthält keinen Hinweis, und es konnte keine Abbildung gefunden werden. Die engen persönlichen Beziehungen zwischen Förster und Rieß sind in der Trauungsurkunde von Maria Anna Rieß, der erstgeborenen Tochter von Karl Rieß, und Rudolf Bauer, »k.k. Ingenieur im Ministerium des Innern«[7], aus dem Jahre 1897 dokumentiert. »Ministerialrat Emil Otto Förster und Johann Österreicher, Hofzimmermeister« sind als Trauzeugen vermerkt. Ob Ludwig Förster, der Vater des Architekten, oder Oscar Merz, aus dem Freundeskreis Rieß und seit 1854 im Atelier von Ludwig Förster tätig, zu den übrigen vier auserwählten, aber »unbekannten« Architekten zählten?

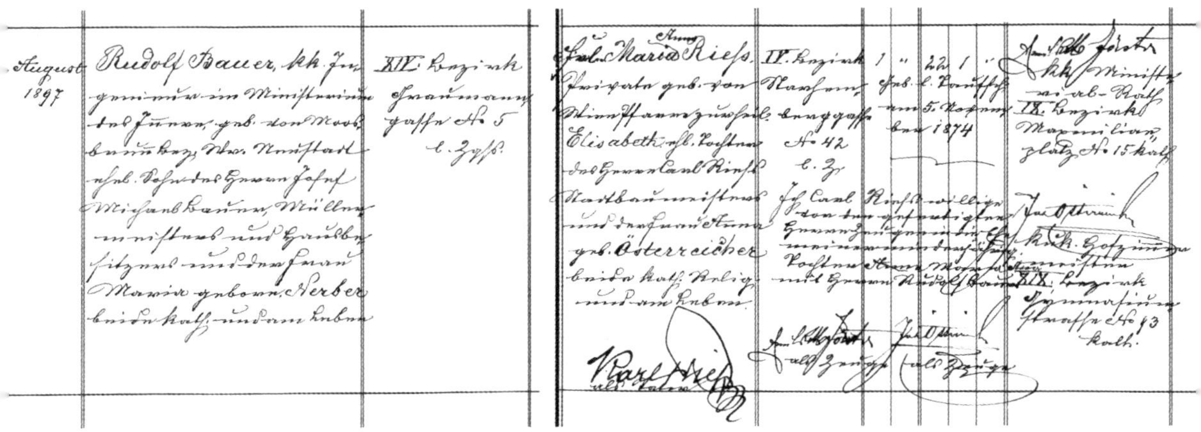

4 Siehe Stammbaum im Anhang.
5 Dehio, Wien, S. 426.
6 Lt. Dir. Kremslehner wurden die Sanierungsarbeiten nach den Schäden durch den Bombentreffer am Nebenhaus von der Fa. Burian durchgeführt. »Alles was locker war, wurde hinuntergeworfen.«
7 Trauungsbuch Wien IV, St. Elisabeth, 10. August 1897.

VERZEICHNIS DER BAUTEN DER STADTBAUMEISTER KARL UND FRANZ RIESS

Bauten in der Stadt[8]

WIEN I

1907–08	Wiesingerstraße 3.
1905–06	Wildpretmarkt, 1 »Zum roten Igel«.

WIEN III

1910	Ditscheinergasse 2.
1910	Ditscheinergasse 3.
1910	Ditscheinergasse 4.

WIEN IV

1873	Apfelgasse 3=Verbindungsgasse zwischen Paniglgasse und Frankenberggasse.
1880	Argentinierstraße 13=Gußhausstraße 13.
1871–72	Belvederegasse 41=Favoritenstraße 25=Karolinengasse 34.
1843	Danhausergasse 2=Mayerhofgasse 7.
1871–72	Favoritenstraße 25=Karolinengasse 34=Belvederegasse 41.
1906	Favoritenstraße 30–32=Möllwaldplatz 1–5.
1902	Favoritenstraße 66=früher Favoritenplatz 6.
1887	Freundgasse 14–16=Margaretenstraße 35=Preßgasse 13–15. Anstelle des 1697 errichteten Gasthauses »Zur großen Presse«.
1869–70	Graf-Starhemberg-Gasse 3=früher Karolygasse 3.
1881–86	Graf-Starhemberg-Gasse 22=Rainergasse 9. Ab 1844 erste Wiener Wohnadresse des Vaters Michael Riehs [sic!] als »Germhändler«, Büroadresse von Karl Rieß 1881–1886 und 1888.
1886, 1903 †	Graf-Starhemberg-Gasse 40.
1886/88	Graf-Starhemberg-Gasse 42.
1882	Graf-Starhemberg-Gasse 41.
1882	Graf-Starhemberg-Gasse 43.
1883	Graf-Starhemberg-Gasse 45.
1898, 1902 †	Graf-Starhemberg-Gasse 47=Südtiroler Platz 4.
1875	Große Neugasse 11=Mostgasse 4.
1880	Gußhausstraße 13=Argentinierstraße 13.
1874	Gußhausstraße 24=Karlsgasse 22.
1904	Johann-Strauß-Gasse 42=Schelleingasse 42.
1874	Karlsgasse 22=Gußhausstraße 24.
1871–72	Karolinengasse 34=Belvederegasse 41=Favoritenstraße 25.
1870	Lambrechtgasse 4, 6, 8.

8 Karl Rieß baute häufig auf aneinander angrenzenden Eck-Bauparzellen. Die Wohnhäuser sind unter allen Doppel- oder Dreifachstraßenbezeichnungen zu finden. Die detaillierte Beschreibung erscheint jedoch nur bei der in alphabetischer Reihenfolge jeweils ersten Adresse. Nicht mehr bestehende Bauten, welche jedoch anhand von Literatur, Bauplänen oder alten Photographien belegt werden konnten, sind mit † gekennzeichnet.

1887	Margaretenstraße 35=Freundgasse 14–16=Preßgasse 13–15.
1843?	Mayerhofgasse 7=Danhausergasse 2.
1906	Möllwaldplatz 1–5=Favoritenstraße 30–32.
1875	Mostgasse 4=Große Neugasse 11.
1887	Preßgasse 13–15=Freundgasse 14-16=Margaretenstraße 35.
1873/75	Prinz-Eugen-Straße 2.
1881–86	Rainergasse 9=Graf-Starhemberg-Gasse 22.
18?? †	Rainergasse 17=Schönburggasse 22.
1904	Schelleingasse 42=Johann-Strauß-Gasse 42.
1904	Schelleingasse 44.
1874	Schwindgasse 15.
1902	Südtiroler Platz 2=früher Favoritenplatz.
1898, 1902 †	Südtiroler Platz 4=Graf-Starhemberg-Gasse 47.
1898	Tilgnerstraße 3.

WIEN V

1910	Franzensgasse 25.

WIEN VI

1904	Stumpergasse 9.
1906–11	Linke Wienzeile 116=Mollardgasse 17=Turmburggasse 1–7, »Edlinger-Hof«.
1906–11	Mollardgasse 17=Linke Wienzeile 116=Turmburggasse 1–7, »Edlinger Hof«.
1906–11	Turmburggasse 1–7, »Edlinger-Hof«=Linke Wienzeile 116= Mollardgasse 17.

WIEN VII

1913	Mentergasse 11. 1879 erbaut von Johann Theiss, 1913 Erweiterungen.
1905	Siebensterngasse »Zu den 7 Sternen« 13=Stiftgasse 21.
1905	Stiftgasse 21=Siebensterngasse 13.

WIEN IX

1908	Georg-Sigl-Gasse 11 + Baugrund Rögergasse 14b.

WIEN X

1913/14	Braunspergengasse 8–10.
1913/14	Inzersdorfer Straße 115–117.
1913/14	Zur Spinnerin 21–23.

WIEN XVIII

1912	Bastiengasse 54–56, »Dürrwaringhof«.

WIEN XX

1873 †	Hartlgasse 39=Raffaelgasse 28 + Baugrund Raffaelgasse 30.
1899	Leipziger Straße 48, »Jubiläumshaus« + Baugrund Wintergasse 39.
1873 †	Raffaelgasse 28 + Baugrund Raffaelgasse 30=Hartlgasse 39.

Bauten auf dem Lande

BADEN BEI WIEN

1887	Antonsgasse 1=Pfarrplatz 6, Stadtvilla Anton Rieß.
1904	Pfarrplatz 4, Ecke Kaiser-Franz-Ring, Mietwohnhaus Karl Rieß.
1904	Pfarrplatz 5. Mietwohnhaus Anton Rieß.

MARIENSEE AM WECHSEL

1872	Mariensee am Wechsel 62, Jagdhaus der Gutsverwaltung Haber-Linsberg, später Schenker, Aufbau eines Stockwerkes.
1878	Mariensee am Wechsel 110, 1. Volksschule mit einem Lehrzimmer für 70 Schüler.
1904	Mariensee am Wechsel 62, Kanal- und Wasserleitung.
1905	Mariensee am Wechsel 62, Vergrößerung eines Eckzimmers im 1. Stockwerk des Jagdhauses Schenker.
1913/1914	Mariensee am Wechsel 120, 2. Volksschule mit zwei Lehrzimmern.
1922 †	1. Feuerwehrhaus in Mariensee am Wechsel.
1925	Privatkapelle – Mausoleum im Park des Gutsbesitzes. Entwurf 1917: Architekt Paul Gütl.

MIESENBACH-SCHEUCHENSTEIN

1912/13	Volksschule Miesenbach 127. Pläne verbrannt, große Ähnlichkeit mit 2. Volksschule Mariensee und Landsitz von Franz Rieß ab 1912 in der Wopfinger »Jagdvilla Oskar Merz« lassen Rieß-Entwurf vermuten.

SEMMERING

1900/01	Villenkolonie Semmering 67. »Villa Julius Krickl«.

BIOGRAPHIE DER STADTBAUMEISTER KARL UND FRANZ RIESS

Die Wurzeln von Karl Rieß liegen im südlichen Niederösterreich. Woher seine Urgroßeltern Andreas und Ursula Rieß kamen und ob sie katholisch oder evangelisch waren, war nicht zu klären. In der Pfarre von Lichtenwörth bei Wiener Neustadt waren keine Daten zu finden. Der Großvater Georg Rieß (geb. 1770) war Bauer in Lichtenwörth und hatte am 5. Februar 1793 Barbara Lenauer aus Lichtenwörth (geb. 30. Oktober 1772), Pötschinger Straße 38 – heute 58 – geheiratet. Der Vater Michael (geb. 15. Oktober 1803 als drittes von acht Kindern) heiratete am 24. Jänner 1837 Aloysia, geb. Lewandersky, verw. Wittauerin (geb. 21. August 1800, gest. 21. Oktober 1900) in Wien IV, Paulanerkirche.

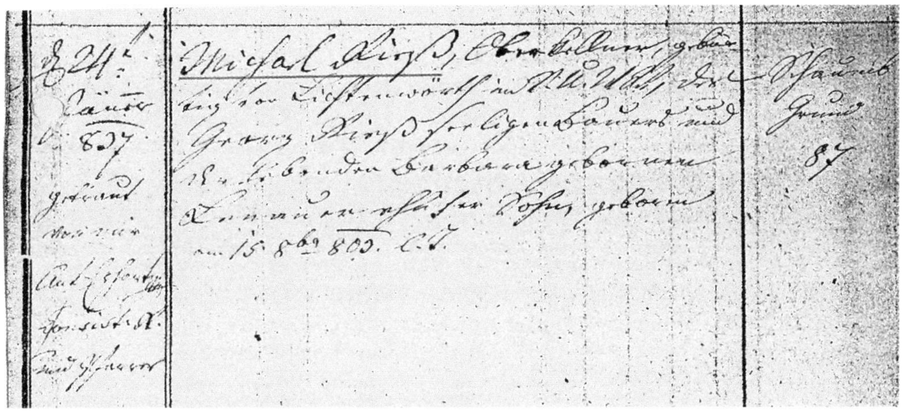

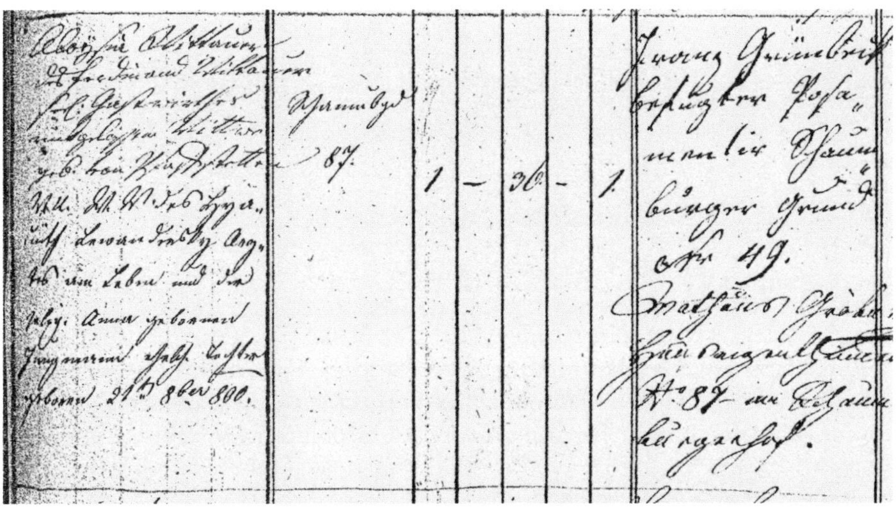

Rainergasse.

(Vereinigung der „Mittelgasse" mit dem „blechernen Thurmfeld.")

Nr. 1. Siehe Favoritenstraße 38.

2. Schild zum goldenen Stern. Wie Favoritenstraße 36.

9. (51.) S. Im Jahre 1813 Anton Ortner, k. k. Architekt. 1815 Ferdinand von Hutter, k. k. Rittmeister. 1821 Viktoria Haußner. 1844 Haußner'sche Erben. 1846 Michael Riß, Gastwirth. 1862 Familie Riß.

Karl Rieß kommt am 20. Mai 1837 in Wien-Wieden zur Welt.

Carl Rieß geb. 20., get. 21. Mai 1837, SchaumbgGd 87.
Vater: Michael Rieß, Bestandwirth, katholisch, des Georg Rieß, Bauers u. der Barbara geb. Lenauer, ehl. Sohn.
Mutter: Aloysia, verwitwete Wittauer, kathol. des Hyazinth Lewandersky, Arztes u. der Anna geb. Jungmann, ehl. Tochter.
Taufpate: Karl Schönwiese, Fabriksinhaber in Inzersdorf am Wr.Berg N°125.
Heb: Magdalena Pauer, Schaumbg.Gd N°8.
Lt. Trauungsb. in hies. Pfarre getraut den 24. Jänner 1837.
Daß der noch nicht durch volle 6 Monathe verehel. Michael Rieß als Vater dieses Kindes sich erkläret, bestätiget seine u. der zwey ihm persönlich wohlbekannten Zeugen seiner Nahmensunterschrift.
Michael Rieß
Karl Schönwiese Fabriksinhaber Inzersdorf am Wr.Berg N°125 als Zeugen
Joseph Stocker, Fournierschneider, als Zeige, Mariahülph 64.
{vom Pfarrer nochmals leserlich und mit Korrekturen geschrieben, Abschrift Taufschein, 21. Mai 1837, Original kaum mehr leserlich.}

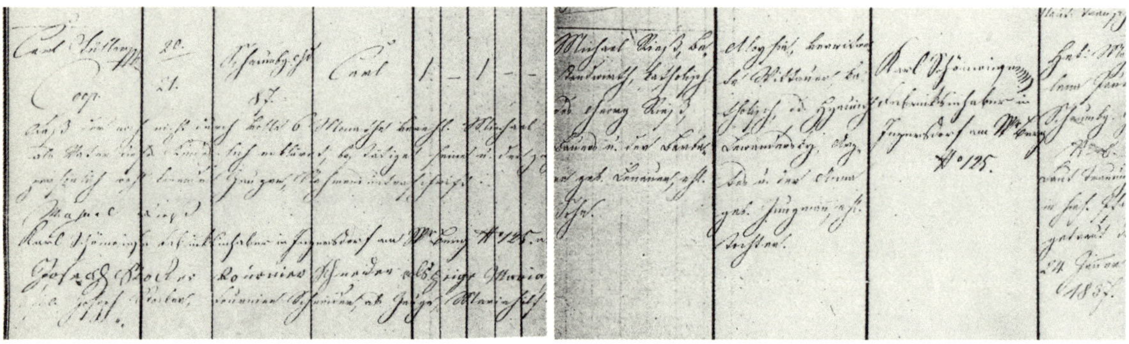

Im Jahre 1842 wird sein Bruder Anton in Wien-Wieden geboren, welcher später als Gastwirt, Geschäftsmann, Weinhändler, Kaufmann und »Inspektor des Vereines der behausten Bürgerschaft von Baden«[9] in Baden bei Wien ansässig ist. Karl Rieß baut für ihn auf den Gründen der einstigen Reder'schen

9 Siehe Stadtarchiv Baden und Familienstammbaum.

Samtfabrik 1887/88 eine Stadtvilla in der Antonsgasse 1. Im Jahre 1905 errichtet er für sich selbst sowie für seinen Bruder die Mietwohnhäuser Pfarrplatz 4 und Pfarrplatz 5. Die Baugründe am Kaiser-Franz-Ring werden erst Ende des 20. Jahrhunderts verbaut.

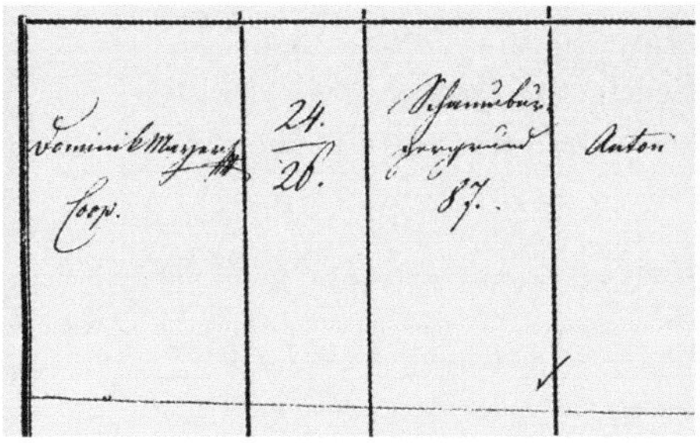

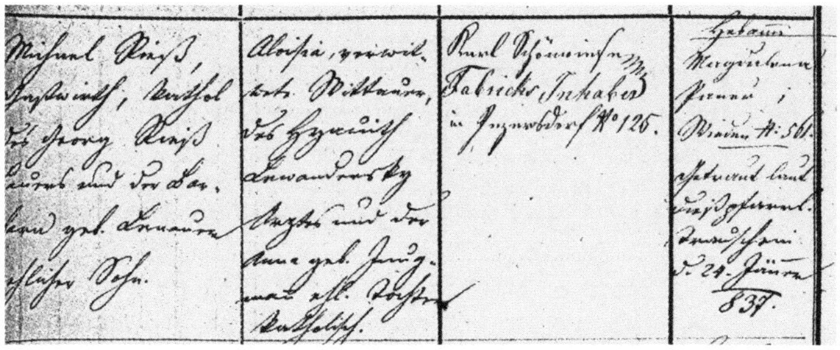

Im Jahre 1844 scheint der Vater Michael Rieß auf der Wieden, Wien IV, Rainergasse 9, der späteren ersten Büroadresse seines Sohnes, als Germhändler und als Kellner[10] auf. Auch 1862 ist die Familie Rieß an derselben Adresse zu finden. Im Jahre 1864 wird die Berufsbezeichnung »Gastwirt« hinzugefügt. Laut Heiratsurkunde war seine aus Pfaffstätten stammende Frau Aloysia von Beruf Gastwirtin. Im Taufschein seines jüngeren Bruders Anton (geb. 24. Mai 1842, gest. 16. März 1927) enthält die Wohnadresse der Mutter, Weyringergasse 9 auf der Wieden, den Vermerk »Mithauseigenthümer am Schaumburgergrund 39«.[11] Aufgrund der vorhandenen Daten ist anzunehmen, daß es keine weiteren Geschwister gab.

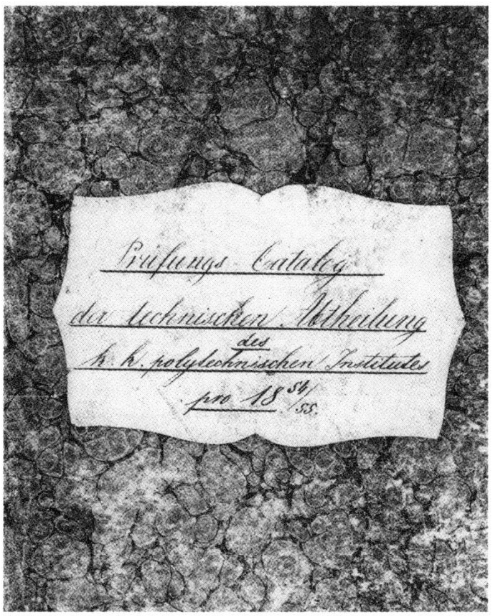

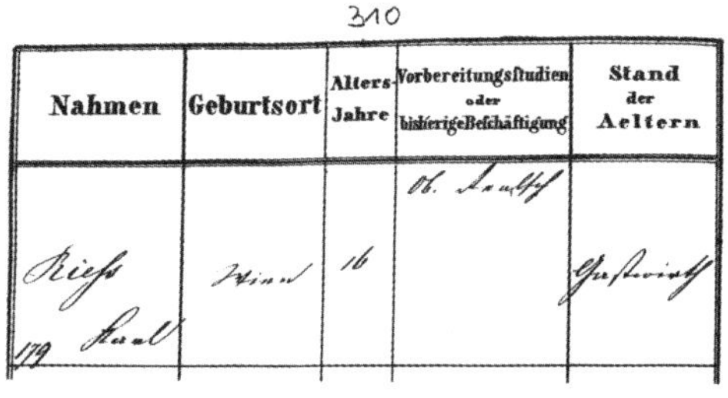

310

Nahmen	Geburtsort	Alters-Jahre	Vorbereitungsstudien oder bisherige Beschäftigung	Stand der Aeltern
Rieß Paul	Wien	16		

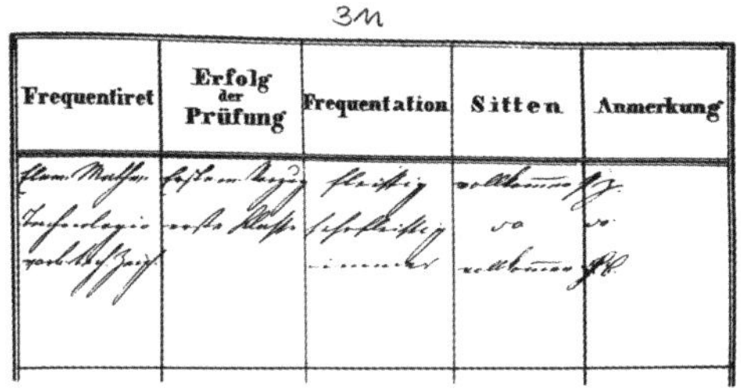

311

Frequentiret	Erfolg der Prüfung	Frequentation	Sitten	Anmerkung

10 Hofbauer, Wieden, 1864, S. 314.
11 Schaumburgergrund 39 ist heute Graf-Starhemberg-Gasse 42.

Im Jahre 1853 beginnt Karl Rieß mit 16 Jahren das Studium am k.k. Polytechnischen Institut Wien. Es gibt keine Hinweise bzw. Unterlagen über seine vorhergegangenen Schulbesuche. Seine beiden Söhne, Karl Johann Joseph und Franz August Josef, besuchten später die Realschule Waltergasse, welche von der Kommune Wien am 19. November 1855 als dritte nach dem III. Bezirk und dem VIII. Bezirk gegründet worden war und heuer ihre 150-Jahrfeier begeht. Karl Rieß belegt zunächst die Studienrichtung Maschinentechnik, steigt dann auf Landwirtschaft und Land- und Wasserbau um und schließt 1858 sein Studium mit dem Diplom ab.[12]

Seit 17. Jänner 1868 besitzt Karl Rieß die Baumeisterkonzession Nr. 130.

Am 22. Februar 1870 heiratet Karl Rieß die Tochter des k.u.k. Hoftischlers[13] Josef Österreicher Anna aus Oberdöbling 205 (später Währinger Weg 9 bzw. Gymnasiumstraße 47). Die Trauzeugen sind Franz Prantner, Steinmetz und Karl Möckna, Rittmeister.

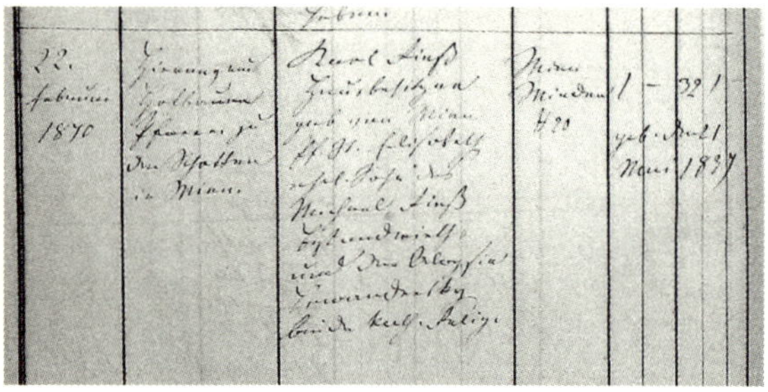
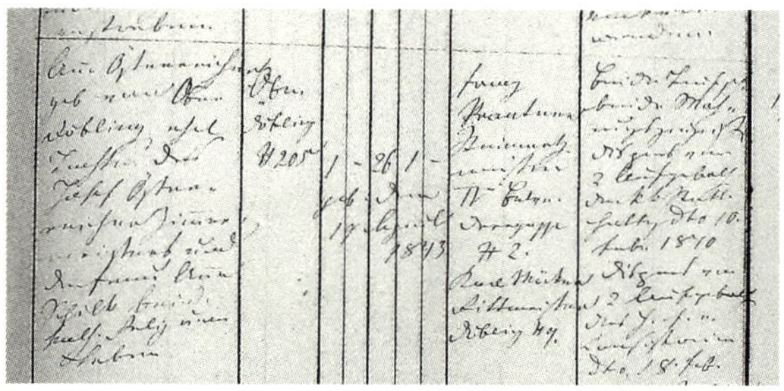

Auf der Subscriptions-Liste des »Cottage-Eislauf-Vereins«, für welchen der Spatenstich im Jahre 1893 erfolgt war[14], scheint sein Schwager Johann Österreicher als einer der 114 Zeichner mit »5 Antheilsscheinen im Wert von fl. 500,–« unter derselben Wohnadresse Gymnasiumstraße 47[15] auf.

12 Erst 1872 wurde das Polytechnische Institut zur Hochschule erhoben, und das Studium für Baukunst auf fünf Jahre festgesetzt.

13 Auf seinem ehemaligen Holzlagerplatz und den anstoßenden Gründen, einem 17.500 m² großen Areal, entstand später die »Kuffner-Villa« in Wien XIX, Gymnasiumstraße 85, Lannergasse 2–8, Vegagasse 20 und Peter-Jordan-Straße 1. Der Straßendurchbruch Peter-Jordan-Straße bestand zu diesem Zeitpunkt noch nicht. 1959 erwarb die Gemeinde Wien das Anwesen von sechs in Amerika lebenden Erben. 1961 wurden die Villa, das Gärtner- und Glashaus sowie das Portierswohnhaus abgerissen. Heute steht hier ein Studentenheim mit Erinnerungsplakette an Josef Lanner. In Lehmann‹ s Adressenverzeichnis für 1905 ist Johann Österreicher als »Bes. e. Zimmer-Gesch. u. Dampfsägewerkes XIX/1 Gymnasiumstraße 93, Ges. d.p.Fa. J.Öst.k.u.k.Hof- und Stadt-Zimmermeister u. Dampfsägewerkes, beeid.öff.Ges. seit 1. Jänner 1898« vermerkt. 1910 ist Kmzl.Rat, k.u.k. Hof- und Stadt-Zimmermeister, beeid. Bau- und Schätzmeister Johann Österreicher noch an dieser Adresse zu finden. In der Prinz-Eugen-Straße 6 (heute Felix Mottl Straße) scheint er als Besitzer eines Zimmer-Geschäfts, Dampfsäge- u. Hobelwerkes sowie einer Holz- und Kohlenhandlung auf. Heute ist einzig die Adresse Gymnasiumstraße 81 – ehemals Nr. 35 – erhalten. Durch die Zusammenlegung mit der ehemaligen Feldgasse und die Übernahme der Bezeichnung Gymnasiumstraße auf den gesamten Straßenzug von der Gentzgasse bis zur Billrothstraße ergab sich die heutige stadtauswärts führende Numerierung. Ursprünglich hatte die Feldgasse mit Nr. 49 bei der Gentzgasse in Währing begonnen und mit absteigenden Hausnummern Richtung Döbling geführt.

14 Die heutige Adresse wäre Hasenauerstraße 2. S. 168.

15 Brunnbauer, Im Cottage, 2003, S. 168.

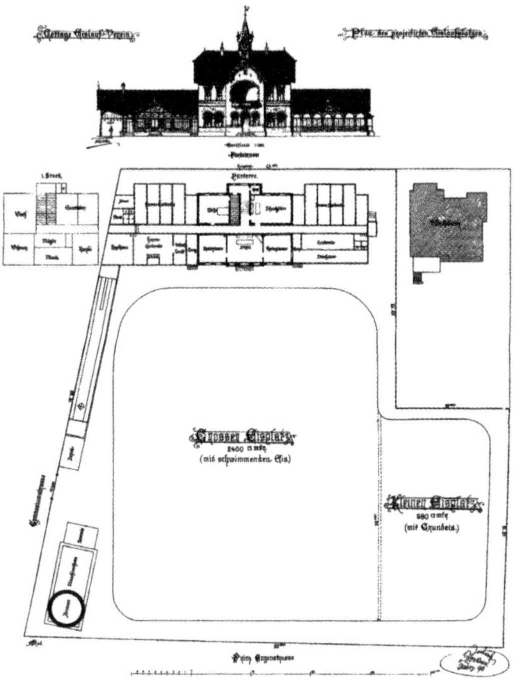

Subscriptions-Liste

über

die gezeichneten Antheilscheine des „Cottage-Eislauf-Verein

Post-Zahl	Eigenhändige Namensfertigung	Charakter und Adresse
1	Abeles M., Dr.	XVIII., Sternwartestrasse 54
2	Aichinger Anton	kais. Rath. Ober-Inspector der Südbahn, XVIII., Carl Ludwigstr. 18
3	Alvensleben Udo v., sen.	k. k. Ober-Postcontrolor, XVIII., Cottagegasse 38
4	Angerer Karl	k. u. k. Hof-Photochemigraph, XIX., Stefaniegasse 30
5	Angerer Alexander C.	Photochemigraph, XIX., Stefaniegasse 30
6	Bachofen v. Echt Ad.	Brauerei-Besitzer, Wien—Nussdorf
7	Bartl Moriz, Dr.	k. u. k. Generalstabsarzt i. R., XIX., Carl Ludwigstrasse 60
8	Bartl Rudolf	Inspector der k. k. öst. Staatsbahnen, XIX., Carl Ludwigstrasse 49
9	Beer Wilhelm	XVIII., Anastasius Grüngasse 62
10	Bermüller Camillo	XVIII., Frankgasse 6
11	Besser Anton	Hausbesitzer, XVIII., Frankgasse 7
12	Biedermann Robert, Ritter v.	IX., Liechtensteinstrasse 49
13	Biszták Therese	XIX., Döbling, Hermannsgasse 6
14	Bopp August	Assecuranz-Director, XVIII., Sternwartestrasse 50
15	Borkowski Karl, Ritter v.	Architekt und Baudirector, XVIII., Feldgasse 35
16	Bussjäger Julius	k. u. k. Major, XIX., Mariengasse 29
17	Calligaris Ludwig, Dr.	Secretär der öst.-ung. Bank, XIX., Ferdinandsgasse 5
18	Daimer Karl	Ingenieur der Kaiser Ferdinands-Nordbahn, XIX., Cottagegasse 60
19	Daimer Josef, Dr.	k. k. Ministerial-Secretär, XIX., Cottagegasse 60
20	Dietz Josef	XVI., Ottakringerstrasse 31
21	Dits Martial	k. u. k. Hauptmann, II., Castellezgasse 17
22	Eckel Carl, Dr.	Hausbesitzer, XIX., Alleegasse 8
23	Engerth Karl, Freiherr v.	Ingenieur, Ober-Inspector der Staatseisenbahn-Gesellschaft, XIX., Prinz Eugenstrasse 17.
24	Ewald Carl	Brauerei-Director, XIX., Stefaniegasse 12
25	Fromme Otto	Verlagsbuchhändler, XVIII., Feldgasse 27
26	Fuchs Hugo	Bierversilberer der St. Marxer Brauerei, XIX., Stefaniegasse 14
27	Gartner Heinrich	Hausbesitzer, XIX., Mariengasse 22
28	Gerlach Jacob und Wilhelm	Fabrikanten, Währing, Herrengasse
29	Göschl Alexander	Kunstanstalt-Besitzer, XIX., Stefaniegasse 32
30	Göschl Felix	Student, XIX., Stefaniegasse 32
31	Goldberger Frederic	Banquier, XIX., Parkstrasse 13
32	Groeber, Dr.	k. k. Finanz-Concipist, XIX., Cottagegasse 60
33	Gschwandner Johann	Stadtbaumeister, XVII., Hernals, Hauptstrasse 37
34	Hahn L. B.	k. k. Rechnungsrath, XVIII., Feldgasse 39
35	Hartmann Sidonie	XVIII., Frankgasse 6
36	Harding Eliza	Hausbesitzerin, XIX., Parkstrasse 10
37	Hawelka Carl, Dr.	k. u. k. Generalstabsarzt i. R., XIX., Prinz Eugenstrasse 21
38	Hawelka Carl	Ingenieur der Kaiser Ferdinands-Nordbahn, XIX., Prinz Eugenstr. 21
39	Hecht Julius, Dr.	Hof- und Gerichts-Advocat, XVIII., Carl Ludwigstrasse 26
40	Heindl Franz	k. k. Regierungsrath, XIX., Dittesgasse 16
41	Heintschel F. v.	Fabrikant, XIX., Mariengasse 17

Post-Zahl	Eigenhändige Namensfertigung	Charakter und Adresse	Stück-Zahl	Betrag fl.
42	Hempel Gustav	k. k. o. ö. Professor, XIX., Prinz Eugenstrasse 25	2	200
43	Hillischer H. Th., Med. univ. Dr.	XIX., Hirschengasse 53	2	200
44	Hirsch Wilhelm	Fabrikant, XIX., Anastasius Grüngasse 52	3	300
45	Höfken Rudolf, Ritter v.	Hausbesitzer, XVIII., Feldgasse 35	15	1.500
46	Jercke Eduard	Kaufmann, XIX., Unter-Sievering, Hauptstrasse 77	1	100
47	Jüllig Max	Ober-Ingenieur der k. k. öst. Staatsbahnen, XVIII., Sternwartestr. 39	1	100
48	Just Ernst	Kaufmann, XVIII., Anastasius Grüngasse 48	2	200
49	Klaudy Karl	Ober-Ingenieur der k. k. österr. Staatsbahnen, VII., Apollogasse 8	3	300
50	Klauser Carl	XVIII., Frankgasse 7	1	100
51	Klöss Karl	XIX., Parkstfasse 26	1	100
52	Klöss Luise	XIX., Parkstrasse 26	1	100
53	Klumak Max	Hausbesitzer, XIX., Cottagegasse 41	5	500
54	Korper Carl v., Dr.	Hof- und Gerichts-Advocat, I., Rothenthurmstrasse 1	2	200
55	Kralik Richard, Dr.	Schriftsteller, XIX., Parkstrasse 20	2	200
56	Kreindl Franz und Karl	Ziegelwerksbesitzer, XIX., Heiligenstadt	4	400
57	Kremser Carl	Cafétier und Hausbesitzer, XIX., Hauptstrasse 2!	3	300
58	Kuffner Wilhelm	Brauereibesitzer, XIX., Hirschengasse 29	10	1.000
59	Kussy Victor	XIX., Mariengasse 5	1	100
60	Lissbauer Karl	Abtheilungs-Vorstand d. Unionbank, Hausbesitzer, XIX., Kircheng. 3	3	300
61	Lowrič Nikolaus	k. und k. Oberst-Lieutenant, XIX., Parkstrasse 12	2	200
62	Mach Ida	Private, XIX., Stefaniegasse 6	1	100
63	Manowarda, Edler v. Jana	k. und k. Hauptmann d. R., XIX., Stefaniegasse 27	5	500
64	Mathoy Robert, Dr.	k. k. Notar, XVIII., Anastasius Grüngasse 34	2	200
65	Maurer Heinrich, Ritter v. Dr.	Hausbesitzer, XIX., Hermannsgasse 12	5	500
66	Meixner Carl	Student, XIX., Mariengasse 29	1	100
67	Meixner Ernst	Student, XIX., Mariengasse 29	1	100
68	Meixner Franz	Student, XIX., Mariengasse 29	1	100
69	Merker Karl Friedrich	Kaufmann und Hausbesitzer, XVIII., Anastasius Grüngasse 48	3	300
70	Michel Johann	Hausbesitzer, IX., Liechtensteinstrasse 99	3	300
71	Mossler, Dr.	XVIII., Martinsstrasse 61	2	200
72	Müller Hermann	Architekt, XVIII., Frankgasse 6	2	200
73	Müller Marie	Private, XIX., Stefaniegasse 11	1	100
74	Müller Unkraut Henry	Kaufmann, XIX., Hauptstrasse 25 a	2	200
75	Nosek Karl	k. und k. Hauptmann, XIX., Gymnasiumstrasse 7	1	100
76	Obersteiner Heinrich, Dr.	k. k. Universitäts-Professor, XIX., Hirschengasse 71	3	300
77	Oberwimmer Ferdinand	Hausbesitzer, XVIII., Carl Ludwigstrasse 35	3	300
78	Oesterreicher Johann	k. und k. Hof- und Stadt-Zimmermeister, XIX., Gymnasiumstr. 47	5	500
79	Offer Josef	XVIII., Cottagegasse 25	1	100
80	Pichler Friedrich	XVIII., Sternwartestrasse 49	10	.000
81	Pichler Max, Ritter v.	k. k. Hofrath, XVIII., Feldgasse 20	2	200
82	Pollak Sigmund, Med. Dr.	praktischer Arzt, XIX., Hauptstrasse 74	2	200
83	Pošepny Franz	k. k. Bergrath, Hausbesitzer, XIX., Carl Ludwigstrasse 62	3	300
84	Püringer Georg	kaiserl. Rath, Civil-Ingenieur, XIX., Neugasse 33	2	200
85	Radványi Anton	k. und k. Hauptmann im Reichs-Kriegs-Ministerium, XVIII., Carl Ludwigstrasse 19.	2	200
86	Raimann Rudolf, Dr.	Assistent an der Wiener Handels-Akademie, XVIII., Feldgasse 27	5	500
87	Reinheimer Frau	XIX., Gymnasiumstrasse 7	2	200
88	Reisch Theodor, Dr.	Advocat, XIX., Hauptstrasse 5	1	100
89	Richter Ambros	Amerik. Dentist, XVIII., Dittesgasse 10	10	1.000
90	Rosenthal Bernhard	Banquier, XIX., Prinz Eugenstrasse 24	5	500
91	Rothe Fri.	XIX., Gymnasiumstrasse 9	2	200
92	Sachs Arnold	XVIII., Neuegasse 21	1	100
93	Sachs L.	XVIII., Anastasius Grüngasse 58	1	100
94	Schiller Wenzel, Dr.	Praktischer Arzt und Hausbesitzer, XIX., Annagasse 11	1	100
95	Schleiffelder Otto	Kaufmann, XIX., Parkstrasse 28	2	200
96	Schlenk Karl	k. k. Professor am technol. Gewerbe-Museum, IX., Waisenhausg. 11	2	200
97	Schwarz Ludwig	XVIII., Herrengasse 55	5	500
98	Simon Ig.	XVIII., Sternwartestrasse	1	100
99	Slatin Heinrich, Dr.	k. und k. Regierungsrath, XVIII., Ferstelgasse	1	100
100	Stummer v. Traunfels Carl und Friederike	Privat, XIX., Parkstrasse 16	3	300
101	Stummvoll Rudolf	Privat, XVIII., Dittesgasse 12	10	1.000
102	Trenka Franz	Apotheker, XVIII., Herrengasse 26	2	200
103	Tschermak Gustav, Dr.	k. k. Hofrath, XVIII., Anastasius Grüngasse 60	2	200
104	Thyr Mila, v.	Feldmarschall-Lieutenants-Witwe, XVIII., Ferstelgasse 9	2	200
105	Vette Richard	Kaufmann, XIX., Parkstrasse 22	3	300
106	Wagner Wilhelm, Ritter v.	k. u. k. Feldmarschall-Lieutenant a. D., XIX., Carl Ludwigstr. 53	1	100
107	Waterhouse Charles, Dr.	XIX., Carl Ludwigstrasse 56	5	500
108	Wilckens M., Dr.	k. k. Professor, XVIII., Sternwartestrasse 48	2	200
109	Wolfrum Otto	Kaufmann, XVIII., Sternwartestrasse 57	1	100
110	Wrany Josef	Hausbesitzer, XIX., Carl Ludwigstrasse 52	2	200
111	Wünsch Josef	Brauereitheilnehmer, XVIII., Ferstelgasse 9	3	300
112	Wüster Bernhard	XIX., Kreindlgasse 15	1	100
113	Zaunmüller Josef	k. und k. Hauptmann, IX., Viriotgasse 4	1	100
114	Ziegler Victor	Bergwerkbesitzer, XVIII., Cottagegasse 20	10	1.000

Aufgrund der ursprünglichen Hausnummer des im Jahre 1885 erbauten und namensgebenden Realgymnasiums Gymnasiumstraße 37 (heute Nr. 83) ist der Besitz der k.k. Hoftischlerei Österreicher genau zu lokalisieren, i.e. das Areal der 1905–1908 von Karl König erbauten Kuffner-Villa. Die heutige Numerierung entstand erst 1894 aus der Zusammenführung der Währinger Feldgasse mit der in Döbling bereits bestehenden Gymnasiumstraße. Heute ist unter der Adresse Gymnasiumstraße 47 (ursprünglich Feldgasse 1) die 1884 von Carl v. Borkowski, Baudirektor des Cottage Vereins[16], und Baumeister A. Schegar für Louise Grosch erbaute Cottage-Villa zu finden, welche 1890 vom k.k. Hofschauspieler Hugo Thimig[17] erworben wurde. Eine Notiz in dessen Tagebuch illustriert die Idee dieser Form der »Familienhäuser-Anlage« im Cottage-Viertel:

> Es ist ein solides, einfaches und angenehmes Haus ... es hat einen schönen und nicht zu großen und nicht zu kleinen Garten und ist, hiesigen Verhältnissen angepaßt, billig. Natürlich im Währinger Cottage.[18]

Ab diesem Zeitpunkt beginnt für Karl Rieß eine über dreißig Jahre währende rege Tätigkeit als planender und ausführender Baumeister. Mit Beginn des neuen Jahrhunderts bis zur Zurücklegung des Gewerbes im Dezember 1921 führt er seine Bauten gemeinsam mit seinem Sohn Franz aus. Die aus dieser Zeit stammenden Häuser sind daher nicht immer eindeutig dem Vater, dem Sohn oder beiden zuzuordnen. Manchmal sind es stilistische Merkmale, welche bei der Unterscheidung helfen, manchmal, wie im Falle der Volksschule Mariensee oder des nicht mehr bestehenden Feuerwehrhauses der FF Mariensee, konnte die Zuordnung anhand der erhaltenen Korrespondenz und privater Hintergrundinformation erfolgen. Franz Rieß arbeitet häufiger als sein Vater auch als ausführender Baumeister für andere Architekten. Von 1905 bis 1937 ist Kommerzialrat Ing. Franz Rieß Alleininhaber der »off. Hg. Stadtbaumeister Karl Rieß«. Ab 1937 führen er und sein Sohn Dipl. Ing. Otto Rieß, als Gesellschafter mit der Konzession Nr. 1100, im Büro Wien IV, Starhemberggasse 47 gemeinsam die Geschäfte. Nach Zerstörung des Hauses durch einen Bombentreffer wird diese Adresse gelöscht und das Büro auf Wien IV, Südtiroler Platz 2 verlegt. 1972 wird die Firma »Stadtbaumeister Carl Rieß« aufgelöst.[19]

Im Inskriptionsverzeichnis der Technischen Hochschule Wien aus dem Jahre 1895 wird der Beruf des Vaters, Karl Rieß, von seinem Sohn Franz mit »Architekt« angegeben. Die Ausbildung zum Architekten hätte nach Abschluß des Polytechnikums den Besuch der Akademie der bildenden Künste am Schillerplatz erfordert, was anhand der Recherchen des dortigen Archivars,

16 Das Büro des Wr. Cottage-Vereins befindet sich von 1874 bis heute in der Sternwartestraße 53. Die Baukanzlei war 1895 in der Stefaniegasse 28 (heute Colloredogasse).

17 Hugo Thimig (geb. 16.6.1854 Dresden, gest. 24.9.1944 Wien).

18 Brunnbauer, Im Cottage, 2003, S. 117.

19 Mitgliederverzeichnis der Wiener Bauzunft für das Jahr 1937, Rieß, Ing. Franz, Kommerzialrat – Alleininhaber bis 1937. Mit 4.10.1944 Dipl.Ing. Otto Rieß Gesellschafter, BH 4./5.R/367/43, gelöscht mit 1948.

Herrn F. Gutschi nicht zu belegen ist. Diese Standesbezeichnung war jedoch zu dieser Zeit für einen entwerfenden Baumeister generell üblich.

Karl Rieß hatte gemeinsam mit seiner Frau Anna vier Kinder: Karl Johann Joseph (geb. 14. April 1871, gest. 30. Nov. 1948), Maria Anna (geb. 5. Nov. 1874, gest. 27. Dez. 1965), Franz August Josef (geb. 3. Juli 1876, gest. 24. Feb. 1954) und Johanna (geb. 18. Dez. 1880, gest. 17. April 1964). In den Erinnerungen seines Urenkels Prim. Herbert Schnack war Karl Rieß »ein freundlicher Urgroßvater, konnte sehr gut reden und war sehr tüchtig. Der Großvater Franz war unnahbar und wohnte im hohen Alter zusammen mit seiner Tochter Maria Anna Bauer, geb. Rieß im 1. Stock des Wohnhauses Starhemberggasse 42. Die Großtante, geb. Gerlach, Frau seines Bruders Karl Johann, war sehr liebenswürdig. Baumeister Karl Rieß fuhr häufig mit seinem Sohn Franz zur Jagd nach Mariensee.«

Der zweitgeborene Sohn Franz August Josef Rieß absolviert 1892/93 die Realschule Waltergasse und belegt an der Technischen Hochschule Wien ab

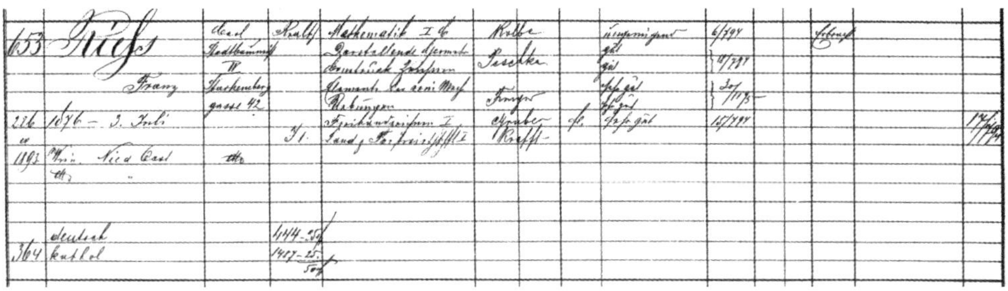

Auszug aus dem Prüfungsverzeichnis der Technischen Universität Wien, 1893/94

1893 die Studienrichtung Ingenieurbaufach. In seinem ersten Studienjahr ist noch sein älterer Bruder Karl Johann im 4. Jahr inskribiert. Das Unterrichtsfach Mathematik I absolviert Franz Rieß mit »Ungenügend«, in Mathematik II tritt er im darauffolgenden Studienjahr nicht an, und weder die I. noch die II. Staatsprüfung wird abgelegt. 1897 war Franz Rieß »wegen Nichtbezahlung des Unterrichtsgeldes« (4050/97) für ein Semester gesperrt. Im Studienjahr 1896/97 wird ein Studiennachweis ausgestellt (22. März 1918). Damit verläßt Franz Rieß nach dreijährigem Studium die Technische Universität ohne Studienabschluß und beginnt im Büro des Vaters zu arbeiten. Er heiratet Emilie Martha Kessner (geb.

Jagdschloß in Mariensee – Neustift »Krånawetter« 1935

2. Juli 1883 in Brünn, gest. 10. Jänner 1942 in Wien) am 4. Jänner 1908 am evangelischen Pfarramt, Wien III.

Sie haben vier Söhne Martin (geb. 18. November 1908, gefallen), Christian (geb. 14. November 1910, als Hochschulstudent beim Klettern in Osttirol

Familie Franz Rieß in ihrer Jagdvilla in Wopfing, nach 1929

von der Mutmalspitze am 26. Juli 1929 abgestürzt), Wilhelm (geb. 15. Dezember 1919, mit 16 Jahren als Realschüler beim Klettern auf der Hohen Wand im Jahre 1935 abgestürzt). Sein einziger überlebender Sohn Otto (geb. 4. Jänner 1914, gest. 16. August 1996) führt das Büro der Baumeisterdynastie »Stadtbaumeister Carl Rieß« an der Büroadresse Wien IV, Südtiroler Platz, bis 1972, dann wird die Konzession gelöscht. Seine Schönbrunner Villa, ein Bau des Architekten Alois Schaufler aus dem Jahre 1903, ist heute noch in Familienbesitz. Die gemeinsame letzte Ruhestätte des Vaters Karl, des Sohnes Franz und der Enkel Wilhelm und Otto ist die Familiengruft am Zentralfriedhof.[20]

20 Zentralfriedhof Gruppe 71 B/36. Der neue außerhalb des Stadtgebietes liegende Zentralfriedhof mit einer Fläche von mehr als 2 km2 wurde am 1. November 1875 mit schlichten Friedhofsgebäuden eröffnet. Erst um die Jahrhundertwende erhält der Friedhof mit dem Hauptportal und der Lueger-Gedächtniskirche einen würdigen Rahmen.

BAUTEN AUF DEM LANDE

MARIENSEE AM WECHSEL, NIEDERÖSTERREICH

Der kleine Ort Mariensee liegt auf 880 m Seehöhe zwischen St. Corona und Mönichkirchen auf der niederösterreichischen Seite des Wechsels. Auch wenn bis in die 20er Jahre des 20. Jahrhunderts diese Gegend vom Fremdenverkehr noch fast unberührt war, da die Wiener Gesellschaft den mondänen Semmering oder die Gegend um Reichenau und Gutenstein bevorzugte, sind auch im Wechselgebiet kulturhistorisch interessante Spuren der Wiener Gesellschaft zu finden: Jahrhundertwendebauten, die der Jagdleidenschaft bekannter Wiener Baumeister, Großindustrieller oder Bankiers, wie etwa Karl und Franz Rieß in Mariensee, Stephan Mautner in Trattenbach, Wilhelm Schrantz in Kirchberg am Wechsel oder Rittmeister Maximilian Mautner zu verdanken sind, oder Sanatorien und Villen, die in der reinen Höhenluft von Hochegg oder Mönichkirchen errichtet wurden. Auch wenn die Bauten oft nur bescheidenere Beispiele dieser Architekturperiode darstellen, sollte das Spannungsverhältnis zwischen bäuerlichem Umfeld und städtischem Baustil Anlaß genug sein, die Substanz des Vorhandenen zu erhalten und sinnvoll zu nutzen.

Schulwandtafel aus der Volksschule Mariensee »Herbst«
(Adalbert Pilch, Verlag A. Pichlers Witwe, Wien V, Margaretenplatz)

Die folgende kurze Beschreibung des Wechselgebietes aus dem Jahre 1888 läßt erahnen, warum auch der Wechsel zu einem beliebten Jagdrevier der Wiener Gesellschaft wurde:

> An der Südgrenze des Landes treten die Centralalpen mit einem mächtigen Gebirgsrücken ins Land, der in der Richtung von West nach Ost massige Äste aussendet. Er heißt mit einem gemeinsamen Namen der Wechsel. Er zeigt fast durchwegs eine tiefeingeschnittene Thalsole, die nur an einer Stelle – es ist der überaus reizend gelegene Weiler Mariensee – Raum für eine größere Aussiedlung frei läßt, dagegen zu beiden Seiten ziemlich sanft und terrassenförmig ansteigende Thallehnen mit zahlreichen Einzelgehöften, die zu einer Pfarrgemeinde mit Kirche und Schule vereinigt sind. Die obersten Stufen gegen den Hochrücken des Wechsels füllen die ausgedehnten Almweiden der größeren Grundbesitzer mit den ihnen zukommenden Schwaigen.
>
> (Kronprinzenwerk Niederösterreich, S. 30)

Stadtbaumeister Karl Rieß hat bei seinen Jagdausflügen nach Mariensee im ausklingenden 19. Jahrhundert die Bergrücken bestiegen, die Gräben durchquert, den ersten Almrausch zwischen den letzten Schneeflecken gepflückt, auf den saftig grünen Almweiden gerastet, ist auf den Schwaigen eingekehrt,

und hat wohl auch in so mancher Rauchstube[21] eine Speckjause mit Most genossen. Ein Vierteljahrhundert später hat sein Sohn Franz das Jagdvergnügen in Mariensee in Verbindung mit der Überwachung des Baufortschritts des Schulneubaus sichtlich ebenso genossen.

---

21 Hamza, Rauchstubengebiet.

Wien, am 29. August 1913

STADTBAUMEISTER KARL RIESS

TELEPHON-ANSCHLUSS Nr. 9959
POSTSPARKASSEN-CLEARING-
KONTO Nr. 7.110

WIEN, am 29. August 1913.
IV. STARHEMBERGGASSE 47.

adressiert an Wohlgeboren Herrn Hermann Schenker, Gutsbesitzer, MARIENSEE

Ich werde mir erlauben, Samstag den 6.d.n.Mts., wenn es Dir angenehm ist zur Kontrolle zu erscheinen. ... Von Deiner freundlichen Einladung Gebrauch machend werde ich auch übernachten und den Stutzen mitbringen ...

Auch der bekannte Brauereibesitzer Anton Dreher aus Schwechat bei Wien[22] besaß im Wechselgebiet eine Eigenjagd samt Fischerei. Er hatte von der Chambord'schen Oberdirection in Frohsdorf den an die Schenker'schen Güter in Mariensee anschließenden Besitz, die »Glashütte«, um jährlich 300 Gulden gepachtet.[23] Im Jahre 1903 wurde das bequeme Jagdrevier von Herzog von Parma jedoch wieder selbst übernommen. Die jagdliche Begeisterung des bekannten Wiener Industriellen Stephan Mautner[24] für das Wechselgebiet führte Ende des 19. Jahrhunderts zum Ausbau des von seinem Vater Isidor Mautner im Jahre 1890 erworbenen Besitzes in Trattenbach. In seinem »Nothnagelhof« ist auch eine amüsante Spur zu seinem Bruder Konrad, dem berühmten Volksliedforscher des Ausseerlandes, zu finden:

Dann wird rasch ein wenig Toilette gemacht und, da Ferdinand das Haus nicht kennt, die Hauswanderung angetreten. Die Stube kommt als Nummer Eins daran, dann geht's durch Hansens Fremdenzimmer, wir nennen es das Conradzimmer, da ich die Einrichtung von meinem Bruder Conrad bekam, in's Musikzimmer.

(Mautner, Chronik, 1826, S. 91)

Diese Region der Voralpen kennt kaum Umweltbelastung, auch wenn sie ironischerweise zum »Industrieviertel« Niederösterreichs gezählt wird. Die relative Unberührtheit der Landschaft ist heute noch erhalten. Es gibt Bauernhöfe, Almen oder Schwaigen, wie sie hier genannt werden, und breit ausladende Wälder und Wiesen. Wie in der Stickelberger'schen »Ortschronik von Mariensee und St. Peter« (1997) nachzulesen ist, wurde im Jahre 1295 in der Grenzbeschreibung der Landesgerichtsbarkeit Aspangs durch Herzog Albrecht, den Sohn König Rudolfs von Habsburg, die ursprüngliche Ortsbe-

---

22 Anton Dreher sen. (1810–1863), »Erfinder« des untergärigen Biers, Anton Dreher jun. (1849–1921), Begründer des Weltrufs der »Brau-Dynastie« Dreher mit Sitz in Klein-Schwechat. 1926 schied die Familie Dreher aus der Schwechater Brauerei aus und die Familie Mautner-Markhof wurde Hauptaktionär. In Italien ist »Birra Dreher« heute noch ein Begriff.

23 Der 1886 nahe dem Schloß Schönbrunn eröffnete »Dreherpark« = »Klein-Schwechater Bier-Garten & Concert-Etablissement« des Anton Dreher in Meidling war ein äußerst beliebtes und gut gehendes Vergnügungslokal.

24 Isidor Mautner (geb. 7.10.1852 Nachod, gest. 13.4.1939 Wien, Vater von Konrad und Stephan), Konrad Mautner (geb. 23.2.1880 Wien, gest. 15.5.1924 Wien), Stephan Mautner (geb. 12.2.1877 Wien, gest. 8.5.1945).

zeichnung »Neuwald« zum ersten Mal schriftlich erwähnt.[25] Im Jahre 1971 wurde die Gemeinde Mariensee-St. Peter mit Rotten rund um Aspang-Markt zusammengelegt und trägt seither ihren Kunstnamen Aspangberg-St. Peter, was des öfteren zu Irrtümern führt, da es keinen Ort mit dem Namen Aspangberg gibt.

SOZIALSTRUKTUR EINES TALES

Die im Jahre 1771 eingeführten Hausnummern unterschieden nur zwischen Neuwald und Neustift, und daher führten auch die im heutigen Mariensee Ansässigen bis 1923 eine Neuwalder Adresse. Der Großteil der Bevölkerung war aber tatsächlich in Neuwald beheimatet, da aufgrund des einfacheren Zugangs die Besiedlung dieser Rotte von der Steyersberger bzw. Kranichberger und Wartensteiner Seite her erfolgt war. 1860 wird der Fußweg von Aspang nach Mariensee, entlang des Pöstlingbaches durch die Große Klause, fahrbar gemacht und 1960 wird die Schotterstraße asphaltiert.

1793 schließt die Herrschaft Aspang mit dem unternehmerischen Ritter Anton Manz von Mariensee einen Erbzinspachtvertrag zur Errichtung eines Hammerwerkes in Neuwald ab. Mehr als 100 Jahre später erzählt der Kirchberger Pfarrer Josef Wüsinger (1894–1927) noch im »Verlorenen Leben des Köhlermertl« vom

> Fuhrmann, der die Kohlen aus dem Walde hinunter nach Aspang und Mariensee [beförderte], wo damals noch Hammerwerke in regem Betrieb waren. Der kam freilich nur im Sommer; zur Winterszeit sind die Wege unfahrbar.
>
> (Wüsinger, Geschichten und Bilder aus den Voralpen, S. 47f.)

Bereits 1795 erscheint der Ortsname Mariensee im Topographischen Landschematismus, und 1831 beschreibt Schweikhardt von Sickingen in seiner Topographie von Niederösterreich den Ort Mariensee und erwähnt 20 Familien, davon 42 männliche, 47 weibliche Personen und 13 Schulkinder. Dabei waren aber wohl auch die verschiedenen, teilweise stundenweit von Mariensee entfernten Holzknecht- und Köhlerhütten mitgerechnet. Die offizielle Volkszählung aus dem Jahre 1881 mit 40 Einwohnern (23 männlich, 17 weiblich; davon 17 Kinder) dürfte den Tatsachen eher entsprochen haben. Erst bei der Volkszählung aus dem Jahre 1923 wird zwischen Mariensee und Neuwald unterschieden. Mariensee zählte damals 60 Einwohner (33 männlich, 27 weiblich), Neuwald 502 Einwohner (251 männlich, 251 weiblich), Neustift am Alpenwalde 151 Einwohner (72 männlich, 79 weiblich). Die Anzahl der Schulkinder ist dabei leider nicht ausgewiesen.

---

25 Stickelberger, Ortschronik, 1997, S. 9.

Ritter Anton Manz von Mariensee[26] verkaufte die 1793 erworbenen Hammerwerke am 29. Juni 1795 bereits wieder der Herrschaft Aspang und ging in die Bukowina. In Folge des Revolutionsjahres 1848 und der Ablösung der Servitute und Erbrechte verkauft der Besitzer Joseph Graf von Pergen das Marienseer Hammerwerk und den ganzen Almwald in Neustift an die Gewehrfabrik der Familie Österlein[27] in Wien-Fünfhaus, in deren Besitz sich auch das Pittener Bergwerk befand. Bald wird jedoch der Betrieb der Hammerwerke eingestellt, und die Bauwerke verfallen. Nur das Herrnhaus und das Wirtshaus werden in einigermaßen bewohnbarem Zustand erhalten.

1865 wird das Gut Mariensee aus der Konkursmasse der Söhne Karl und Nikolaus Österlein von Baron Haber-Linsberg, Besitzer des Gutes Linsberg bei Erlach nahe Wiener Neustadt, ersteigert. Mit dem Ankauf und Tausch zahlreicher Gehöfte und Grundstücke vergrößert Ludwig Freiherr von Haber-Linsberg nach und nach seinen Besitz.

Im Jahre 1871 bewirbt sich Josef Loschek, der 1862 als Forstpraktikant im Wiener Neustädter Großen Föhrenwald bei Forstverwalter Ignaz Minichsdorfer begonnen hatte und dem bereits 1863 die k.k. Forstadjunktenstelle beim Religionsfondsgute in Lichtenwörth verliehen wurde, durch Empfehlung seines Vorgesetzten, Herrn Josef Kleidorfer, k.k. Religionsfondsgutsverwalter in Wiener Neustadt, um die frei gewordene Försterstelle auf der Freiherr von Haber-Linsberg'schen Besitzung Mariensee am Wechsel. In seinem mit 22. April 1918 datierten Memorandum zu seiner »Chronik Glashütte« gibt Josef Loschek eine kurze Beschreibung des Gutes Mariensee:

> Das Gut Mariensee, 2000 Joch umfassend, wurde vom Herrn Baron von Haber-Linsberg im Jahre 1865 um 65.000 Gulden gekauft, nimmt den ganzen Nordhang des Wechselberges ein, dessen Wasserscheide die südliche Guts- zugleich auch die Nied. Öst.-Steirische Grenze darstellt. Dieser Waldbesitz wurde im Jahre 1866 durch meinen damaligen Chef, Herrn Johann Peschka, k.k. Forstverwalter in Lichtenwörth vermessen und eingerichtet, welche Maßnahmen mir bei der Wirtschaftsführung sehr zu statten kam. Verbunden mit dem Markte »Aspang« durch einen schlechten Fahrweg, auf welchen nur Schnitthölzer nach Wr. Neustadt und Holzkohle für den Hochofen in Pitten verfrachtet wurden, warf dieses Gut nur geringes Erträgnis ab, was dem Gutsherrn bestimmte, mit der Abholzung zu sparen und mehr sein Augenmerk auf Hebung der Jagd zu richten.
>
> (Stögerer, Chronik Glashütte, S. 48)

Loscheks detaillierte Beschreibung des jagdlichen Alltags gibt gleichzeitig ein aufschlußreiches Bild der wirtschaftlichen Lage:

26 Anton Manz (geb. 22.2.1757 Mantua, gest. 28.8.1830 in Bad Ischl), Offizierssohn, Hauptmann in Verona, Gewerke der Bergakademie Schemnitz, 1786 mit dem Prädikat »von Mariensee« in den Adelsstand erhoben, 1818 Leopoldorden für Verdienste als Pionier und Begründer des Bergbauwesens in der Bukowina, Gedenkstein an der Außenmauer der St. Sebastiankapelle im Friedhof Bad Ischl.

27 Nikolaus Österlein (geb. 2.5.1747 Asch/Böhmen, gest. 17.8.1809 Baden bei Wien), Gründer der 1. Wiener Armaturenfabrik, später Gewehrfabrik.

Die Jagd lag zu dieser Zeit im Wechselgebiet ganz darnieder. Nach kurzer Dienstzeit in Mariensee konnte ich die Wahrnehmung machen, daß das Wildererunwesen hier in ungeahnter Weise florierte. Was nicht mit Schießgewehr erlegt werden konnte, wurde in Schlingen gefangen. Zur Charakteristik der Wildausbeute sei angeführt, daß die Mehrzahl der Bauersknechte bei der Dienstaufnahme oder Dienstwechsel an die Dienstgeber die Bedingung stellten, die Herbstzeit zur Schlingenstellung für sich verwenden zu dürfen, dafür aber geringere Lohnansprüche machten. Die Schlingenstellung wurde hauptsächlich auf sämtliches, hier vorkommende Federwild angewendet. Um diese schändliche Handlung noch zu erleichtern, hat sich alljährlich in der Ortschaft Mönichkirchen, zu Maria Namen, allgemein benannt »Mönichkirchner-Sonntag«, ein Krämer eingefunden, der blos Roßhaar zur Schlingenfertigung feilbot. Das Absetzen des erbeuteten Wildes konnte in Anbetracht des umfangreichen Frachtverkehrs, deren Lenker meist auch den Wildhandel, besonders die Postkutscher als Nebenerwerb betrieben und zumeist zur Nachtzeit die Strecke zu passieren hatten, leicht bewerkstelligt werden. Aus dem Munde von so manch solchem Wildabnehmer konnte ich hören, daß oft ganze Säcke voll mit Federwild zur Ablieferung gelangten, worin sie obendrein einen gewissen Stolz zur Schau trugen, so gute Geschäfte zu machen.

(Stögerer, Chronik Glashütte, S. 49)

Die Überlegungen des Försters bezüglich der Religion seiner Herrschaft werfen ein interessantes Licht auf die gesellschaftlichen Hintergründe dieser Zeit:

Die Frage der Herrschaft Frohsdorf, ob ich bei etwaigem Ankauf genannter Güter gesonnen wäre, deren Bewirtschaftung zu übernehmen, war von mir mit »Ja« leicht zu beantworten, da es bei einer streng katholischen Herrschaft in vielen Beziehungen angenehmer zu dienen ist, als bei einem Andersgläubigen, wie meine Gegenwärtige.

(Stögerer, Chronik Glashütte, S. 52)

Die handschriftliche Chronik des Försters des Gutes Mariensee (1871–1883) und späteren Parma'schen Gutsverwalters Josef Loschek berichtet aber nicht nur über den jagdlichen Alltag, sondern erlaubt auch Rückschlüsse auf die wirtschaftliche Struktur des Tales:

Im Dezember 1882 wurden die Kaufverhandlungen zwischen den beiden Verkäufern Carl Windbichler aus Mönichkirchen und Johann Georg Weninger aus Aspang mit Seiner königl. Hoheit, Herrn Grafen von Chambord, dessen gepachtete Birk- und Schneehuhnjagd vom Schöberlriegl bis zur Pyramide am Hochwechsel an Mariensee grenzte, abgeschlossen. Die Übersiedlung von Mariensee über Aspang und Mönichkirchen nach dem nunmehrigen Dienstort »Neue Glashütte« erfolgte im April 1884. Diese konnte wegen der faßt unfahrbaren Wege nur mittelst Holzkohle-Wägen bewerkstelligt werden. Als Hilfsorgan wurde mir der, des Lesens und Schreibens unkundige Waldhüter zugleich auch Holzmeister, Jakob Kugl, mit einer Monatsbelohnung von 10 Gulden beigegeben.

(Stögerer, Chronik Glashütte, S. 13, 52f.)

Der Hinweis auf »Holzkohle-Wägen« in der detaillierten Beschreibung seiner Übersiedlung von Mariensee zur »Glashütte« läßt darauf schließen, daß Köhler im Tal arbeiteten und das Hammerwerk noch in Betrieb war, oder die Kohle aus dem Tal hinaustransportiert wurde.

Im Jahre 1872 läßt Baron Haber das Jagdhaus durch den Wiener Stadtbaumeister Karl Rieß, dem Geschmack der Zeit entsprechend, aufstocken und schafft damit die »Villa«.

Der folgende Auszug aus dem 1880 entstandenen »Kronprinzenwerk« beleuchtet den historischen Hintergrund dieser baulichen Entwicklungen:

> In den an den großen Bahnlinien gelegenen Ortschaften entwickelte sich ein mannigfach und reich gestalteter Villenbau. Es wurde keine Entwicklung rationeller Wohnhausarchitektur im Sinne des deutschen oder englischen Familienhauses geboten. Die Reichshauptstadt mit ihren Lebensgewohnheiten und mit ihrem künstlerischen Geschmack nahm darauf maßgebenden Einfluß. Durch die eisernen Fangarme der Bahnen ist jetzt ein Umkreis, der weit über die Grenzen Niederösterreichs hinausreicht, in das Villengebiet der Wiener hereingezogen, und innerhalb des Kronlandes erstreckt sich dasselbe von der Donaulände und der Höhe des Kahlenberges bis zum Semering. Fast sämmtliche an der Südbahn, Westbahn, der Franz Josefs-Bahn und in den daranstoßenden Seitenthälern gelegenen Ortschaften sind mit diesem Villenschmuck versehen, welcher dem Ankommenden die Nähe der Hauptstadt verkündet und von dem wachsenden Bausinn und Luxusbedürfnis Zeugniß ablegt.
>
> (Kronprinzenwerk Niederösterreich, S. 284)

Wien hatte Ende des 19. Jahrhunderts sieben Bahnhöfe, und jeder davon diente der Verbindung mit einem Teil der Monarchie. Baron Louis Haber ist nicht nur Guts- und Fabriksbesitzer in Mariensee und Linsberg bei Erlach sondern auch Vice-Präsident des Verwaltungsrates der k.k. privaten Ersten Siebenbürger Eisenbahn, Verwaltungsrat der böhmischen Westbahn und der südnorddeutschen Verbindungsbahn.

Der herzoglich Parma'sche Gutsverwalter Josef Loschek von der »Glashütte«[28] schreibt über den Personen- und Lastenverkehr von Wiener Neustadt kommend:

> Zur selben Zeit [1871] gab es in dieser Gegend noch keine Eisenbahn. Der Personen- und Lastenverkehr auf der Landesstraße zwischen Wr. Neustadt in NÖ. und der Stadt Hartberg in Steiermark war deshalb ein äußerst reger. Zum Personenverkehr dienten Postkutschen, die ihre Fahrten zwischen genannten Städten nur einmal des Tag's vollführten und zwar zwischen Friedberg und Wr. Neustadt hauptsächlich zur Nachtzeit. Der Lastenverkehr bestehend aus den verschiedensten Landesprodukten wie Eier, Geflügel, Fleischwaren, Obst, Butter, Wild u.s.w., welche während der Fahrt, ja sogar bis Wien, ihren Absatz fanden, beschränkte sich nicht nur auf das Gebiet der Nordöstl. Steiermark, sondern schloß auch einen großen Teil des benachbarten Ungarn ein.
>
> (Stögerer, Chronik Glashütte, S. 48)

In Gustav Jägers Beschreibung der Gegend »Der Wechsel und sein Gebiet. Niederösterreich und Steiermark« aus dem Jahre 1874 sind weitere Details vermerkt:

> Seit Bestehen der Südbahn strömen von Jahr zu Jahr größere Scharen von Touristen nach jenem Theil der österreichisch-steirischen Grenzalpen, zu welchen der Schneeberg gewissermaßen den Mittelpunkt bildet. Das südöstliche Gebiet von Wiener=Neustadt aber, welches durch den östlichsten Hauptstamm und dessen mächtigen Ausläufern der Zentralalpen gebildet wird, bleibt hingegen beinahe gänzlich unbeachtet. Der Glanzpunkt dieser Gegenden ist der Wechsel!
>
> von Wiener=Neustadt Poststellwagen täglich 12 1/2 Uhr Nachts 1 fl.50 kr.
> von Wiener=Neustadt Stellwagen
> Mittwoch und Samstag 10 1/2 Uhr Vormittags 1 fl. – kr.
> Über Schwarzau und Gleißenfeld, über Scheiblingkirchen und Wanghof erreicht man Aspang in 5 Stunden. An der Straße gegen Aspang steht ein Wirthshaus, an dem die sonderbare Orthographie des Schildes auffällt: »Zum lustin Baun in der Höll.« [Zum lustigen Bauern] (Jäger, S. 61)

Wenn man bedenkt, daß am 28. Oktober 1881 gerade das erste Teilstück der vom Wiener Aspangbahnhof ausgehenden geplanten Eisenbahnverbindung Wien-Saloniki gebaut war, und bereits wieder in Aspang am Wechsel – nur 70 km von Wien entfernt – endete, kann man sich vorstellen, unter welchen Umständen Jagdausflüge oder Geschäftstätigkeiten im Umland der Residenzstadt Wien abliefen.

28 siehe Landkarte auf Umschlag vorne innen.

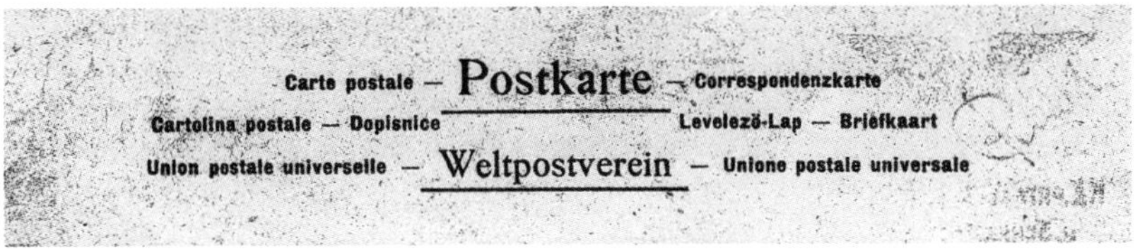

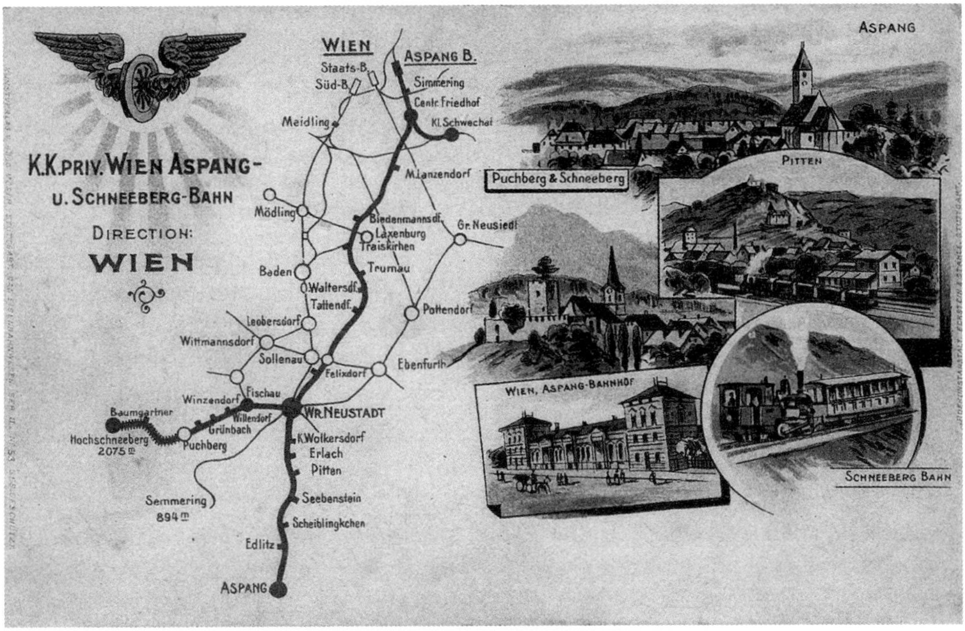

Farblithographie vor 1905

Auch dreißig Jahre später ist die Bahnreise von Wien ins Wechselgebiet noch ein recht abenteuerliches Unterfangen, und doch berichtet der Gutsbesitzer seinem Jagdfreund, dem Stadtbaumeister Franz Rieß,

> daß die Frau mit den Kindern am 18. Juli 1913 für drei Wochen nach Brioni gefahren ist. Der kühle und regnerische Sommer hat sie von hier vertrieben. Ich selbst werde auf kurze Besuche hinunterfahren, da ich hier zu thun habe und die südliche Hitze nicht gern habe. … Mit der Rehpürsch geht es ausgezeichnet. Ich habe schon 10 St.
>
> (Schreiben von Hermann Schenker an Franz Rieß, 20. Juli 1913)

Die Fahrt von Wien ins Wechselgebiet und retour können wir anhand von Stephan Mautners vergnüglicher Schilderung gut nachvollziehen:

> Hast Du Dir, freundlicher Leser, jemals vorgestellt, wo das End' der Welt eigentlich ist und wie es dort aussieht?
> Du wirst es nicht glauben wollen, daß das End' der Welt knapp 3 Stunden von Wien [er fuhr bis Gloggnitz und dann mit dem Stellwagen nach Trattenbach] entfernt und noch in Niederösterreich zu finden ist.
>
> (Mautner, Chronik, 1826, S. 5)

Milchwagerl mit Hundebespannung, Wagen mit zwei Haflingern, was nach der Zugsabfahrt kommt ist nicht mehr schön genug, als daß man ein Wort darüber verlieren müßte. Ja es wird immer ärger, je Meidlinger die Gegend wird, und erreicht dann seinen Höhepunkt beim Aussteigen in Wien. Schwamm drüber und warten bis wir nächsten Samstag um 1 Uhr 20 Minuten nachmittags hoffentlich den Zug erreichen und wieder hinausfahren können.

(Mautner, Chronik, 1826, S. 108)

Der weitere Ausbau der Aspangbahn geht nur langsam voran. Am 15. Oktober 1905 wird die Eisenbahnlinie Friedberg – Hartberg eröffnet, am 12. Oktober 1910 folgt die Strecke Friedberg – Aspang, und erst am 15. November 1925 wird die Strecke Friedberg – Pinkafeld in Betrieb genommen. Lokale Handwerker waren dabei ebenso eingesetzt wie Maurer, Steinmetze und Zimmerleute aus Wien und vor allem die erfahrenen Straßen- und Bahnbauer aus Italien. Heute sind manche ihrer Familiennamen noch in Lokalbezeichnungen erhalten, wie z.B. der »Pompei-Rücken« auf der Marienseer Straße, welcher den Namen des italienischen Steinmetz Pompeo Lavina trägt, des ersten Besitzers des neben seinem Steinbruch gelegenen späteren »Gasthauses zur Großen Klause«.

Neben diesen »weltweiten« Verkehrsverhältnissenen waren die alltäglichen, lokalen Verkehrsverbindungen von weitaus größerer Bedeutung für das Tal. Nach Aspang war man zu Fuß, mit der Butten, der Kraxen oder dem Rucksack auf dem Rücken einen ganzen Tag unterwegs. Mit dem Ochsenfuhrwerk war Aspang wohl nur eine Halbtagsreise entfernt, doch mußten beispielsweise auf dem Weg aus Innerneuwald »aussi auf Åschpang« noch in den frühen 20er Jahren des vergangenen Jahrhunderts vierundzwanzig »Gådern« (Gattertore der Viehweiden) auf- und zugemacht werden. Da man meist zum Kirtag hinunterfuhr, war man aber bestimmt länger aus. Mit der Autobusverbindung ab 1928 mußte man nicht mehr zu Fuß zur Eisenbahn gehen, um »eini auf Wean« zu fahren. Das erste Automobil, wie etwa im Luftkurort Hochegg bei Grimmenstein um 1914, war hier kein Thema.

Zahlreiche gesellschaftliche Ereignisse dokumentieren immer wieder die engen Verbindungen zur Residenzstadt Wien:

Am 25. Mai 1910 wurde Seine Hoheit Prinz Elie von Parma, welcher in Begleitung seines Kammervorstehers, Herr Baron Candit v. Suttner [Kammervorsteher seiner Hoheit] und Herr Dr. Ignaz Neumann nebst vier Dienern beim Tränktörl eintraf, dort als den neuen Gutsherr von Glashütte vom Forst- und Jagdpersonal, feierlichst empfangen.

Die zur Besitzung Glashütte gehörigen Häuser, selbst die Köhlerhütten, waren alle beflaggt, aus purer Freude, daß Glashütte der hohen Erbprinzen, nach weiland Seiner königl. Hoheit dem durchlauchtigtem Herrn Herzog Robert von Parma als Erbteil zugefallen ist.

Abends brachte die gesamte Arbeiterschaft zum Zeichen ihrer Huldigung unter Musik und Pöllerschießen, einen Fackelzug dar, nach dessen Beendigung der Halley'sche Komet sichtbar wurde und von den hohen Gästen bewundert werden konnte.

Herr Dr. Ignaz Neumann in Wien [hatte] die Vermögens-Verwaltung Seiner Hoheit Prinzen Elias von Parma vom Herrn Dr. Anton Gassauer in Wien übernommen und führte nunan die Titulatur: Zentral-Administrator (I, Wien, Helferstorferstraße 2).

(Stögerer, 42f.)

Pfarr- und Schulchroniken beschreiben Festlichkeiten oder Naturereignisse wie Erdbeben oder den Halley'schen Kometen. Gästebücher der Herrschaften und Gutsbesitzer erzählen über Besuche von Architekten wie Ludwig Wächtler oder dem Historienmaler Carl Rahl oder berichten mit amüsanten Details über Jagdgäste. In Stefan Mautners Fremdenbuch, »ein neues Buch, die erste Seite reich illustriert von meinem Bruder Konrad liegt jede Weihnachten am Geschenktisch«, werden seine Wiener Jagdgäste in Trattenbach »wo dö Frau Fortwängler beim Zaunübersteigen mit'n Kittel häng'n blieb'n is«[29] wieder lebendig. Beim neuen Besitzer von Burg Feistritz, dem aus Dobrichov bei Kolin in Böhmen gebürtigen Bankier Rittmeister Maximilian Mautner, ist die Wiener Gesellschaft ab 1922 ebenso zu Gast wie bei seinem Vorgänger, dem Fürsten Josef Maria Sulkowski oder dessen Schwiegervater Baron Dietrich.

Zusammenfassend ist festzustellen, daß dank der freundschaftlichen Beziehungen der Familie des Gutsbesitzers Baron Louis Haber-Linsberg mit der Familie des Stadtbaumeisters Karl Rieß und den jagdlichen Gemeinsamkeiten seines Adoptivsohnes Hermann Schenker mit dem Stadtbaumeistersohn Sohn Franz Rieß in Mariensee mehrere Bauten entstanden. Nach dem Aufbau eines Stockwerkes am Jagdhaus der Gutsverwaltung Haber-Linsberg, der »Villa«, im Jahre 1871, wurde 1878 die erste Volksschule gebaut, 1904 die

1. Volksschule in Mariensee, 1878

29 Mautner, Chronik, 1826, S. 122, 128.

Kanal- und Wasserleitung für Mariensee am Wechsel 62 verlegt und 1905 ein Eckzimmer im 1. Stockwerk des Jagdhauses Schenker[30] vergrößert. Die Pläne dafür sind alle von Carl Rieß persönlich unterzeichnet, woraus geschlossen werden kann, daß diese Bauten von ihm geplant und durchgeführt wurden. Die Pläne der späteren Bauten, wie die 2. Volksschule 1914, das 1. Feuerwehrhaus 1922 und das Mausoleum 1917/1925, tragen im Firmenstempel »Stadtbaumeister Carl Rieß« die Unterschrift des Sohnes Franz. Aufgrund des fortgeschrittenen Alters seines Vaters und ihrer stilistischen Parallelen können diese Bauten wohl Franz Rieß zugeschrieben werden.

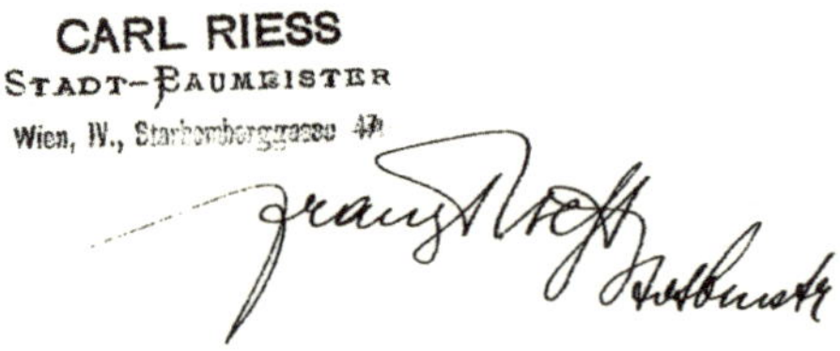

Nach dem Tod Hermann Schenkers im Jahre 1915 übernimmt seine Witwe Dora Schenker das Gut Mariensee, welches sich bis heute im Besitz der Familie befindet.

Schulbauten der Gemeinde Wien.

Während der 12 Jahre von 1877/78 bis 1889/90 hat die Gemeinde Wien, in den Bezirken I bis X, für den Volks- und Bürgerschulunterricht, 31 neue Gebäude errichtet, welche zusammen eine überbaute Etagenfläche von 112.941 m^2, einen überbauten Raum von 503.567 m^3 und 729 Lehrzimmer enthalten.

Die Herstellungskosten dieser 31 Schulgebäude betrugen, ohne Baugrunderwerbung:

für den Bau	3,899.130 fl.,
für die Möbel	384.966 fl.
zusammen . .	4,284.096 fl.

Die Details für jedes der 31 Objecte und die resultirenden Mittelwerthe sind aus der nachstehenden, vom Stadtbauamte verfassten Tabelle ersichtlich.

30 siehe Stickelberger, Ursprünge, 1994, S. 64.

1	2		3	4	5	6	7	8	9			10			11						12					
	Lage des Schulhauses			Ueberbaute Fläche			Auf das Lehrzimmer entfällt		Gesammtkosten			Kosten eines Lehrzimmers			Kosten per 1 m^2 Etage						Kosten per 1 m^3 verbauten Raumes					
Post-Nr.	Bezirk	Gasse	Baujahr	In Quadratmetern Etagenfläche ohne Keller und Boden	In Cubikmetern vom Parterrefussboden bis zum Dachpflaster	Zahl der Lehrzimmer	m^2 Etagenfläche	m^3 überbauter Raum	Bau	Möbel	Zusammen	Bau	Möbel	Zusammen	Bau		Möbel		Zusammen		Bau		Möbel		Zusammen	
									fl.	fl.	fl.	fl.	fl.	fl.	fl.	kr.	fl.	kr.	fl.	kr.	fl.	kr.	fl.	kr.	fl.	kr.
1	I.	Bartensteingasse . . .	1877/78	3300	14.680	22	150	667	108.305	12.995	121.300	4923	591	5514	32	82	3	94	36	76	7	38	—	90	8	28
2	X.	Eugenplatz	1877/78	3840	16.896	29	132	582	127.054	15.718	142.772	4381	542	4923	33	19	4	10	37	29	7	52	—	93	8	45
3	II.	Gerhardusgasse	1877/78	3486	15.504	25	139	620	102.108	12.420	114.528	4084	496	4580	29	38	3	57	32	95	6	59	—	80	7	39
4	IV.	Phorusplatz	1877/78	3761	16.781	28	134	600	118.408	12.823	131.231	4229	457	4686	31	56	3	41	34	97	7	05	—	76	7	81
5	III.	Paulusplatz	1877/78	3559	15.815	28	127	565	107.219	13.940	121.159	3829	498	4327	30	15	3	92	34	07	6	77	—	88	7	65
6	VIII.	Josefstädterstr. 93 . .	1878/79	3450	15.486	27	128	573	104.157	15.934	120.091	3858	590	4448	30	14	4	61	34	75	6	73	1	03	7	76
7	IX.	Lazarethgasse	1879/80	3984	17.766	25	159	710	108.146	12.761	120.907	4326	510	4836	27	21	3	20	30	41	6	09	—	72	6	81
8	II.	Holzhausergasse . . .	1879/80	3260	14.344	23	141	624	112.345	12.885	125.230	4884	560	5444	34	63	3	97	38	60	7	82	—	89	8	71
9	VI.	Stumpergasse 56 . . .	1879/80	3674	16.318	24	153	680	105.064	14.234	119.298	4377	593	4970	28	61	3	87	32	48	6	43	—	87	7	30
10	X.	Uhlandgasse	1881/82	4283	19.020	30	143	634	133.217	15.213	148.430	4440	507	4947	31	04	3	54	34	58	7	—	—	79	7	79
11	VII.	Burggasse 20	1881/82	4079	17.948	25	163	718	122.992	13.054	136.046	4920	522	5442	30	18	3	20	33	38	6	85	—	72	7	57
12	VII.	Zollergasse	1881/82	1055	4.642	8	132	580	36.982	4.365	41.346	4623	545	5168	35	02	4	12	39	15	7	97	—	94	8	91
13	V.	Fockygasse	1881/82	1574	7.069	9	175	785	52.804	5.210	58.016	5875	579	6454	33	57	3	31	36	88	7	48	—	74	8	22
14	IX.	D'Orsaygasse	1882/83	4093	18.173	24	170	757	145.316	13.117	158.433	6055	546	6601	35	62	3	21	38	93	8	—	—	72	8	72
15	II.	Novaragasse	1882/83	3774	16.776	25	150	670	129.444	17.989	147.433	5176	719	5897	34	50	4	79	39	29	7	72	1	07	8	79
16	V.	Bacherplatz	1882/83	4090	17.996	28	146	642	176.951	13.802	190.753	6319	493	6812	43	28	3	38	46	66	9	90	—	77	10	67
17	VIII.	Zeltgasse	1883/84	4143	18.450	24	173	685	145.999	11.312	157.311	6083	471	6554	35	16	2	72	37	88	8	86	—	68	9	54
18	IV.	Starhemberggasse . .	1883/84	3803	16.954	23	165	737	131.547	11.681	143.228	5719	508	6227	34	66	3	08	37	74	7	76	—	69	8	45
19	X.	Bürgerplatz	1885/86	4386	19.554	26	168	752	155.317	11.085	166.402	5973	426	6399	35	55	2	53	38	08	7	94	—	56	8	50
20	III.	Hörnesgasse	1885/86	4619	20.576	29	159	709	181.464	13.630	195.094	6257	470	6727	39	35	2	96	42	31	8	82	—	66	9	48
21	VI.	Wallgasse	1885/86	2894	12.872	18	161	715	93.760	5.724	99.484	5209	318	5527	32	35	1	97	34	32	7	28	—	44	7	72
22	I.	Börsegasse	1885/86	4319	19.270	23	187	837	175.851	12.627	188.478	7645	549	8194	40	87	3	—	43	87	9	13	—	66	9	79
23	II.	Staudingergasse	1885/86	3684	16.814	23	160	731	127.438	10.906	138.344	5541	474	6015	34	63	2	96	37	59	7	58	—	64	8	22
24	I.	Johannesgasse	1886/87	3880	17.304	22	176	786	149.645	11.508	161.153	6802	523	7325	38	65	2	92	41	57	8	65	—	66	9	31
25	VII.	Neubaugasse 42	1886/87	1735	7.634	10	174	763	68.996	3.754	72.750	6900	375	7275	39	66	2	15	41	31	9	04	—	49	9	53
26	IX.	Glasergasse	1887/88	4532	20.518	26	174	789	169.818	14.489	184.307	6531	557	7088	37	54	3	20	40	74	8	28	—	70	8	98
27	II.	Czerningasse	1888/89	1724	7.786	10	172	779	74.681	7.315	81.996	7468	736	8199	43	41	4	25	47	66	9	58	—	94	10	52
28	V.	Stollberggesse	1888/89	4247	19.120	25	170	765	164.732	11.997	176.729	6589	479	7068	38	76	2	81	42	57	8	61	—	62	9	23
29	II.	Wasnergasse	1888/89	4213	18.916	25	168	756	149.958	14.473	164.431	5998	579	6577	35	70	3	45	39	15	7	93	—	76	8	69
30	X.	Herzgasse	1888/89	5288	23.545	37	143	636	182.190	20.384	202.574	4924	551	5475	34	43	3	85	39	28	7	74	—	86	8	60
31	II.	Pazmanitengasse . . .	1889/90	4212	19.040	28	150	680	137.221	17.621	154.842	4900	630	5530	32	66	3	20	36	86	7	20	—	92	8	12

Anmerkung.

Zu Rubrik 4. Diese enthält die überbaute Fläche der Etagen, wobei außer dem Ebenerdgeschosse nur die einzelnen Obergeschosse in Betracht genommen und das Kellergeschoss sowie der Dachboden nicht gerechnet erscheinen.

Zu Rubrik 5. In dieser sind die Kubikmeter überbauter Raum zwischen dem Ebenerdfussboden und dem Dachbodenpflaster gegeben

Zu Rubrik 6. Diese Rubrik gibt nur die Zahl der Lehrzimmer, wobei die Zeichensäle und die Arbeitszimmer für weibliche Handarbeiten gleichfalls als Lehrzimmer angenommen wurden.

Zu Rubrik 7 und 8. Diese Rubriken geben die auf das Lehrzimmer entfallende Etagenfläche oder Kubikraum, wobei nicht blos das reine Lehrzimmerausmaß, sondern auch das auf jedes Lehrzimmer entfallende Maß an Mauern, Communicationen, Aborten, Directionszimmer, Turnlocale und Wohnungen eingerechnet ist.

Zu Rubrik 9 bis 12. Es sind blos die Bau- und Möblirungskosten ohne die Kosten des Baugrundes ausgewiesen. Die Baukosten umfassen auch die Kosten der Heiz-, Wasser- und Beleuchtungseinrichtung. Unter Möbel erscheinen blos die Subselien, Kästen, die Turnapparate etc.

Mittelwerthe aus den 31 Schulen. Auf ein Lehrzimmer entfällt 155 m^2 verbaute Etagenfläche, 690 m^3 verbauter Raum.

Nachdem die mittlere reine Fläche eines Lehrzimmers, welches für 60 Schulkinder bestimmt ist, nur 55 m^2 beträgt, so entfallen die übrigen 100 m^2 auf die Fläche der Mauern, Communicationen, Aborte, Directionszimmer, Turnlocale und Wohnungen.

Es ergeben sich für das Lehrzimmer:

Baukosten	fl. 5348·60
Möbelkosten	fl. 528·07
Gesammtkosten . .	fl. 5876·67

Für 1 m^2 Etagenfläche:

Baukosten	fl. 34·52
Möbelkosten	fl. 3·40
Gesammtkosten . .	fl. 37·92

Für 1 m^3 überbauter Raum:

Baukosten	fl. 7·74
Möbelkosten	fl. —·76
Gesammtkosten . .	fl. 8·50

L.

1. Volksschule in Mariensee 1878

Maria Theresias »Allgemeine Schulordnung für die deutschen Normal= Haupt= und Trivialschulen in sämmtlichen Kaiserl. Königl. Erbländern« vom 6. Dezember 1774 setzte Österreich an die Spitze des europäischen Bildungswesens. Auf dem Land gab es die Trivialschulen, in welchen die Schüler Schreiben und Rechnen lernten und Religionsunterricht erhielten. Mit Einführung der Schulpflicht für alle Kinder zwischen 6 und zwölf Jahren mußten die in Neuwald wohnenden Kinder nach St. Peter am Wechsel (damals noch St. Peter am Neuwald) und die in Neustift wohnenden Kinder nach Mönichkirchen in die Schule gehen. Am 23. November 1781 erfolgte die erste Bestandsaufnahme der schulpflichtigen Kinder. 1783 wurde St. Peter am Neuwald zur eigenständigen Pfarrgemeinde erhoben. Vor dem ersten Schulbau in St. Peter (heute *Gasthaus Bergland*) im Jahre 1794 erfolgte der Unterricht in den unterschiedlichsten Lokalitäten. Da der Schulweg nach St. Peter bzw. nach Mönichkirchen sehr weit war, und der Schulbesuch im Winter durch Unpassierbarkeit der Wege oft ganz unmöglich, war die Schulbildung recht mangelhaft. 1869 wird mit dem Reichsvolksschulgesetz die sechsjährige Schulpflicht auf acht Jahre verlängert, Naturgeschichte und Heimatkunde als Unterrichtsfächer hinzugefügt, und die Klassengröße auf maximal 80 Schüler beschränkt.

Der Gutsbesitzer Baron Ludwig Haber von Linsberg[31] ist die treibende Kraft für die Errichtung der ersten Volksschule in Mariensee im Jahre 1878 mit der Hausnummer 110. Damit entsteht der »Schulsprengel Mariensee« und der Schulweg wird für viele Kinder kürzer. Der Bau wird nach dem von Stadtbaumeister Karl Rieß erstellten Plan ausgeführt. Der Gutsbesitzer überläßt der Gemeinde den Baugrund, mit der Auflage, daß er Schulzwecken diene,

> unentgeltliche Abtretung des erforderlichen Grundstückes für Bau- und Turnplatz durch Ludwig Freiherr von Haber Linsberg.
>
> (Sitzungsprotokoll O.S.R.=Ortsschulrat, 28. Februar 1878)

und unterstützt den Bau der neuen Schule auch mit Bargeld und Baumaterial. Die Neuwalder Bauern und Handwerker stellen freiwillig und kostenlos Ochsenfuhrwerk und Arbeitszeit für den Marienseer Schulbau zur Verfügung.[32]

---

31 Finanzmann und Industrieller (geb. 15.7.1804 Karlsruhe, gest. 9.12.1879 Wien lt. Ortschronik, 27.1. 1892 lt. Biographischem Lexikon), Sohn des Karlsruher Hofbankiers Salomon von Haber, studierte an der Bergakademie in Freiberg und an der Universität Göttingen und leitete dann mit seinen Brüdern das väterliche Bankhaus in Karlsruhe. Haber beteiligte sich an montanistischen und industriellen Unternehmungen, kam 1849 nach Österreich, gründete die Zuckerfabrik in Libnowes (Böhmen) und war Mitbegründer eines Vereins der österreichischen Zuckerfabrikanten. 1855 Gründung der Creditanstalt für Handel und Gewerbe gemeinsam mit Max Fürstenberg, Adolph Schwarzenberg, Vincenz Auersperg und Otto Chotek. Haber war mitbeteiligt an der Österreichischen Boden Creditanstalt, besaß Berg- und Kohlenwerke in Siebenbürgen und im Banat und erwarb sich Verdienste um die Gründung der Siebenbürger Bahn, der chemisch-metallurgischen Fabrik in Aussig, der Theißbahn, der österreichischen Nordwestbahn, der Nordwestdampfschiffahrtsgesellschaft und der Elbethalbahn. Mitglied des Herrnhauses (Verfassungspartei). 1869 Freiherrnstand. (Österreichisches Biographisches Lexikon 1815–1950, II. Band, 1959).

32 Stickelberger, Ortschronik, 1997, S. 99, 119.

Der NÖ. Landes-Ausschuß in Wien unterstützt den Schulneubau mit einer Subvention in der Höhe von 3.076 fl. 67 Hr. [etwa Euro 21.450,– = ATS 307.667,–].[33]

Die »Glashütte« der Herrschaft Bourbon-Parma unterstützte in ähnlicher Weise den Bau des Armenhauses in Pinggau auf der steirischen Seite des Wechsels. Sie gab unentgeltlich Bauholz bzw. jährlich Birkenbrennholz.[34] Diese Form der Nachbarschaftshilfe ist in Krickels »Wanderung in die südlichen Gebirgsgegenden des Landes unter der Enns *oder* die Herrschaften Pütten, Seebenstein, Feistritz, Thernberg, Schottwien, Neuberg, Reichenau und Guttenstein, nebst der Besteigung des hohen Wechsels« aus dem Jahr 1838 liebevoll und detailreich beschrieben:

> Zum Gebräge eines guten Herzens der hiesigen Bewohner möge der allgemeine lobenswerthe Gebrauch bei neuen Gebäudeaufführungen dienen. Wenn in dieser Gegend von einem Bauer was immer für ein Gebäude aufgeführt wird, so wird der Bauführer von der ganzen Nachbarschaft und von der ganzen Gemeinde mit Hand- und Fuhrroboten, so lange der Bau dauert, unterstützt, während welcher Zeit ihm abwechselnd von jedem Haus Milch, Brot und andere Eßwaren herbeigebracht werden. Ist der Bau nun ganz vollendet, so gibt der Hausherr ein Zimmermal, wo er alle Leute, die bei dem Bau gearbeitet haben, einladet, wo dann nach eingenommener Mahlzeit gejubelt und getanzt wird.
>
> (Krickel, Wanderungen, S. 109)

Der Schulalltag seit Einführung der Schulpflicht in der Monarchie wird durch die erhalten gebliebenen Sitzungs- und Schulprotokolle, die Lehrmittelsammlung mit den Schautafeln, die Tierpräparate, die Mineraliensammlung, das Lehrmaterial für den Physik- und Mathematikunterricht und auch die alte Schuleinrichtung real beschreibbar.

Wie groß das Interesse der alt eingesessenen bäuerlichen Bevölkerung am Bau einer eigenen Schule in Mariensee war, zeigt das Mitgliederverzeichnis des Ortsschulrates vom 12. Februar 1878:

Brunner, Josef	Wirtschaftsbesitzer	Neuwald 45	
Humann, Georg	-II-	Neuwald 50	Vorsitzender
Kranawetter, Peter	-II-	Neustift 21	
Ofner, Josef	-II-	Neuwald 66	
Prenner, Franz	-II-	Neuwald 59	Ersatzmann
Reiterer, Leopold	-II-	Neuwald 38	
Rosinger, Josef	-II-	Neuwald 27	

Der oben angeführte Wirtschaftsbesitzer Franz Prenner in Neuwald 59 ist beispielsweise ein Vorfahr des Josef Prenner vulgo *Almbauer*, Obmann der Weidegenossenschaft Mariensee, mit der heutigen Adresse Mariensee 59. Georg Humann war Besitzer des *Großbauern* in Innerneuwald 50. Dem Nachfahren des Wirtschaftsbesitzers Josef Ofner in Innerneuwald 66 wurde im Jahre 1904 der Hof von der Gutsherrschaft abgekauft. Josef Rosinger in Neu-

33 1 Krone = etwa Euro 7,– = ATS 100,–.
34 Loschek-Chronik in Stögerer, S. 34, 39.

wald 27 ist der Urgroßvater des heutigen Besitzers Franz Fahrner vulgo *Salzbauer*. Das große Interesse der bäuerlichen Bevölkerung an Bildung generell war kein Einzelfall. Im Bericht des Schuldirektors Fritz Kuh in der handschriftlichen Pinggauer »Stögerer-Chronik« lesen wir zum Beispiel:

> Das alte Schulhaus war seit 1818 Privatbesitz von 12 Bauern, die keinerlei Mietzins erhielten. Auf dem Gelände der heutigen Schafwollwaren-Fabrik war früher eine Hammerschmiede eingerichtet. Der Hammerschmiedgeselle Leopold Fohnberger verschrieb der Schule in Sinnersdorf eine Stiftung von 42 Gulden unter folgender Bedingung: Der Betrag ist in die Sparkasse Friedberg einzulegen, das Sparbuch ist in Händen des Pfarrers von Pinkafeld, welcher von den Zinsen das Schulgeld für die armen Kinder zu bezahlen hat. Nach 1870 war kein Schulgeld mehr zu bezahlen, die Stiftung geriet in Verlust. Als die k.k. Statthalterei in Graz von dem Verlust erfuhr, verurteilte sie die 12 Bauern aus Sinnersdorf zum Ersatz dieser Stiftung. Jeder Bauer musste 7 Kronen bezahlen und die Zinsen (690 K) wurden zum Ankauf von Lernmittel für arme Schüler verwendet, bis die Schillingwährung dieser Stiftung den Todesstoß versetzte.
>
> (Stögerer, S. 89ff.)

Martin Wochesländer (1832–1910)

Am 4. Juni 1878 erteilt die Bezirkshauptmannschaft Neunkirchen die offizielle Baugenehmigung für den Schulbau in Mariensee. Die Arbeiten für die erste Volksschule werden ausschließlich von lokalen Handwerkern durchgeführt. Die Mauerziegel liefert der Wirtschafts- und Ziegeleibesitzer Martin Wochesländer aus dem Markt Aspang, die Maurerarbeiten werden vom Maurermeister Josef Gruber aus Dechantskirchen durchgeführt, die Zimmermannsarbeit vom Zimmermeister Johann Ofenböck aus Kirchberg am Wechsel, die Tischler-, Schlosser-, Glaser- und Anstreicher-Arbeiten von Karl Matzenauer und Johann Linhardt aus Aspang, ebenso wie die Arbeiten für die Trinkwasserleitung. Das Bankhaus Friedrich Ritter, Wien, gewährt einen Bankkredit über 1.500 fl.

Am 23. Oktober 1878 erfolgt der offizielle Kollaudierungsbescheid durch die Bezirkshauptmannschaft Neunkirchen. Selbstverständlich wurde auch

Wachsmuth's technologische Wandtafeln »Ziegelei«
(Adalbert Pilch, Verlag A. Pichlers Witwe, Wien V, Margaretenplatz)

eine Versicherung abgeschlossen. Gleichzeitig wird an den Pfarrer von St. Peter das Ansuchen gerichtet, »den offiziellen Schulbeginn am 1. Dezember 1878 um 10 Uhr vormittags in der Marienseer Schule im Gottesdienst zu verlautbaren«. Dieses wird jedoch von Pfarrer H. Raab abgelehnt, da er »keine Nachricht von competenter Seite über eine Schule in Mariensee« erhalten hatte.

Trotz der historisch belegten Nennung des Ortsnamens Mariensee in der »Topographie von Niederösterreich« von Schweikhardt von Sickingen im Jahre 1831 lesen wir im »Ortsbild von Mariensee aus dem Jahre 1922« des Oberlehrers und späteren Schulleiters Josef Beutel[35], daß die Ortschaft nur *Am Hammer* oder *In der Hammergasse* hieß. Sogar heute noch sind Lokalbezeichnungen wie *Håmme(r)wies(e)n* oder *Håmme(r)gassl* erhalten. Erst nach und nach wurde in der Bevölkerung die alte Ortsbezeichnung durch das Adelsprädikat »Mariensee« abgelöst:

> Von Aspang her wurde der Name Mariensee importiert. Er entstammt einem Mißverständnisse der Aspanger. Da nämlich der Erbauer des Hammerwerks Anton Manz von Mariensee hieß, so faßten sie dessen Adelsprädikat als Lokalbezeichnung des Hammers auf.
> (Beutel, Ortsbild, 1995, S. 9f.)

Der Ort hat seinen Namen jedoch nicht nur diesem Mißverständnis zu verdanken, sondern vor allem dem Einfluß der Schule in Mariensee. Denn mit

35 Oberlehrer Josef Beutel (1864–1934), in Ober-Aspang begraben, Heirat 1894 mit Maria Bürger (1876–1918), in St. Peter am Wechsel begraben, Kinder: Maria (geb. 1896), Hermine (geb. 1899), Adolfine (geb. 1902), Josef (geb. 1905), 2. Ehe mit Marie Richter, in Ober-Aspang begraben. Beutel war Lokalhistoriker, Begründer der Obstbaumzucht im Tal, Mitglied der »Musikfreunde Aspang N.Oe.«, siehe dortiges Protokoll vom 31.3.1921.

Das Innere einer alten Hammerschmiede
(Hugo Charlemont, Kronprinzenwerk Niederösterreich, S. 302)

der Einführung des Schulsprengels Mariensee im Jahre 1877 wird der Ortsname geläufiger, und Josef Beutel schreibt:[36]

> Mariensee ist eine kleine Ortschaft mit einem Jagdschlößchen und einer Schule in der Katastralgemeinde Neuwald u. zw. im Viertel Inner-Neuwald, gelegen am linken Ufer der Pestling am Fuße des Kampsteins zwischen Tiefengraben und *Almbauerngraben*. Die Häuser sind nicht selbständig, sondern mit der Katastralgemeinde *Neuwald* nummeriert.

Im Jahre 1879 kann bereits mit dem Unterricht in einem Lehrzimmer für 70 Schüler begonnen werden. Der Ortsschulrat bedauert jedoch kurz nach Baufertigstellung, daß

> nach Vollendung des Schulbrunnens, des Schulgartens u. der oberflächlichen Planierung des Turnplatzes das weitere Ausbauen des Turnplatzes und die Aufstellung der Turngeräthe wegen Armut der Schulgemeinde im Laufe dieses Schuljahres nicht mehr bewerkstelligt werden könne.
> (Sitzungsprotokoll O.S.R., 31. Mai 1879)

Erst fünf Jahre später bekommen die Schulkinder dank der Unterstützung der Gutsherrschaft endlich ihre Turngeräte:

> Dank an Frau Baronin v. Haber für Geschenk von Turngeräthen samt dem dazu erforderlichen Holz.
> (Sitzungsprotokoll O.S.R., 12. Mai 1895)

36 Beutel, Ortsbild, 1995, S. 67.

Bis zum Neubau der zweiklassigen Volksschule im Jahre 1914 wird in diesem Gebäude unterrichtet. Danach wird es als Kanzlei der Gutsverwaltung und Wohnung des Gärtners genützt. Im Jahre 2000 wird das Haus modernisiert und für private Zwecke umgebaut, wobei Raumaufteilung und Fassade ziemlich unverändert blieben.

2. Volksschule in Mariensee 1914

Nach dem Tod Baron Habers von Linsberg im Jahre 1879 erbt Hermann Schenker, sein Adoptivsohn, den gesamten Besitz. Unter dessen Hand floriert der Gutsbetrieb, und er läßt auch das bauliche Juwel der Herrschaftsvilla, das »von dem wachsenden Bausinn und Luxusbedürfnis Zeugniß ablegt«[37], dem Geschmack der Zeit entsprechend, von Franz Rieß, Sohn des Stadtbaumeisters Karl Rieß, mit Jugendstilanbauten ergänzen.

Hermann Schenkers wirtschaftlich erfolgreiche Ideen bringen nicht nur ihm, sondern auch dem Tal Arbeit und Wohlstand. Mit der Industrialisierung und dem zunehmenden wirtschaftlichen Aufschwung entstehen neue Betriebe und damit zahlreiche Arbeitsplätze für die einheimische Bevölkerung. Zugleich kommen meist ungelernte Taglöhner aber auch die für die neuen Betriebe benötigten Handwerker wie Brunnenmacher, Sägearbeiter, Tischler und Werkschlosser ins Tal. Die bereits ansässigen Berufe wie Schmied, Schneider, Schuster oder auch Regenschirmmacher erhalten mehr Aufträge und leben dadurch besser.

Im Jahre 1895 wird im Ortszentrum von Mariensee die Gattersäge feierlich eröffnet. Im selben Jahr wird die weiter taleinwärts stehende Christinensäge

Technologische Wandtafeln, Max Eschner »Gerberei«
(Adalbert Pilch, Verlag A. Pichlers Witwe, Wien V, Margaretenplatz)

37 Kronprinzenwerk Niederösterreich, S. 284.

Karl Schwarzmann, 14. April 1854 bis 15. Mai 1927

in eine Lohbrechmühle umgewandelt, um die für die Herstellung der Gerberlohe benötigte Fichten- und Tannenrinde zu bearbeiten. Die Lohe wurde an die Ledergerberei Hirsch nach Aspang transportiert, von wo die gegerbten Häute in die Residenzhauptstadt Wien geliefert werden. Im Jahre 1901 wird in der Großen Klause die Martinschleife gebaut, um Holzschliff für die Papierproduktion zu erzeugen. Dazu waren auch Aspanger Handwerker ins Tal gezogen. Die Kinder des Betriebsleiters der Martinschleife, Karl Schwarzmann aus Aspang, Friedrich, Josef und Maria besuchten bis 1904 die Marienseer Volksschule[38], obwohl der Schulweg von der Martinschleife nach Aspang vermutlich einfacher gewesen wäre.

Eine ähnliche Situation findet sich auch in den nahegelegenen Tälern, die teilweise zum Schulsprengel Mariensee zählten. Der ungarische Großindustrielle Isidor Mautner hatte im Jahre 1890 einen Besitz mit Fabriksanlage in Trattenbach bei Kirchberg am Wechsel erworben. Um die Jahrhundertwende wurde seine Holzschleiferei vom Sohn Stephan zu einer

Werk Martinschleife mit Belegschaft, 1912, links Werksleiter Karl Schwarzmann

38 Ansuchen der Schulleitung Ober-Aspang vom 26. Mai 1904 um Retournierung der Schulnachrichten für Friedrich, Josef und Maria Schwarzmann, da diese Kinder jetzt die hies. Schule besuchen.

Weberei umgebaut. Ausschlaggebend dafür waren in erster Linie weniger die geänderten Erfordernisse sondern wohl die hohen Holzkosten. Unverhältnismäßig große Rodungen für die Köhlerei, eine Grundvoraussetzung für den Betrieb der Hammerwerke, hatten zu Holzmangel und in der Folge zu Preisanstiegen geführt. Stephan Mautner schreibt im Jahre 1918:

> Gebäude und Kraft [Wasserturbine und Dampfmaschine] waren da, von Haus war die Weberzunft unser Fach, was war natürlicher, als daß wir Webstühle einstellten ... und durch die geschickte Bevölkerung, welche das Handweben von Grund auf kannten ... und böhmische Arbeiter und Arbeiterinnen bedienen ließen.
>
> (Mautner, Chronik, 1826, S. 16)

Durch die maschinelle Erzeugung von Gebrauchsgütern wurde in vielen Gegenden der Anteil der Heimarbeit in der ländlichen Bevölkerung spürbar reduziert. Dadurch entstand für zahlreiche Familien oft ein hoher Verdienstentgang für eine, meist von den Kindern durchgeführte Tätigkeit. Das Marienseer Tal blieb aufgrund der bäuerlichen Grundstruktur und der maßvollen Industrialisierung von einem Zutand, wie ihn die folgende Beschreibung aus dem Waldviertel illustriert, verschont:

> In den Jahrzehnten vor der Jahrhundertwende lieferte industrielle Kinderarbeit vor allem in kinderreichen Weberfamilien des Waldviertels eine wirtschaftliche Zubuße. Als das Aufkommen der Maschinenweberei die Heimarbeit und damit auch diese billige Heimhilfe verdrängte, herrschte hier drückende Armut. Um sie abzuwenden oder zu lindern, gründete der Schulleiter in Frühwärts im Gemeindegebiet von Gastern eine Knabenkapelle ... Aus dieser sozialen Lage heraus ist auch die Knabenkapelle der »Hyrtl'schen Waisenanstalt« in Mödling bekannt geworden. Mit militärischer Disziplin wurde hier ein Ensemble geführt, das nicht nur an Stärke, sondern auch an musikalischer Leistung jeder Musikkapelle von Erwachsenen überzeugende Konkurrenz bot.
>
> (Deutsch, Blasmusikbuch, S. 127)

Die Zöglingskapelle der »Hyrtl'schen Waisenanstalt« in Mödling um 1925.[39]

(Bildarchiv Ernst von Hartlieb, Waidhofen a.d.Ybbs)

39 Photographie in: Deutsch, Blasmusikbuch, S. 126.

Laut Klassenprotokoll vom 15. März 1906 wurde der schulpflichtige Schüler

Arzberger, Johann (geb. 27.6.1893), Innerneuwald 25
(vorm. Johann Hollerer – Ausnehmer, später Hyrtel'sches Waisenhaus, Mödling)

in die »Hyrtl'sche Waisenanstalt« nach Mödling überstellt. Da das Archiv des »Vereins der Freunde der Hyrtl'schen Waisenanstalt« vor 1910 nicht vollständig erhalten ist, war nicht festzustellen, ob der Schüler aus Innerneuwald in der Zöglingskapelle mitspielte.

Die wachsende Industrialisierung wird auch in Wien und entlang der neu errichteten Bahnverbindungen, die aus der Residenzhauptstadt herausführen, spürbar.

> Während die niederösterreichische Textilindustrie ihren Hauptsitz auf dem Lande hat, wird die Bekleidung- und Putzwarenindustrie in größerem Maßstabe fast nur in der Residenzhauptstadt betrieben ... Die Textilindustrie wird in Wien und Umgebung in 166 Fabriken mit 7.000 bis 8.000 Arbeitern betrieben; am hervorragendsten ist die Fabrication von Schafwoll- und Seidenwaaren.
>
> (Kronprinzenwerk Niederösterreich, S. 314)

Natürlich war nicht nur die Textilindustrie davon betroffen, sondern auch in anderen Berufen, wie z.B. bei den Bäckern, ist die Industrialisierung zu spüren.

Hans Reidinger »Bäcker«
(Druck Waldheim Eberle, Wien VII)

Von einer maschinellen Erzeugung des Gebäcks konnte der Marienseer Bäcker Josef Wogritsch, der seine Bretzeln in der Butte bis aufs Wetterkoglerhaus hinauftrug, aber wohl nur träumen:

Neben über 300 Bäckereien, darunter 156 Großbetrieben mit etwa 1.400 Arbeitern und einem Productionswerthe von beiläufig 10 Millionen Gulden [ist] in jüngster Zeit eine mechanische Brodfabrik errichtet worden, die Brod und Weißgebäck maschinell zu erzeugen sucht.

(Kronprinzenwerk Niederösterreich, S. 314)

Die ins Tal zugezogenen Arbeitskräfte siedelten sich im Neuwalder Tal an und gründeten Familien. Da die Anzahl der Kinder sehr stark von den verfügbaren Arbeitsplätzen abhängig ist, spiegelt sich dies Jahre später im Schülerverzeichnis der Volksschule Mariensee vom April 1912 mit einer Schülerzahl von 106 Schülern wider:

VERZEICHNIS
Schulort: Mariensee Schulbezirk: Wr. Neustadt – Land 1. April 1912
Hauptverzeichnis aller im schulpflichtigen Alter stehenden Kinder, welche sich unmittelbar vor Beginn des Schuljahres im Schulsprengel aufhalten Tab. A

Name	Geb. Datum / Ort	Heimatgemeinde
Bauer, Anna	20.04.1901 – Neustift a. Alpw.	Amt-Aspang
Bauer, Johann	2.12.1902 – Neuwald	Amt-Aspang
Bauer, Klara	25.08.1905 – Neuwald	Amt-Aspang
Bauer, Rupert	4.09.1905 – Neustift a. Alpw.	Amt-Aspang
Bauer, Theresia	14.10.1903 – Mariensee	Amt-Aspang
Berger, Karl	24.08.1898 – Neuwald	Amt-Aspang
Berger, Ludmilla	8.06.1900 – Neuwald	Amt-Aspang
Beutel, Adolfine	11.06.1902 – Aspang	Amt-Aspang
Beutel, Hermine	21.12.1899 – Aspang	Amt-Aspang
Bregar, Franz	29.12.1899 – Hörberg (Steierm.)	St. Ruprecht, Krain
Bregar, Heinrich	28.06.1903 – Hörberg (Steierm.)	St. Ruprecht, Krain
Bregar, Josef	24.02.1906 – Hörberg (Steierm.)	St. Ruprecht, Krain
Brunner, Anna I.	8.05.1904 – St. Peter	Amt-Aspang
Brunner, Anna II.	28.06.1903 – Langegg	Amt-Aspang
Brunner, Johanna	31.03.1901 – Neuwald	Amt-Aspang
Brunner, Maria	10.09.1898 – Feistritz	Amt-Aspang
Brunner, Peter	24.11.1899 – Langegg	Amt-Aspang
Buchsbaum, Maria	4.06.1899 – Neuwald	Amt-Aspang
Feigl, Rosa	6.05.1904 – Neuwald	Amt-Aspang
Fuchs, Karl	15.11.1903 – Wien	Amt-Aspang
Fuchs, Maria	16.11.1904 – Neustift a. Hartb.	Amt-Aspang
Geier, Barbara	24.09.1903 – Neuwald	Amt-Aspang
Giefing, Franz	23.03.1899 – Wien	Schwarzenbach
Gruber, Benno	20.02.1904 – Neuwald	Amt-Aspang
Gruber, Franz	20.03.1906 – Neuwald	Amt-Aspang
Gruber, Johann I.	24.02.1902 – Neuwald	Amt-Aspang
Gruber, Johann II.	21.08.1899 – Neuwald	Kirchberg
Haidbauer, Maria	18.05.1899 – Neuwald	Amt-Aspang
Höfer, Karl	6.07.1904 – Wien	Amt-Aspang
Hollerer, Agatha	12.12.1904 – Neuwald	Amt-Aspang

Hollerer, Anton	15.12.1902 – Neuwald	Amt-Aspang
Huemann, Franz	7.08.1901 – Neuwald	Amt-Aspang
Huemann, Josef	15.04.1898 – Neuwald	Amt-Aspang
Kopper, August	24.08.1899 – Neunkirchen	Amt-Aspang
Kopper, Karl	11.04.1901 – Neunkirchen	Amt-Aspang
Kremsl, Anton	3.03.1906 – Neustift a. Alpw.	Amt-Aspang
Kremsl, Franz	25.02.1899 – Neustift a. Alpw.	Amt-Aspang
Kremsl, Johann	24.01.1901 – Neustift a. Alpw.	Amt-Aspang
Kremsl, Leopold	3.03.1904 – Neustift	Amt-Aspang
Lackner, Anna	25.05.1903 – Neustift	Amt-Aspang
Lueger, Franz	26.06.1900 – Neuwald	Amt-Aspang
Molli, Korona	11.02.1899 – Neustift a. Alpw.	Amt-Aspang
Morgenbesser, Josef	25.01.1906 – Neustift a. Alpw.	Amt-Aspang
Ofner, Johann	27.05.1903 – Neuwald	Amt-Aspang
Ofner, Johann	22.12.1905 – Neuwald	Amt-Aspang
Piskacek, Anna	7.06.1902 – Wien	Wien
Pölzlbauer, Anna	3.07.1903 – Mariensee	Amt-Aspang
Pölzlbauer, Johann	11.04.1901 – Mariensee	Amt-Aspang
Pölzlbauer, Peter	2.01.1901 – Neustift a. Alpw.	Amt-Aspang
Prenner, Katharina	29.09.1904 – Mariensee	Amt-Aspang
Prenner, Rudolf	8.04.1902 – Neuwald	Amt-Aspang
Prenner, Rupert	30.08.1901 – Neuwald	Amt-Aspang
Priestersberger, Anna	15.01.1905 – Pöstlingwald	Amt-Aspang
Priestersberger, Karoline	12.12.1900 – Neuwald	Amt-Aspang
Prix, Franz	6.11.1902 – Neuwald	Amt-Aspang
Prix, Maria	18.11.1903 – Neustift a. Alpw.	Amt-Aspang
Prix, Rosina	29.01.1905 – Neustift a. Alpw.	Amt-Aspang
Putz, Anna	25.03.1906 – Neuwald	Amt-Aspang
Putz, Katharina	27.04.1903 – Neuwald	Amt-Aspang
Putz, Maria	30.01.1905 – Neuwald	Amt-Aspang
Reiterer, Apollonia Kath.	29.12.1905 – Neustift a. Alpw.	Amt-Aspang
Reiterer, Cäcilia	15.11.1905 – Neuwald	Amt-Aspang
Reiterer, Karoline	15.04.1899 – Neustift a. Alpw.	Amt-Aspang
Reiterer, Katharina	4.11.1901 – Neustift	Amt-Aspang
Reiterer, Rudolf	22.03.1903 – Neustift	Amt-Aspang
Rettelsteiner, Maria	17.04.1899 – Neuwald	Amt-Aspang
Rettelsteiner, Theresia	13.10.1902 – Neuwald	Amt-Aspang
Rosinger, Josef	5.03.1902 – Neuwald	Amt-Aspang
Rosinger, Leopold	8.10.1900 – Neuwald	Amt-Aspang
Schabauer, Anna	25.02.1900 – Kirchberg	Kirchberg
Schandl, Alfred	19.05.1898 – Neuwald	Amt-Aspang
Schandl, Karoline	2.02.1902 – Neuwald	Amt-Aspang
Schandl, Maria	22.06.1900 – Neuwald	Amt-Aspang

Schenker, Dorothea	5.04.1903 – Mariensee	Amt-Aspang
Schenker, Martin	14.01.1900 – Mariensee	Amt-Aspang
Schenker, Ulrich	22.08.1905 – Mariensee	Amt-Aspang
Schicho, Johann	16.01.1902 – Mariensee	Amt-Aspang
Schicho, Leopold	30.10.1904 – Neuwald	Amt-Aspang
Spanner, Marie	18.10.1902 – Seefeld, NÖ.	Seefeld
Stickelberger, Barbara	18.09.1902 – Neuwald	Amt-Aspang
Stickelberger, Cäcilia	10.04.1901 – Neuwald	Amt-Aspang
Stickelberger, Heinrich	5.07.1902 – Neustift a. Alpw.	Amt-Aspang
Stickelberger, Maria Magd.	27.01.1905 – Neuwald	Amt-Aspang
Strahner, Josef	12.12.1902 – Neuwald	Amt-Aspang
Strahner, Josef	29.03.1905 – Neuwald	Amt-Aspang
Strahner, Maria	20.02.1905 – Neustift a. Alpw.	Amt-Aspang
Tauchner, Aloisia	26.03.1899 – Neustift a. Alpw.	Amt-Aspang
Tauchner, David	15.08.1905 – Neuwald	Amt-Aspang
Tauchner, Johann	6.07.1903 – Pöstlingwald	Amt-Aspang
Tauchner, Johanna	16.05.1902 – Pöstlingstall	Amt-Aspang
Tauchner, Theresia	17.09.1898 – Neuwald	Amt-Aspang
Wagner, Barbara	20.10.1904 – Neuwald	Amt-Aspang
Wagner, Katharina	6.01.1903 – Neuwald	Amt-Aspang
Wagner, Maria	30.03.1904 – Mariensee	Amt-Aspang
Weninger, Elisabeth	21.05.1900 – Neuwald	Amt-Aspang
Weninger, Josef	15.03.1899 – Neustift a. Alpw.	Amt-Aspang
Weninger, Josef	2.02.1901 – Wr. Neustadt	Amt-Aspang
Weninger, Karl	3.10.1904 – Mariensee	Amt-Aspang
Weninger, Michael	9.05.1898 – Feistritz	Amt-Aspang
Weninger, Peter	19.06.1901 – Neustift	Amt-Aspang
Weninger, Robert	15.02.1906 – Neustift a. Alpw.	Amt-Aspang
Wiedner, Franz	29.11.1899 – Neustift a. Alpw.	Amt-Aspang
Winterthaler, Auguste	21.08.1900 – Waidmannsfeld	Gutenstein
Winterthaler, Josef	19.12.1902 – Mariensee	Gutenstein
Winterthaler, Maria	16.11.1904 – Mariensee	Gutenstein
Zinkl, Viktor	17.12.1900 – Neuwald	Amt-Aspang

54 Knaben – 52 Mädchen Gesamt 106

Schulleitung Mariensee, 1. April 1912
Jos. Beutel, Schulleiter

Ortsschulrat Mariensee, 10. April 1912
Der Obmann: Franz Prix

Die wachsende Schülerzahl um die Jahrhundertwende macht eine Vergrößerung der Marienseer Volksschule dringend notwendig. Gemeinsam mit dem Lehrer und späteren Schuldirektor Josef Beutel ist Hermann Schenker die treibende Kraft für den Neubau der zweiten Volksschule mit zwei Lehrzimmern. Der akribischen Archivierung durch Josef Beutel, welcher insgesamt 30 Jahre (1894–1923) in Mariensee unterrichtete, sind die Daten über den Schulbetrieb der beiden Volksschulen in Mariensee zu verdanken.

Aus der im Schularchiv erhaltenen und in Auszügen wiedergegebenen Korrespondenz wird ersichtlich, daß es, aus finanziellen Gründen, zunächst nur Erweiterungsideen gab, und Aufstockungspläne der ersten kleinen Volksschule überlegt wurden.

> Der Ortsschulrat wird sich in nächster Zeit einen Kassenüberschlag bezüglich eines Aufbaues auf das alte Schulhaus event. eines Neubaues verschaffen und dann berichten.
> Der Schulleiter Beutel macht nochmals aufmerksam, daß die Neuherstellung der Putztürl beim Rauchfange dringend notwenig ist, doch beantragt derselbe, in Anbetracht des bevorstehenden Schulbaues statt des beschlossenen Ölfarbenanstriches aus Ersparungrücksichten dasselbe einfach zu weißen. – Angenommen.
>
> (Sitzungsprotokoll O.S.R., 4. August 1912)

Neben dem Gutsbesitzer Hermann Schenker, dem Pfarrer Adolf Schenk und dem Schulleiter Josef Beutel sind alle Mitglieder des Ortsschulrates Bauern. Wie aus den Sitzungsprotokollen ersichtlich ist, können zwar einige nicht schreiben, ihr Engagement und ihr praktisches Wissen sind für den Schulneubau jedoch unerläßlich.

> Vorsitzender: Herr Franz Prix, Obmann
> Anwesend: Josef Beutel – Schriftführer, Peter Ofner, Hermann Schenker, Alois Stickelberger, Leopold Stickelberger.
> Abwesend: Herr Pfarrer Adolf Schenk
> Der O.S.R. sieht die Notwendigkeit der Schulerweiterung ein und befaßt sich auch bereits mit den Vorarbeiten, ein defin. Beschluß kann aber erst nach Einlangen des Planes und Kostenüberschlages eines event. Neubaues gefaßt werden. In der nun folgenden Besprechung über die Durchführung des Schulbaues empfiehlt Herr Schenker die Vornahme eines Neubaues mit der Begründung, daß der Bauzustand des alten Schulhauses ein sehr schlechter, die Annahme eines Aufbaues daher eine sehr gewagte Sache sei. Gleichzeitig bietet Herr Schenker für das derzeitige Schulgebäude, da ja der Grund ohnehin sein Eigentum ist, eine Ablösungssumme von 20.000 K [= etwa Euro 140.000,– = ATS 2.000.000,–[40]] – Herr Obmann Prix erklärt, daß er in nächster Zeit eine Versammlung sämtlicher Steuerträger des Schulsprengels einberufen und bei derselben die Schulbaufrage zur endlichen Regelung vorlegen werde. Der O.S.R. beschließt auch wegen Erwerbung eines geeigneten Platzes in Unterhandlungen mit Herrn Fahrner, Bauer Neuwald zu treten.
> Es sei bei Durchführung des Schulbaues um amtliche Regulierung des Schulsprengels anzusuchen u. g. wäre der ganze Besitz des H. Franz Brunner, Bauer u. Gastwirt in Langegg, der Besitz des H. Matth. Graf und das Stübl des Johann Brunner nebst der Wiese, welche sich zwischen Wiese und Pesting befindet, dem Schulsprengel Mariensee anzugliedern. – Sollte diese Umschulung nicht bewilligt werden, so ist den Kindern der genannten Parteien der weitere Schulbesuch in Mariensee zu verweigern.
>
> (Sitzungsprotokoll O.S.R., 24. November 1912)

Unzählige Anmerkungen in der Schulchronik belegen das persönliche, soziale Engagement des Gutsbesitzers, sein Interesse an der Bevölkerung und seine Großzügigkeit. Immer wieder werden in den Sitzungen des Ortsschulrates von ihm persönlich gestellte Anträge behandelt:

---

40 1 Krone = etwa Euro 7,– = ATS 100,–.

Abschrift des Schuldscheines, Information über Verzinsung, Schulbau-Subvention, Einfriedung des Gartens, Holzständer, Bankerl, Einladung der Baumeister Rieß und Ramberger für Entscheidung der Erdarbeiten, etc.

(Sitzungsprotokoll O.S.R., 22. März 1914)

Erhaltsbestätigung vom Landesausschuss des Erzherzogtums Österreich unter der Enns, Wien. Z: 989/1-IX/102 / K
bez. Schulbausubventionsansuchen durch den Ortsschulrath Mariensee.

(Sitzungsprotokoll O.S.R., 23. September 1914)

Er unterstützt den Ankauf der neuen Schuleinrichtung finanziell durch das Geschenk »einer 2. Tafel, ebenso von Kaiserbildern«:

110 Sitze System Schlimp bei der Firma Schlimp, Tafeln – 1 große, 1 kleine, 10 Stühle, 2 Kasten, 2 Tische bei Herrn Tischlermeister Hieber, und Turngeräte,

(Sitzungsprotokoll O.S.R., 17. Mai 1914)

Lokale Handwerker und Firmen, wie Maurermeister Christoph Nagl aus Aspang, der gepr. Maurermeister Paul Wiedner aus Kirchberg am Wechsel, Schmiedmeister Johann Abseher oder Zimmermeister Matthäus Graf aus Mariensee, die Strangfalz- und Mauerziegel-Werke mit Dampfbetrieb Matthäus Kattinger aus Erlach, NÖ., der Anstreicher und Maler Karl Steffny aus Aspang – seine beiden Kästen stehen heute noch im Lehrmittelzimmer –, der Kaufmann Franz Vital für »ein Vorhangschloß und eine Anlegarbe«, der Tischlermeister und Schuleinrichtungs-Erzeuger Johann Hieber aus Tattendorf, werden ebenso zur Angebotslegung für den Schulneubau eingeladen wie Handwerker und Firmen aus Wien, wie die Bautischler- und Schlosserwaren-Fabrik, Eisenkonstruktions-Werkstätte Brüder Schlimp aus Wien XX, Treustraße 94, Hutter & Schrantz – Siebwaren- und Filztuch-Fabriken, Gitterfabriken und Flechtereien aus Wien-Mariahilf, Windmühlgasse 26, Karl Melichar – Zifferblatt- und Emailwaren-Erzeugung in Wien VII, Neubaugasse 47, die Wienerberger Ziegelfabriks- und Bau-Gesellschaft, Wien I, Karlsplatz 1, oder Firmen aus den Kronländern, wie die Braunauer Holzrouleaux- und Jalousien-Manufaktur Hollmann & Merkel aus Braunau in Böhmen. Die Schulversicherung wird bei der Niederösterreichischen Landes-Brandschaden-Versicherungs-Anstalt in Wien I, Löwelstraße 14–16 abgeschlossen.

STADTBAUMEISTER KARL RIESS
BUREAU: IV. STARHEMBERGGASSE 47.
GEGRÜNDET 1868. TELEPHON Nr. 9959.

POSTSPARK.-SCHECK-KONTO CLEARING-VERKEHR Nr. 7110.
GIRO-KONTO BEI DER K. K. PRIV. ÖSTERR. LÄNDERBANK.

SÜDANSICHT

PLAN

ZUR ERBAUUNG EINER ZWEIKLASSIGEN VOLKSSCHULE IN MARIENSEE K.P.

NORDANSICHT.

OSTANSICHT.

WESTANSICHT

Die Anstalt beruht auf dem Prinzipe der Gegenseitigkeit.
Landeskredit: Eine Million Kronen. — Gründungsfonds: 100.000 Kronen.

Geschäftsführung: Anstalt — Nummer: 142326

IM NAMEN GOTTES

Gemeinde: Amt-Aspang — Ort: Mariensee

Die Niederösterreichische
Landes-Brandschaden-Versicherungs-Anstalt
in
WIEN

I. Bezirk, Löwelstraße Nr. 14–16

bestätigt hiemit,

daß der löbl. Ortsschulrat Mariensee

die umstehend verzeichneten Gegenstände, welche Eigentum desselben

sind und sich in Mariensee Bezirk: 3

befinden, mit Antrag vom 6/VIII. 1914 bei dieser Anstalt auf Grund ihrer Satzungen und der in dieser Polizze enthaltenen besonderen Versicherungsbedingungen auf die Summe von

Dreißigtausend Kronen

vom einunddreißigsten August } 1900 vierzehn } zwölf Uhr
bis dreißigsten November } mittags

versichert und hiefür die Gesamtgebühr von K Acht, 87 h

erlegt hat.

Niederösterr.
Landes-Brandschadenversicherungsanstalt.
Der Anstaltsleiter:

Wien, am 7. August 1914

Die Polizze wurde über Erlag der oben ausgewiesenen Prämie ausgehändigt.

........, am 191

Unterschrift:

Sämtliche zum Verkehre mit den Parteien berufenen Organe der Anstalt sind mit vom Landesausschusse ausgestellten Vollmachten versehen, durch deren Vorweisung sie sich den Parteien gegenüber zu legitimieren haben.

P.,f. Nr. 9. IV. 13.

BAUMEISTER
NOTTHAFT & RAMBERGER
ASPANG

ASPANG, am 31. August 1914.

10 HELLER

Rechnung

über den Bau einer Volksschule in Mariensee
dem verehrlichen Ortsschulrate Mariensee.

Post-Nr.	Pag.	Preis K	Preis h	Einzeln K	Einzeln h	Zusammen K	Zusammen h
	Gesammt Summe Kronen					34.204	87
	à Contozahlungen:						
	1913. 2. Oktober Kronen			1200	–		
	" 4. "	"	"	1800	–		
	" 11. "	"	"	1000	–		
	" 25. "	"	"	2000	–		
	" 12. November	"	"	9000	–		
	1914. 2. Mai	"	"	5000	–		
	" 16. Juni	"	"	3000	–		
	" 17. Juli	"	"	500	–		
	" 22. "	"	"	1500	–		
	" 11. August	"	"	2600	–	27600	–
	Rest Kronen					6604	87

Mit vorzüglicher Hochachtung
LUDWIG RAMBERGER
BAUMEISTER
ASPANG N.Ö.

NIED.-ÖSTERR.

TELEPHON № 13112. POSTSPARCASSE 42.689.

LANDES-BRANDSCHADEN-VERSICHERUNGS-ANSTALT

IN WIEN

Zahl 41074

ES WIRD ERSUCHT, VORSTEHENDE ZAHL IM ANTWORTSCHREIBEN ANZUFÜHREN

Wien, am 21. Oktober 1914

I., Löwelstraße Nr. 14 und 16.

STRANGFALZ- UND MAUERZIEGEL-WERKE MIT DAMPFBETRIEB
MATTHÄUS KATTINGER, ERLACH, N.-Ö.

Telegramm-Adresse: Falzziegel - Erlach

Giro-Konto bei der Verkehrsbank Filiale Wiener-Neustadt
Öst. Postscheck-Konto Nr. 115.599
Ung. Postscheck-Konto Nr. 26.049

Telephon-Anschluß interurb. Erlach Nr. 6

Fol. 169
I B XII

Wien, den 22 September 1914

Ehrendiplom Wien 1880.

Rechnung

von der

Bautischler- u. Schlosserwaren-Fabrik, Eisenkonstruktions-Werkstätte

der

BRÜDER SCHLIMP

WIEN

XX, Treustrasse Nr. 94

Postsparkassen-Konto Nr. 805.900.

Telephon Nr. 14549.

— JOHANN ABSEHER —
SCHMIEDMEISTER
— MARIENSEE —
POST: ASPANG.

CHRISTOPH NAGL
Maurermeister
ASPANG, Nieder-Oesterreich.

Christoph & Unmack
Bunzendorf in Deutschböhmen
Bezirk Friedland

KARL MELICHAR
F. Nedomansky's Nachfolger
ZIFFERBLATT- UND EMAILWAREN-ERZEUGUNG
WIEN, VII. BEZIRK, NEUBAUGASSE NR. 47

LUDWIG RAMBERGER
BAUMEISTER

SÄGEWERK IN ASPANG
TELEPHON 8b
POSTSPARKASSENKONTO Nr. 62759

ASPANG, AM 12. Juli 1914.
TELEPHON 8a

Paul Wiedner
gepr. Maurermeister
Kirchberg am Wechsel.

BAUMEISTER
NOTTHAFT & RAMBERGER
ASPANG

FRANZ VITAL
Kaufmann
Aspang, N.-Ö.

Matthäus Graf.
Zimmermeister

Sägewerk in Aspang
Ziegelei in Leobersdorf
Steinbrüche in Lindabrunn u. Aspang

Notthaft & Ramberger
Baumeister

Aspang. 5/II 13.

KARL STEFFNY
Anstreicher und Maler, Aspang, N.-Öst.

:: WIENERBERGER
ZIEGELFABRIKS- und
BAU-GESELLSCHAFT
:: WIEN, I. KARLSPLATZ 1

Telegramm-Adresse: Wienerberger Ziegelfabrik Wien
Clearing-Verkehr: Postsparkassen-Konto Nr. 2159

Braunauer
Holzrouleaux- und Jalousien-Manufaktur

HOLLMANN & MERKEL
Braunau in Böhmen.

Fabrikation von
HOLZ-ROULEAUX
BRETTCHEN-JALOUSIEN
ZWILLICH-ROULEAUX
STICKEREI-ROULEAUX
WACHSTUCH-ROULEAUX

Österr. Postsparkasse Nr. 68.465.
Telephon Nr. 5 röm. VIII.
Ungar. Postsparkasse Nr. 17.608.

Braunau, Böhmen, 8/7. 1914.

Metalltuch- und Siebwarenfabriken, Mechanische Werkstätte, Drahtzieherei, Walzwerk, Blech-Perforieranstalt
Wien, X., Laxenburgerstraße 66, Budapest, X., Gyömrői-út. 80. sz.

HUTTER & SCHRANTZ A.-G.

Siebwaren- und Filztuch-Fabriken

Zentral-Bureau und Magazin: Mariahilf, Windmühlgasse 26.

WIEN

Niederlage: Stadt, Naglergasse Nr. 7.

Gitterfabriken und Flechtereien:
Wien, XII., Wienerbergstraße 29, Budapest, X., Gyömrői-út. 80. sz.
Filztuchfabriken:
Wasenbruck bei Götzendorf, N.-Ö. Niemes, Böhmen.

WELTAUSSTELLUNG 1873, WIEN
Anerkennungs-Diplom.

Linz
Silberne Medaille
1875.

St. Pölten
Ehren-Diplom
1874.

VIRIBUS UNITIS.

Mödling
Vereins-Medaille
1875.

Sechshaus
Silberne Medaille
1857.

Baden: Silberne Medaille 1885.

JOH. HIEBER

Tischlermeister und Schuleinrichtungs-Erzeuger in Tattendorf, Nied.-Österr.

Station der Wien-Aspang-Bahn.

DIE DIRECTION DER SPARCASSA
DER MARKTGEMEINDE ASPANG.
Der Direktionsvorstand:

Niederösterreichische landwirtschaftliche
Genossenschafts-Zentralkasse
registrierte Genossenschaft mit beschränkter Haftung
Wien, I. Herrengasse 13.

Zivil- und forsttechnisches Bureau
des
FRANZ STERZL
Forstinspektor, autorisierter Zivilgeometer
beeid. landesgerichtl. Gütertaxator
Sachverständiger f. Expropriationen bei Eisenbahnbauten
in
ASPANG.

Postsparkassenkonto Nr. 122137.
Filialen: Hartberg (Steiermark), Greifenburg (Kärnten).

Die Skizze samt Kostenschätzung von 45–50.000 Kronen des Aspanger Maurermeisters Christoph Nagl für den Neubau einer zweigeschossigen Volksschule wird im O.S.R. am 25. November 1912 diskutiert.[41] In den Sitzungsprotokollen vom 18. Jänner bzw. 22. März 1914 wird neben der Jahresabrechnung auch über die Fortschritte beim Schulbau berichtet:

Einnahmen	19.757,38 K
Ausgaben	19.756,43 K
Kassarest	0,95 K

Herr Obmann Franz Prix beantragt beim neuen Schulhause den Grund vom km-Stein 9 westlich bis zur 2. Fichte noch anzukaufen, damit das Ansehen des Schulhauses gehoben werde. Nach vorgenommenem Lokalaugenschein wird im Einvernehmen mit dem Besitzer Herrn Franz Fahrner folgender Beschluß gefaßt: Herr Fahrner überläßt den erforderlichen Grund zu demselben Preise wie früher (2K 40H per m^2).

Technische Details über die Aufstellung der Holzlage verbunden mit einer Bienenhütte, die Herstellung der Wasserleitung zum neuen Schulhause sind in den Schulprotokollen zu finden, sowie Löhne und Preise jener Zeit. Als Stundenlohn für das Graben der Schulquelle werden 56 Heller per Meter verrechnet, der Grundpreis betrug 2 Kronen und 40 Heller pro Quadratmeter, und für die Lieferung des Schulholzes für das Schuljahr 1914/15 erhielt Herr Jos. Kremsl 14 m à 18 K inkl. Zersägen. Der Stundenlohn fürs Graben entspricht etwa Euro 3,50 [ATS 50,–], der Grundstückspreis Euro 17,50 [ATS 250,–] und der Preis für 14 m ofenfertiges Holz Euro 126,–, d.h. Euro 9,–/m [ATS 1800,–, ATS 126,–/m].

Das Angebot des geprüften Zimmermeisters Matthäus Graf aus Langegg für die Brunnenzuleitung zur neuen Schule aus dem Jahre 1914 ist im Schularchiv ebenso vermerkt wie das Angebot der

Fa. P. Johannes Müller – Erste Österreichische Werkstätten für Schuleinrichtung in Wien I., ReichsratsStr. Nr. 11 (zwischen Rathaus und Votivkirche) bez. Referenz: Stadt- und Schulgemeinde Wr. Neustadt, Seebenstein, Mariazell, Krieglach, Kindberg, Kapfenberg, mit dem Kostenvoranschlag für »Rettig« und »Albis« Schulbänke, Schultafeln und Schulmöbel. Abbildungen. Antwortkuvert vom 28. März 1914.

Der Spezialist für Schulmöbel, Christoph & Unmack aus Bunzendorf, Tschernhausen Bez. Friedland Böhmen, dessen »Patente in allen Kulturstaaten für die Länder der österreichischen Krone geschützt waren«[42], zeigt in seinem Angebot vom 19. Mai 1914 anhand von 2 Klassenzimmerabbildungen »Schulbänke, die aus astreinem, amerikanischem Kiefernholz, sogenanntem Pitch-Pine-Holz hergestellt sind«.

41 datiert 25. November 1912, im Originalkuvert im Schularchiv.
42 Firmenprospekt, Ausgabe 1911.

165

Landes-Gesetz- und Verordnungsblatt

für das

Erzherzogtum Österreich unter der Enns.

153.

Verordnung des k. k. niederösterreichischen Landesschulrates vom 23. November 1905, Z. 176/12-II,

betreffend die Beschaffenheit der Schulgebäude und ihrer Teile sowie die erforderlichen Schuleinrichtungen für die Volks- und Bürgerschulen des Erzherzogtums Österreich unter der Enns mit Ausschluß des Schulbezirkes Wien.

Bei der Detailplanung des Schulneubaus wird auf die Befolgung der mit der

> 153. Verordnung des k.k. niederösterreichischen Landesschulrates vom 23. November 1905, Z.176/12-II betreffend die Beschaffenheit der Schulgebäude und ihrer Teile sowie die erforderlichen Schuleinrichtungen für die Volks- und Bürgerschulen des Erzherzogtums Österreich unter der Enns mit Ausschluß des Schulbezirkes Wien

festgelegten Richtlinien genau geachtet. Punkt 4 dieser Verordnung bezüglich Lage und Größe des Bauplatzes

> Der Platz muß hinreichende Größe haben für das Schulgebäude, den Turnplatz und auf dem Lande überall, wo es die Verhältnisse möglich machen, für den Schulgarten sowie eventuell auch für einen Lehrergarten

wurde bei der neuen Volksschule genau berücksichtigt, sowie auch die maßgebende Bestimmung bezüglich der Größe der Schulzimmer

> 1. Das Mindestausmaß der Bodenfläche eines Schulraumes richtet sich
>   a) nach der Zahl der Schüler, welche gesetzlich für eine Klasse 80 nicht überschreiten darf,

sowie die Berücksichtigung lokaler Gegebenheiten. Die folgenden Anweisungen des Wiener Stadtbaumeisters

> die Fensterverkleidungen [sollen] dunkelgrün, die Fensterläden und Türen etwa in 2 Tönen dunkelgrün und weiß bis hellgrau gestrichen werden und zwar die Jalousiebretteln weiß und die Friesen und Füllungen dunkelgrün. Die Trillagen sind dunkelgrün zu streichen. Das Dunkelgrün soll so wie am Gasthaus Mariensee sein.
>
> (Ausschreibungsdaten für die Baumeisterfirma Notthaft & Ramberger, Aspang, 24. Juni 1913)

gehen wohl auf den Einfluß des Gutsbesitzers zurück. Das Gleiche gilt auch für die, auszugsweise aus den Sitzungsprotokollen wiedergegebenen, fachlichen und finanziellen Vorentscheidungen und Vorarbeiten für den Schulneubau. Auch seine Großzügigkeit und sein Interesse an der Bildung seiner Bauern ist immer wieder dokumentiert:

> Dank des Schulleiters an Herrn Gutsbesitzer Hermann Schenker für die abermalige große Beteilung der Schüler beim diesjährigen Christfeste.

Das Sitzungsprotokoll vom 17. Mai 1914 dokumentiert die Entscheidung über die Schulmöbel (eine dieser Schulbänke sowie zwei Kästen sind noch vorhanden). Die Kollaudierung des Neubaus,

> die einstöckige Volksschule hat im Erdgeschoß zwei Klassenzimmer (10 x 6), den Gang mit Garderobehaken, die Klosette für Buben und Mädchen (je 2 und 1 Pissoir). Im 1. Stock die Schulleiterwohnung bestehend aus Küche, 2 Zimmern, 1 Kabinett, 1 großes Vorzimmer, 1 Klosett (heute mit Bad), 1 Lehrerzimmer für die 2. Lehrkraft separiert von der Leiterwohnung, 1 Lehrmittelzimmer bzw. Kanzlei.
>
> (Stickelberger, Ortschronik, 1997, S. 98ff.)

findet am Montag, den 5. Oktober 1914 um 1 Uhr Nachmittag »gemäß § 111 n.ö. Bau-Ordnung« statt. (Schreiben vom k.k. Landezirksschulrat Wr. Neustadt 27. September 1914),

Mit der Eröffnung der neuen zweiklassigen Volksschule im Jahre 1914 war das Gebäude der 1. Volksschule wieder in den Besitz der Herrschaft übergegangen. Die Ablösesumme hatte eine bescheidene finanzielle Grundlage für den Neubau gebildet. Hermann Schenker hatte den Bau der neuen Schule nicht nur finanziell unterstützt und zusätzlich noch Baumaterial zur Verfügung gestellt, sondern war, letztendlich, federführend in der Entscheidung für »Stadtbaumeister Karl Rieß« als Baufirma für die neue zweiklassige Volksschule gewesen. Gemeinsam mit dem Sohn des Stadtbaumeisters, seinem Jagdfreund Franz Rieß hatte er den Plan für die neue Schule entworfen. Spezielle Erfordernisse wie eine geländemäßig schwierige und verkehrsmäßig kaum oder gar nicht erschlossene Streusiedlung, Bauernhöfe auf einer durchschnittlichen Seehöhe von 800 m bis 1400 m und Schulwege bis zu acht Kilometer, waren zu berücksichtigen gewesen. Dank der Hartnäckigkeit des Gutsbesitzers und des Lehrers und späteren Schulleiters Josef Beutel, welcher insgesamt 30 Jahre lang die Schüler der Volksschule in Mariensee unterrichtet und betreut hatte, konnte der Unterricht in der neuen zweiklassigenVolksschule in Mariensee bereits im Jahre 1914 beginnen.

Hermann Schenker setzte auch für die Fertigstellung seine persönlichen, wirtschaftlichen Verbindungen wie etwa zur Fa. Hutter und Schrantz[43] ein, überließ die auf seinem Grund gelegene Quelle unentgeltlich der Schule und erlaubte auch deren grundbücherliche Sicherstellung. Anläßlich der Fertigstellung des Schulneubaues wird neben der lobenden Erwähnung der Mithilfe der Bevölkerung am Bau der Schule vor allem den Förderern gedankt:

> Vorsitzender: Franz Prix, Obmann
> Abwesend: Die Herren Hermann Schenker und Adolf Schenk
> (beide einberufen).
> Nach Eröffnung der Sitzung durch den Vorsitzenden bringt der S.L. Jos. Beutel dem O.S.R. für die Erbauung des neuen Schulhauses den besten Dank zum Ausdrucke mit dem Versprechen, nach Kräften dahin zu wirken, daß aus der schönen Schule nun auch eine gute Schule werde.
>
> (Sitzungsprotokoll O.S.R., 10. Oktober 1914)

43 Wilhelm Schrantz läßt sich 1906 in Kirchberg am Wechsel eine Jagdvilla von der bekannten Wiener Baumeisterfirma Kupka & Orglmeister (u.a. »Haus der Kaufmannschaft« am Wiener Schwarzenbergplatz) bauen.

Wien, 29. 12. 1914.

Herrn
Franz Prix, Wolgeboren
Mariensee.

Im Besitze Ihres geschätzten Schreibens vom 22. d. M. freue ich mich außerordentlich, wenn meine bescheidene Betheiligung an dem Marienseer Schulhausbau Anerkennung gefunden hat.

Von einem Verdienst meinerseits soll dabei keine Rede sein, ich schätze mich vielmehr glücklich durch meine Mitarbeit am Schulbau einen Theil meiner Dankesschuld an die von mir verehrte Familie Schenker abgetragen zu haben, deren Gastfreundschaft und Liebenswürdigkeit ich die mir wertvolle Bekanntschaft Mariensee's verdanke.

./.

Möge die neue Schule der Gemeinde stets zu Nutz u. Frommen gereichen!

Indem ich bitte hievon auch der dortigen Schulleitung Mittheilung zu machen bin ich Ihr

ergebener

Franz Rieß

Bmstr.

Das ab 1878 vollständig erhaltene Archivmaterial mit Schülerlisten ab dem Jahre 1880, Klassenbüchern und Schulprotokollen gibt interessante Einblicke in die Sozialstruktur des Tales. Es beginnt im Jahre 1878 mit Streitigkeiten zwischen dem Ortsschulrat Mariensee und der Schulleitung von St. Peter am Neuwald über die Entscheidung für einen Schulneubau in Mariensee. Zunächst sind finanzielle Belastungen und die Problematik der Einschulung der Schüler aus den angrenzenden, zum Schulsprengel Mariensee zählenden Gemeinden vorrangiges Thema der Ortsschulratssitzungen. Die damit verbundenen Forderungen nach freiwilligen Leistungen illustrieren auch die finanziellen Probleme des laufenden Schulbetriebs:

> Einschulung der zu Trattenbach Zugehörigen und freiwilliger Leistungen zum Schulneubau in Mariensee, im spez. Schindelholz.
>
> (Schreiben an die Gutsverwaltung Feistritz, 12. Februar 1878)

Dreißig Jahre später hat sich an dieser Situation nicht allzu viel geändert, wie die Anfrage des Gutsbesitzers an den Bürgermeister »bezüglich Steuer und Schulumlagen per 1900 und 1901« zeigt:

> Angabe der Grund- und Gebäude-, der Hauszins-, und eventuelle Erwerb- u. Rentensteuer der nach Mariensee eingeschulten Theil von der Gemeinde Trattenbach bezügl. der Besitzer: Herrschaft Kranichberg und Stangl. Auch bitte ich mir bekanntzugeben ob Fürst Sulkowsky mit seinem ganzen in der C.G. [Catastralgemeinde] Neuwald einliegen den Grundbesitz zur Schulgemeinde liegt und mit welcher Steuerleistung die Wirtschaftsbesitzer Franz Brunner, Johann Brunner und Hatzl und eventuell andere an der Grenze d. Schulgemeinde liegenden zur Schulumlage Mariensee beizutragen haben. [Ablehnende Antwort auf der Rückseite]
>
> (Schreiben von Hermann Schenker an den Bürgermeister, 23. August 1905)

> Herr Obmann Prix erklärt, daß er in nächster Zeit eine Versammlung sämtlicher Steuerträger des Schulsprengels einberufen und bei derselben die Schulbaufrage zur endlichen Regelung vorlegen werde. Es sei bei Durchführung des Schulbaues um amtliche Regulierung des Schulsprengels anzusuchen u. g. wäre der ganze Besitz des H. Franz Brunner, Bauer u. Gastwirt in Langegg, der Besitz des H. Matth. Graf und das Stübl des Johann Brunner nebst der Wiese, welche sich zwischen Wiese und Pesting befindet, dem Schulsprengel Mariensee anzugliedern. – Sollte diese Umschulung nicht bewilligt werden, so ist den Kindern der genannten Parteien der weitere Schulbesuch in Mariensee zu verweigern.
>
> (Sitzungsprotokoll O.S.R., 24. November 1912)

Mit dem Bau der neuen zweiklassigen Volksschule im Jahre 1914 ist der O.S.R. Mariensee wieder mit demselben Thema konfrontiert, wie aus dem folgenden Schreiben aus Wiener Neustadt hervorgeht:

> bez. Beschwerde der OSR St. Peter gegen die vom Ministerium genehmigte Umschuldung für den Schulneubau, unterzeichnet: A. Heudorfer.
>
> (Sitzungsprotokoll O.S.R., 25. Oktober 1914)

Der O.S.R. Mariensee bemüht sich um finanzielle Erleichterungen und Unterstützungen wo immer sie zu finden sind. Er richtet am 21. Mai 1879 ein Ansuchen um »Rückersetzung der 5%igen Schreibgebühr« an die Sparkasse-Direction Aspang. Am 17. August 1880 ergeht ein Schreiben an die Direktion der nö. Landes-Gebär- und Findelanstalt Wien mit der »Anfrage um alljährliche Belohnung der fleißigen Findelkinder« für das Schuljahr 1879/80 mit einem Sparbuch aus dem »Dr. Fridinger'schen Unterstützungsfonds«.

Viele Kinder werden oft aufgrund des weiten Schulwegs einfach nicht zum Unterricht geschickt. Manche Eltern betrachten den Schulbesuch als unnötig:

Johann Pölzlbauer (*Almjäger*) verweigert die Schuleinschreibung seiner Kinder. Auf das Angebot des Schulleiters, daß es ihm frei stehe seine Kinder nach Mönichkirchen in die Schule zu schicken, hatte er nur ein Lächeln zur Antwort.

(Schreiben des O.S.R. Mariensee an den k.k. Bezirksschulrath, 29. Oktober 1879)

Da durch die Industrialisierung auch die ledigen Arbeitskräfte der Bauernhöfe von den Betrieben angezogen wurden, wird in der Landwirtschaft bald ein Mangel an Arbeitskräften spürbar. Zu dieser Zeit ist die meiste Arbeit händisch durchgeführt worden, deshalb mußten die Kinder nun noch häufiger die Arbeit der Knechte und Mägde übernehmen. In den Begründungen der »Schulversäumnisse« ist dies immer wieder, vor allem zur Saat- und Erntezeit, zu sehen. Die Kinderarbeit wurde schon vor der Industrialisierung als selbstverständlich angesehen. Wie anhand des folgenden Sitzungsprotokolls aus dem Jahre 1879 nachzulesen ist, war einerseits der »Dienst« der Kinder aus besonders kinderreichen Familien eine Möglichkeit sie versorgt zu wissen, andererseits wurden sie dadurch oft vom geregelten Schulbesuch abgehalten und damit der einzigen Möglichkeit beraubt, lesen und schreiben zu lernen:

Vorladung wegen Schulversäumnissen, u.a. Jakob Weitzer (Vater des Schülers Leopold Nothnagel), Franz Rosenstingl (Dienstgeber des Johann Rosenstingl, mit ihm verwandt), Johann Hatl, Bauer in Neuwald (Dienstgeber des Schülers Blasius Weitzer), Johann Priestersberger (Vater von Maria P.), Matthäus Linde (Tochter war krank).

(Sitzungsprotokoll O.S.R., 8. März 1879)

Schulversäumnisse: Johanna Brunner, Stieftochter des Josef Rosinger, *Salzbauer* in Neuwald, wird vom Stiefvater damit entschuldigt, »daß die Mutter des Kindes, seine Frau, vor kurzem gestorben sei, seine Mutter, welche jetzt das Hauswesen führen sollte, jedoch schon längere Zeit krank u. bettlägerig sei, überdies noch kleinere Kinder da seien, welche der Pflege bedürfen, daher seine Stieftochter im Hause unentbehrlich sei.« Filomena Weitzer wurde mit Krankheit entschuldigt, Georg Huemann, der Vorsitzende und Josef Brunner, *Schallerbauer* in Neuwald »erklärten jedoch die Krankheit für eine Lüge, da beide auf dem Wege zur Sitzung, das Kind beim Einlegen von Kartoffeln getroffen hatten, auch wurde, wie sich nachträglich herausstellte, das Kind öfters bei Feldarbeiten gesehen. Der Vater des Kindes zeigte bei Gelegenheit der Entschuldigung ein Fläschchen mit Medizin vor, u. bemerkte, der Doktor hätte dem Kinde eines Hautausschlages wegen die freie Luft zu genießen untersagt.«

(Sitzungsprotokoll O.S.R., 2. April 1879)

Eine ähnliche Situation gab es in der Nachkriegszeit, wie der folgende Auszug aus dem Klassenbuch des Schuljahres 1951/1952 zeigt. Von 35 Schülern wurden, neben 5 sommerbefreiten Schülern und Schülerinnen, 13 für Saat und Ernte oder für Kleinkinderaufsicht benötigt, d.h. die Hälfte der Schulpflichtigen mußte verschiedene Arbeiten im bäuerlichen Haushalt verrichten:

SCHÜLER:

Bauer, Friedrich	8. Schst.	im Okt. Kartoffelernte
Graf, Maria		im Juli Heuernte
Graßl, Friedrich		im Okt. Kartoffelernte u. Saatanbau
Höfer, Helga		im Okt. Kartoffelernte, im Dez. Hausdrusch
Höfer, Herta	7. Schst.	im Nov. Kleinkindaufsicht!
Hofer, Elisabeth		2./3. Juli Geburt im Hause
Hofer, Margarete		im Okt. Kartoffelernte und Haushüten (Kleinkind)
Pölzlbauer, Hildegard		im Okt. Kleinkindbetreuung, Wartung eines Kleinkindes
Prenner, Franz		im Okt. Saatanbau
Reiterer, Franz		im Okt. Kartoffelernte
Reiterer, Josef	6. Schst.	im Okt. Kartoffelernte
Weninger, Hermine		im Okt. Kartoffelernte
Zinkl, Adolf		im Okt. Kartoffelernte Zinkl und Brunner

Mariensee, am 5. Juli 1952
Robert Sonnleitner – Leiter der Schule Robert Sonnleitner – Klassenlehrer

Schulwandtafel aus der Volksschule Mariensee, Josef Danilowatz »Elektrizitätswerk der Gemeinde Wien, Maschinenhalle mit 12.000pferdigen Dampfturbinenaggregaten«
(Deutscher Verlag für Jugend- und Volk, Druck Österreichische Staatsdruckerei, Wien I, 1923)

Die von den Eltern anläßlich einer Vorladung wegen der Schulversäumnisse ihrer Kinder vorgebrachten Begründungen erlauben Rückschlüsse auf den schulischen Alltag, wecken oft Mitgefühl, bringen manchmal aber auch zum Lachen.

Die vollständig erhaltene Schulbibliothek, die Schautafeln und das Anschauungsmaterial wie Mineraliensammlung, Tierpräparate, Maße, Gewichte und Landkarten belegen den Lehrstoff, geben aber nur selten Hinweise auf pädagogische Aspekte. Aus Mitteilungen des k.k. Landesschulrates Neunkirchen werden Schulzeiten und schulfreie Tage ersichtlich. In einem Schreiben vom 22. Juni 1882 können wir lesen, daß die »Hauptferien 1. Septbr bis 15. October« sind. Ein Sitzungsprotokoll des Ortsschulrates vom 10. Oktober 1914 dokumentiert mit dem Beschluß zur »Verlegung des wöchentlichen Ferialtages von Donnerstag auf Samstag«, daß bereits damals schulautonome Entscheidungen möglich waren.

Die Suche nach einem Lehrer für die Volksschule in Mariensee ist nicht ganz einfach. In einem Ansuchen an den Bezirksschulrat Neunkirchen werden zunächst die speziellen Erfordernisse recht detailliert angegeben:

> Wünschenswert wäre es, wenn der Lehrer den Kindern, sei es in Korbflechten, Holzschnitzereien oder eines sonstigen, für die hiesige Gegend nützlichen, Erwerbszweiges, unterrichten würde.
>
> (Sitzungsprotokoll O.S.R., 2. Juli 1878)

Das Ergebnis der ersten Bewerbung ist dem Sitzungsprotokoll vom 15. Dezember 1878 zu entnehmen: »Ablehnung des Lehrers Bilny, da er Protestant ist«. Am Ende des Schuljahres wird ein neuer Kandidat präsentiert:

> bez. Vorschlag der Ernennung des Herrn Johann Kollibabe, Lehrer in Benicek (Schlesien) zur Besetzung des Lehrerpostens in Mariensee.
>
> (Sitzungsprotokoll O.S.R., 2. April 1879)

Heute würde der Antrag des O.S.R. vom 1. Februar 1879 zum »Ankauf eines Christus- und Kaiserbildes« vermutlich Diskussionen auslösen. Daß es in dieser »aufgeklärten« Zeit Religionsprobleme gab, ist nicht nur in Josef Loscheks Erinnerungen »Chronik der Glashütte« thematisiert. Die Problematik des katholischen Religionsunterrichts taucht regelmäßig in den Sitzungsprotokollen auf. Die rege Korrespondenz zwischen dem »Dekanat Kirchberg am Wechsel zu Aspang unterzeichnet von Fl. Bolifka, geistl. Rath u. Dechant« und dem »k.k. Landesschulrathe Neunkirchen, unterz. k.k. Bezirkshauptmann als Vorsitzender Pfersmann« belegt die finanziellen Streitigkeiten zwischen Pfarre und Schule. Zu guter Letzt zieht der Pfarrer sogar einen Anwalt zur Schlichtung der Streitigkeiten heran, und auch Jahrzehnte später ist die Bezahlung der Religionsstunden noch immer ein strittiger Punkt zwischen Pfarrer und Schule:

> Abhaltung einer Commission am 26. l. M. im Pfarrhofe von St. Peter am Neuwalde um 2 Uhr nachmittags zu Gunsten einer Vereinbarung zwischen dem Pfarramte St. Peter a. Neuw. und der Schulgemeinde Mariensee in Angelegenheit der Ertheilung des dortigen Religionsunterrichtes. (Sitzungsprotokoll O.S.R., 22. Februar 1882)

> Anfrage in welchem Stadium die Angelegenheit betreffend die Ertheilung des Religions-Unterrichtes in der Schule Mariensee sich befindet.
> (Sitzungsprotokoll O.S.R., 22. Juni 1882)

> Klage des Pfarrers Heinrich Raab über Dr. J. Eberstaller Advocat in Wr. Neustadt bez. Nichtbezahlung der vereinbarten Ablösung der Fahrgelegenheit für den Religionsunterricht in der Höhe von 65 Fl. Vergleich am 15. Jänner 1886.
> (Sitzungsprotokoll O.S.R., 24. Oktober 1885)

> Teilung der Religionsstunde der Untergruppe in 2/2 St. – Keine Zehrungskosten! (Schreiben des O.S.R. Mariensee an den k.k. Land-Bezirksschulrat in Wr.-Neustadt)
> (Sitzungsprotokoll O.S.R., 12. April 1912)

> Anweisung der Zehrungskosten für den Religionsunterricht erteilenden Pfarrer wie bisher. Geltung des neuen Stundenplanes.
> (Schreiben vom k.k. Bezirksschulrat Wr.-Neustadt, Sitzungsprotokoll O.S.R., 6. Mai 1912)

Wenn der Ortsschulrat der Meinung war, daß »die Eltern respektive Dienstgeber Strafe verdienten«[44], wurden für Schulversäumnisse Strafen verhängt, deren Höhe im Vergleich zum bäuerlichen Einkommen beträchtlich, im Vergleich zum Entgelt für die Mühewaltung des Mesners unglaublich war, und bei Zahlungsunfähigkeit oder Übersiedlung in ein anderes Kronland auch manchmal sogar Arrest bedeuteten. Da die Schulversäumnisse trotz Belegung der »Missetäter« mit Strafen bis zu 20 Fl[45] nicht weniger werden, sind sie das am häufigsten wiederkehrende Thema in den Schulprotokollen. Wenn dem Ortsschulrat »Armut als auch Krankheit bekannt ist«[46], Ungangbarkeit der Wege, schlechte Witterungsverhältnisse oder Mangel an Schuhbekleidung den Schulbesuch wirklich unmöglich machen, nur dann wird das Fernbleiben entschuldigt. In den »Tagebuchblättern aus dem Paradies« des Kirchberger Kaplans Michael Pfliegler[47] vom 17. Dezember 1917 finden wir eine wirklichkeitsgetreue Beschreibung des Schulwegs im Winter:

> Da geht die kleine Hermine Tag für Tag in die Schule ... zwei Stunden muß das Kind gehen. Und was ist das für ein Weg! Wenn kniehoher Schnee eingefallen ist, dann

---

44 Sitzungsprotokoll, 31. Mai 1879.
45 6 Eier kosteten 1 Pfennig, 1 Huhn kostete 3–4 Kreuzer, 1 Widder kostete 30 Kreuzer (1 Gulden = 60 Kreuzer, 1 Kreuzer = 4 Pfennig. 1 Gulden würde etwa ATS 200,– oder EURO 14,– entsprechen. Der Gulden wurde 1865 von der Krone = 1/2 Gulden abgelöst).
46 Sitzungsprotokoll, 5. Juli 1879.
47 Kaplan in Kirchberg 1915–1919, später Hochschulprofessor in Wien, gest. 1972.

muß der Hansl in einen Baumstrunk eine Kette schlagen. Den Baumstrunk schleift ein Ochse bis zum nächsten Haus und hinterher trippelt die sechsjährige Hermine, den Schultornister auf dem Rücken. Sie hat die Schule nie versäumt. Vom nächsten Bauern muß dann wieder einer einen »Pfad durch den Schnee reißen«. Die Kinder lernen so das Frühaufstehen, fürchten sich vor keinem Wetter und keiner Finsternis.

(Pfliegler, S. 27f.)

Der nachstehenden Begründung für die Schulversäumnisse der beiden, bei ihm im Dienst stehenden, schulpflichtigen Kinder wurde beispielsweise nicht stattgegeben:

Josef Weninger (*Leitenbauer* in Neuwald, Dienstgeber der Anna Dörfler und Filomena Weitzer) erklärt, »die Anna Dörfler am 1. Februar in Dienst genommen zu haben, dem Kinde einen Jahrlohn von 20 Fl zu geben, auch für die anderen Bedürfnisse zu sorgen, dieselbe jedoch nicht in die Schule schicken zu wollen, da er selbe zur Arbeit verwenden will u. Kost u. Lohn nicht umsonst geben will.«

(Sitzungsprotokoll O.S.R., 8. März 1879)

Umschuldung der Strafe von 1 Fl. für Schulversäumnis wegen Zahlungsunfähigkeit in eine 6stündige Einschließungsstrafe.

(Sitzungprotokoll O.S.R., 5. Juni 1886)

Manchmal sind auch persönliche Feindseligkeiten die Ursache, daß die Kinder dem Unterricht fernbleiben. Josef Dorfstetter, der Pächter des »*Sommerbäurischen* Wirtshauses«, welches sich genau gegenüber der Schule befand,

Gasthaus Berger »Zum Touristen«
»Das Sommerbäurische Wirtshaus«

brüskiert die Vorladungen des Ortsschulrates. Seine schlechten nachbarlichen Beziehungen zum Schulleiter Alexius Setecska gehen bis zum Bezirksschulrat:

Wegen nicht erfolgter Entfernung von 2 Stk. Fässer aus dem Keller des Schulhauses tritt daher Verpflichtung zu Bezahlung von täglich 15 Kr./Faß in Kraft.

(Schreiben des Schulleiters der Volksschule Mariensee, 20. September 1880)

Beschwerde von Josef Dorfstetter über »Ausdrücke gegenüber Schulkindern« von Schulleitersgattin.

(Schreiben des B.S.R. an den O.S.R. Mariensee, 17. November 1880)

Manche Begründungen lassen den Leser sicherlich schmunzeln, da sie oft von Bauernschläue zeugen, wogegen der Ortsschulrat kaum eine Handhabe besitzt. Einige der vorgeladenen Mütter erscheinen »wie gewöhnlich überhaupt nicht« und nehmen den »Strafantrag auf 5 Fl« zur Kenntnis, ohne wirklich zu bezahlen. Die Mutter eines regelmäßigen Schulschwänzers beschuldigt den Schulleiter in einer schriftlichen Beschwerde an den O.S.R.,

ihren Sohn Josef Holler immer bei den Haaren gerissen zu haben, was sich die Briefschreiberin verboth, da der Bub jetzt dadurch immer Kopfleiden habe.

(Sitzungsprotokoll O.S.R., 11. Februar 1882)

Körperliche Züchtigung durch Prügelstrafe, Ochsenziemer und Faustschläge scheint es wohl nicht mehr gegeben zu haben, aber wie obiges Beispiel zeigt, war Haarreißen noch immer üblich, und auch das Rohrstaberl hatte sicher nicht ausgedient.

Die Rechtfertigungen für das Fernbleiben vom Unterricht erlauben auch Rückschlüsse auf die soziale und wirtschaftliche Lage:

Konnte die beim Schuhmacher bestellten Schuhe nicht erhalten.

Der Knabe hatte keine Schuhe.

Der Vater war infolge eines Geschwürs am Arm arbeitsunfähig, daher wurde der Knabe zur Arbeit verwendet. [Der Knabe war 8 Jahre alt! Das wenige Bargeld wurde zuerst für die Behandlung des Viehs, der Lebensgrundlage des Bauern, und dann erst für die Menschen verwendet.]

Schreiben des verwitw. Taglöhners Josef Ringhofer, wohnhaft im Stübel des Eduard Schandl (*Zenzlbauer*) in Neuwald an die k.k. Bezirkshauptmannschaft Neunkirchen. bez. Reduzierung der Strafe von 2 F 5 h. wegen Schulversäumnissen der 15-jährigen Maria Hotmannsthaler, Tochter seiner Schwägerin gleichen Namens. Wegen der noch tieferen Armuth der letzteren als seiner eigenen und weil er selbst schon ein bejahrter Mann in den Sechzigern ist, aus Verwandtschaftsgründen und zu seiner Aushilfe in seiner Einsamkeit zu sich genommen, und für sie nach seinen geringen Kräften bis letzte Zeit gesorgt. 1886 war sie sommerbefreit, und zu Lichtmeß 1887 als nach vollendeten 14. Jahr ganz schulfrei. Die auferlegte Strafe kann sich lediglich auf den Monat Jänner 1887 beziehen, da er der Überzeugung ist, daß es nicht mehr nothwendig sei, sie behufs weiterer Ausbildung noch für die noch wenigen Wochen der Schulaufsicht anvertrauen zu müssen. – Ansuchen wird abgelehnt.

(Sitzungsprotokoll O.S.R., 12. September 1888)

Der zehnjährige Sohn einer Dienstmagd aus Neustift ist jedes Monat im »Verzeichnis der Schulversäumnisse« vermerkt. Bei der Vorladung vor den Ortsschulrat unterschreibt seine Mutter ihre Aussage, daß »der Knabe keine Schuhe hat« mit drei Kreuzen. Der Ortsschulrat ist nicht nur für soziale Anliegen, wie Förderung behinderter Schüler oder Kinderfürsorge zuständig, sondern auch zur Wahrung der gesetzlichen Rechte der Minderjährigen:

> Der Knabe ist schwachsinnig, besucht gar keine Schule, zeigt großen Hang zum Stehlen, weshalb die Abgabe in eine entsprechende Anstalt höchst nothwendig wäre.
>
> (Sitzungsprotokoll O.S.R., 11. Jänner 1895)

> Lt. Zuschrift des löbl. Bezirksarmenrathes Aspang wird dem löbl. O.S.R. bekanntgegeben, daß Wiedner Peter in eine Anstalt für nichtvollsinnige Kinder aus dem Grunde nicht untergebracht werden kann, weil sich der Landesausschuß von Steiermark weigert, die Kosten zu tragen. Es wurde daher vom löbl. Armenrathe der Beschluß gefaßt, daß Wiedner Peter an eine geeignete Partei gegen einen wöchentlichen Wergstagskostenbeitrag von 1 fl 05 h übergeben bzw. in seine Heimatgemeinde abtransportiert werde.
>
> (Sitzungsprotokoll O.S.R., 22. September 1895)

> Kundmachung vom Landesausschuß des Erzherzogtumes Österreich unter der Enns bez. Errichtung der zweiten n.-ö. Landes-Taubstummenanstalt in Wr. Neustadt, Schneeberggasse Nr. 26 und Aufforderung diese Erziehungsinstitution zu nutzen.
>
> (Sitzungsprotokoll O.S.R., 10. Juni 1904)

> Aufhebung des Entzugs der väterlichen Gewalt von Florian Gruber über seinen Sohn Johann Gruber mit der Begründung »daß eine gänzliche Vernachlässigung der väterlichen Pflichten, wie sie die zitierte Gesetzesstelle voraussetzt, nicht vorliegt. Es wird jedoch auch fernerhin die Erziehung des Minderjährigen vom Gerichte überwacht werden«.
>
> (Schreiben vom Bezirksgericht Aspang, 23. Feber 1912)

Die Bedeutung der Schule für die Bevölkerung wird aus der Vielzahl ihrer Aufgaben ersichtlich. Neben ihrem pädagogischen Auftrag zur Erreichung des Lehrziels oblag ihr die »Belehrung der Schuljugend über die Verwerflichkeit des Fischdiebstahls« aber auch der »Vogelschutz«. Trotz häufiger krankheitsbedingter Abwesenheiten der Schüler durch Tuberkulose, Mumps-, Masern-, Rötel-, Scharlach- oder Typhusepidemien mußte der Schulbetrieb aufrechterhalten werden. Auf Impfungen und gesundheitliche Aspekte wie »Lüften der Schulräume«, auf Hinweise zu »Trinkunsitten und Mißbrauch geistiger Getränke« wurde ebenso geachtet, wie auch Dankesbriefe an Gönner wie die Alpine Gesellschaft »Wetterkogler«, die von 1902 bis 1914 für die Schulkinder eine »Weihnachtsbeteiligung« gaben, versendet wurden. Anträge auf »Schulfeier des Geburtstagsfestes Sr. Majestät des Kaisers in Verbindung mit einem Festgottesdienste Montag den 19. August 1895« oder Durchführungen von Anordnungen des k.k. Landesbezirksschulrates Wr. Neustadt wie der Abhaltung des Trauergottesdienstes standen ebenso auf der Tagesordnung.

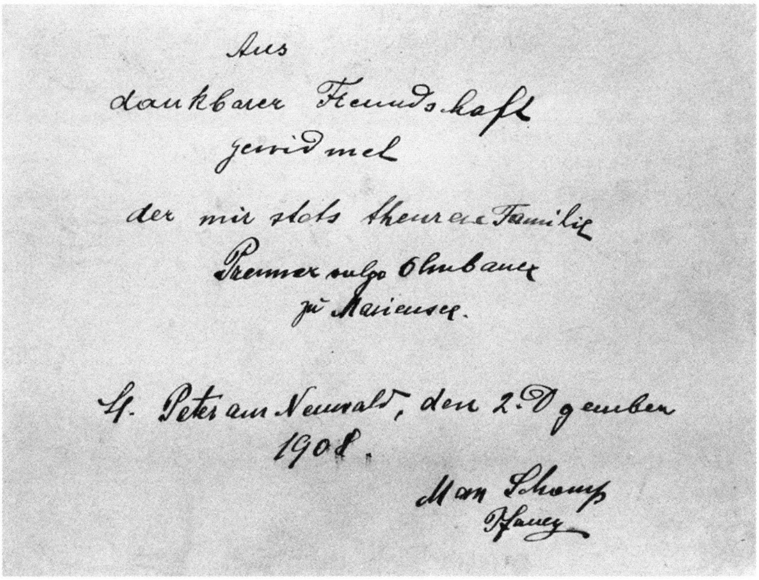

Aus
dankbarer Freundschaft
gewidmet
der mir stets theueren Familie
Premer vulgo Olmbauer
zu Mariensee.

St. Peter am Neuwald, den 2. Dezember
1908.
Max Schamp
Pfarrer

Antrag durch Pfarrer Maxim. Schamp auf Glückwunschtelegramm zum 25jährigen Jubiläum des Herrn Wilhelm Müller, Obmann der »Wetterkogler«, welche der Schule seit Jahren viele Wohltaten erwiesen haben. Schriftführer wird mit Absendung betraut.

(Sitzungsprotokoll O.S.R., 30. August 1908)

Kaiser-Jubiläums-Schulfeier: Antrag des Pfarrers Max Schamp auf Feier anläßlich der Eröffnung der neuerbauten Jubiläumsschule in St. Peter am 4. Okt., wird für Marienseer Schüler wegen unzumutbarer Entfernung abgelehnt. Genehmigung bei Ordinariat in Wien ist einzuholen. Meßner müßte für Mühewaltung 2 K erhalten. Beschluß für beide Feiern.

(Sitzungsprotokoll O.S.R., 31. Mai 1908)

Nachträgliche Genehmigung der Ausgaben anläßlich des Kaiser-Jubiläumsfestes u.a. 14 K für 5 hl Bier gespendet der Musikkapelle und den Veteranen, 3 K an Peter Archam [Schmiedemeister] für Pulver zum Pöllerschießen.

(Sitzungsprotokoll O.S.R., 30. August 1908)

Anläßlich des Ablebens seiner kaiserlichen und königlichen Hoheit des durchlauchtigsten Erzherzogs Franz Ferdinand und Höchstseiner Gemahlin an allen Schulen ein Trauergottesdienst tunlichst, den 3. Juli.

(Schreiben vom Landbezirksschulrat Wr. Neustadt Z 581/S, Sitzungsprotokoll O.S.R., 30. Juni 1914)

Es wurden in den Sitzungen des Ortsschulrates Aufforderungen »zum Sammeln von Brombeerblättern für Tee zur Vorsorge des Winterfeldzuges«[48] diskutiert, oder das Recht »auf Urlaubserteilung bis zu drei Tagen für die Lehrpersonen« genutzt. Der O.S.R. konnte den Lehrern die Teilnahme am Eucharistischen Kongress von 12. bis 15. September 1912 in Wien gleicher-

48 Sitzungsprotokoll O.S.R., 18. September 1914.

maßen zugestehen wie am Offiziersfliegen des Zentralkomitees zur Schaffung der österreichischen Luftflotte auf dem Flugfeld in Wr. Neustadt am 6. Oktober 1912.

Schulphotographie 1923/24 – I. Klasse – Geburtsjahr 1917

1. Reihe: Bauer Veronika, Reiterer Maria, Prenner Rosa, Prix Magdalena, Prix Barbara, Rumpler Anna, Hartl Peter, Weninger Josef, Weitzer Josef, Reiterer Leander, Fuchs Johann, Weninger Johann, Reiterer Franz [Heger], Bauer Rosa.
2. Reihe: Gruber Karl, Prix Aloisia, Hollerer Maria, Diwald Hermine, Oberlehrer Martin Steiner, Lehrerin Hermine Wiesbauer (geb. Beutel), Pfarrer Matthias Luef, Prenner Josef, Brunner Rosa, Pölzlbauer Maria, Stangl Karl, Wiedner Maria (Nothnagel-Stübl).
Sommerbefreit – Prenner Franz, Prenner Maria.
Ort der Photographie: Am Weg zum Ofner-*Staudenbauer*, Neustift am Alpenwald 1.

Ein Blick auf die »Schulversäumnisse« des Jahres 1960 zeigt, daß die soziale Not gelindert, Kinderarbeit aber nach wie vor selbstverständlich ist. Die »Aufnahmeprüfung an der Hauptschule Aspang« ist ein Beweis für das gewachsene Bildungsinteresse:

Oktober	Augenfacharzt, Ernte, Kartoffelernte, Zeugenaussage in Aspang.
November	Augenfacharzt, Grippe, Eltern bei Begräbnis.
Jänner	Augenfacharzt, Herzuntersuchung, Herzbehandlung, Zeugenaussage vor Gericht, Kleinkind-Aufsicht, Großvater gestorben.
Februar	Armverletzung – Arzt!, Hochzeit des Bruders, Begleitperson des Großvaters von Erlach nach Aspang, ärztliche Herzuntersuchung, mit Tante nach Tauchen gefahren, Wäsche waschen, Kinderaufsicht – Mutter bei Arzt.
März	Ärztliche Behandlung – Herz, Zahnarzt.
April	Augenfacharzt, Zahnarzt, Anbauhilfe, Kartoffelanbau, Saatgut anbauen, Mutter abwesend.

Mai Röteln, Mutter bettlägerig, Firmung, Kleinkinder-Aufsicht.
Juni Aufnahmeprüfung HS Aspang, Fußverletzung, Heuernte, Kreuz tragen, Bittgang (8.), Hausbau-Mithilfe, Herzbehandlung.

Auch wenn immer wieder die prekäre finanzielle Lage das wichtigste Thema der Sitzungen des Ortsschulrates ist, spiegeln die Anträge meist alltägliche Probleme, manchmal aber auch Amüsantes wider. So sind im Gesamtkostenvoranschlag der Schulgemeinde von 330 Fl 77 h für das Jahr 1882 »6 Fl. zur Anschaffung von Stricknadeln für mittellose Kinder« enthalten, im Jahre 1896 »Wolle für arme Kinder um 5 fl.«, und auch im Jahre 1912 teilt der k.k. Landbezirksschulrat Wr. Neustadt mit, daß »gemäß dem Armenbücher-Ansuchen der Schule ein Betrag von 9 K für 6 Lesebücher III. T., 6 Rechenbücher I. T., 6 Rechenbücher II. T. für arme Kinder entfällt.«

Anzeige des Schulleiters, daß am 12. Jänner abends in einem Rauchfang Feuer zum Ausbruche kam, woran nur die Nachlässigkeit des Kaminfegers die Schuld trägt. Der O.S.R. beschließt denselben zu entlassen und einen anderen Kaminfeger aufzunehmen.

(Sitzungsprotokoll O.S.R., 17. Jänner 1886)

30-Gulden-Spende von einem Ungenannten. Wird für Kauf von Standbildern »Die vier Jahreszeiten« und »Die Stadt«[49] für den Anschauungsunterricht sowie von Maßen und Gewichten für den Rechenunterricht verwendet.

(Sitzungsprotokoll O.S.R., 5. Juli 1896)

Schulwandtafel aus der Volksschule Mariensee, Adalbert Pilch »Winter«
(Adalbert Pilch, Verlag A. Pichlers Witwe, Wien V, Margaretenplatz)

49 Die Standbilder sind im Schularchiv und der Lehrmittelsammlung erhalten.

Beschluß zur Anschaffung von zwei Tafeln mit Aufschrift:
a. Ausspucken im Schulhause verboten.
b. Das Betreten des Lehrzimmers während der Unterrichtszeit ist nur Amtspersonen gestattet.

(Sitzungsprotokoll O.S.R., 10.April 1904)

Beschluß über fixe Sitzungszeiten des O.S.R., i.e. jeden ersten Sonntag des Monats, nachmittags 4 Uhr.

(Sitzungsprotokoll O.S.R., 10.April 1904)

Die Bedeutung des Schulgartens für Lehrer wie Schüler gibt bereits beim Bau der 1. Volksschule einen Hinweis auf die wirtschaftliche Rolle dieser Form der »Selbstversorgung«. Mit dem großen Interesse des Lehrers und späteren Schulleiters Josef Beutel an der Obstbaumzucht wird der Schulgarten zum Lehrmittel und Anschauungsmaterial für die gesamte bäuerliche Bevölkerung des Tales:

Der Schulleiter ersucht um die Herstellung des noch fehlenden Gartenzaunes, da alles vorüberlaufende Vieh in den Garten kommt.

(Sitzungsprotokoll O.S.R., 7. März 1882)

Der Nutzgenuß des Schulgartens für den gewesenen Schulleiter Mich. Wenhart ist nicht gestattet.

(Schreiben des Bezirksschulrates Neunkirchen, Sitzungsprotokoll O.S.R., 19. Juni 1894)

Genehmigung des Subventionsansuchens des O.S.R. Mariensee für Anlage und Erhaltung von Schulgärten.

(Schreiben vom Sekretariat des Landeskulturrates für das Erzherzogtum Österreich u. d. Enns, Wien Z: 19/4 I/5, Sitzungsprotokoll O.S.R., 7. April 1914)

Kaum jemand käme heute auf die Idee, daß bis etwa 1870 der Schulbesuch nur gegen »Schulwegvisitansentgelt« möglich war. Interessant ist auch, daß die Kinder nach vollem sechsjährigen Schulbesuch bzw. mit dem 14. Lebensjahr zwar zu einer Schulbesuchserleichterung, d.h. zur Sommerbefreiung berechtigt waren, der Ortsschulrat aber dennoch eine Kurzform des Schulbesuches empfahl:

in Gemäßigkeit des citierten landesschulr. Erlaßes dahin zu wirken hat, daß die sommerbefreiten Schüler die Schule auch während der Sommermonate wöchentlich wenigstens durch zwei Halbtage besuchen.

(Sitzungsprotokoll O.S.R., 25. April 1882)

Die pädagogischen Aspekte der nachstehenden Anweisungen des Landesbezirksschulrates Wr. Neustadt und der k.k. Bezirkshauptmannschaft Wr. Neustadt sind auch aus heutiger Sicht interessant:

Schriftliche Aufgaben an allgem. Volksschulen: Beginn erst mit dem 3. Schuljahr, damit dem zu frühzeitigen selbständigen Schreiben der Kinder, einer Hauptquelle für die Angewöhnung von Fehlern und für die frühzeitige Verschlechterung der Schrift vorgebeugt werde. Ihre Zahl wird mit jährlich 20 festgesetzt. Von diesen entfallen 10 auf die Unterrichtssprache, 10 auf das Rechnen. Verteilung auf Haus- und Schularbeiten und den örtlichen Verhältnissen und den besonderen Bedürfnissen einzelner Schulen anzupassen. In der Regel sind 10 Schul- und 10 Hausarbeiten anzusetzen.

Die Hausaufgaben in der Regel über den Wochenferialtag oder über einen Wochenferialhalbtag, doch sind Ortsverhältnisse stets zu berücksichtigen.

(Schreiben vom Landbezirksschulrat Wr. Neustadt Z. 1015, Sitzungsprotokoll O.S.R., 19. Juli 1904)

bez. Vermehrung im Stundenausmasse (Sprache, Rechnen).

(Schreiben der k.k. Bezirkshauptmannschaft Wr. Neustadt, Sitzungsprotokoll O.S.R., 20. August 1904)

Ein einziger detaillierter Schularbeitsjahresplan mit Themenübersicht ist im Klassenbuch des Jahres 1960 erhalten:

a) Unterrichtssprache:

1. Schularbeit gegeben am 23. September;	Stoff: Der Herbst ist gekommen.
2. Schularbeit gegeben am 14. Oktober;	Stoff: Der Alkohol als Feind des Menschen.
3. Schularbeit gegeben am 4. November;	Stoff: Allerseelen.
4. Schularbeit gegeben am 20. Jänner;	Stoff: Vom Korn zum Brot.
5. Schularbeit gegeben am 3. Februar;	Stoff: Mein Heimatort.
6. Schularbeit gegeben am 17. Februar;	Stoff: Wir beobachteten die Sonnenfinsternis.
7. Schularbeit gegeben am 24. März;	Stoff: Der Reiche u. der Arme.
8. Schularbeit gegeben am 8. April;	Stoff: Wie wir Ostern feierten.
9. Schularbeit gegeben am 19. Mai;	Stoff: Vom Baum zur Zeitung.
10. Schularbeit gegeben am 22. Juni;	Stoff: Unser Ausflug nach Wien und Schwechat.

b) Rechnen und Raumlehre:
1. Schularbeit gegeben am 7. Dezember
2. Schularbeit gegeben am 23. Jänner
3. Schularbeit gegeben am 8. Februar
4. Schularbeit gegeben am 23. März
5. Schularbeit gegeben am 25. Mai

Stärker prägend als die Wissensvermittlung durch die Schule war aber wohl für alle Kinder der Alltag ihres bäuerlichen Lebens, der Jahresablauf der Natur, die kirchlichen Feste, Advent, Weihnachten, Fasching, Fastenzeit, Ostern, Almgehen und die Ernte, ihr Familienleben mit Geburt, Hochzeit und Tod. In der von Bauern- und Holzwirtschaft geprägten lokalen wirtschaftlichen Situation gehörte die Kinderarbeit zum Arbeitsalltag. Zu Erntezeiten gab es für die vor dem Schulabschluß stehenden älteren Schüler eine generelle Sommerbefreiung. Jedoch auch die jüngeren mußten anstatt in die Schule zu gehen, bei der Kartoffelernte ebenso mithelfen wie auf die kleinsten Geschwister aufpassen. Verordnungen wie die folgenden Schreiben vom k.k. Landbezirksschulrat Wr. Neustadt vom 30. April 1909 an alle Schulleitungen, bez. Maikäferplage, Aufforderungen des Landesschulrates an die Bürgermeister und Gemeinden (31.3.1912) oder Eingriffe in den Stundenplan seitens der obersten Schulbehörde wären heute wohl undenkbar:

Die Schulleitung wird beauftragt, falls nicht durch die abnorm kühle Witterung der letzten Tage eine wesentliche Verminderung der Maikäferplage eingetreten sein sollte, die Schulkinder zum Einsammeln dieser Schädlinge anzuregen. Zu diesem Ende wäre es auch zweckmäßig wenn sich die Schulleitung schleunigst mit dem Herrn Bürgermeister in Verbindung setzen würde, damit diese den Kindern Aufsichts- und Begleitpersonen in entsprechender Zahl beigeben würden, welch Letztere das Schütteln der Bäume zu besorgen hätten.

Übersendung der Brochure »Der Maikäfer« mit Begleitbriefen an das Bürgermeisteramt und die Schulleitung vom Landesausschuß-Referenten.
bez. Unterstützung im Kampf gegen den Maikäfer und Engerling, im Einvernehmen mit dem Bürgermeisteramte.

Wegen der Maikäferplage Unterrichtsbeginn erst um 9 h, damit die Kinder zum Einsammeln der Maikäfer verwendet werden können.

(Schreiben vom k.k. Landbezirksschulrat Wr. Neustadt, Z. 439/1, 10. Mai 1912)

Die Einstellung zu Maikäfern ist heute ist ein andere. Auch wenn ihr Bestand »teils aus klimatischen Gründen teils aufgrund ihrer alle dreißig bis vierzig Jahre durchlaufenden Massenvermehrung« wieder zunimmt, sind sie laut »Pro Natura« »nicht nur als Schädling anzusehen«, denn sie dienen »als Käfer oder als Engerling den Vögeln auch als Nahrungsmittel.«[50] Andererseits führte der Auftrag der Naturschutzbehörden, eine bestimmte Schneckenart in einem [Salzburger] Gemeindegebiet aufzustöbern, im Sommer 2004 zu einer empörten Reaktion des obersten Repräsentanten der österreichischen Gemeinden.[51]

Die ältesten, schriftlich erhaltenen Daten bezüglich Schülerzahlen und Berufen sind dem »Verzeichnis der Kinder, die vom 1. November 1873 bis 1. November 1874 im Schulsprengel Mariensee geboren und noch am Leben sind«, datiert 15. September 1880, und dem »Verzeichnis zum Zwecke der Schulconscription 1882 für den Schulsprengel Mariensee vom 1. April 1876 bis 1. April 1877 geborenen und nicht gestorbenen Kinder«, datiert 18. September 1882, ausgestellt von der Pfarre St. Peter am Neuwald und unterzeichnet von Pfarrer Raab, entnommen.

Jahr	Schülerzahl	Beruf	
1880	11, davon 6 ledig	Bauer	2
	(8 m, 3 w)	Förster	1
		Inwohner	1
		Taglöhner	1

Bei den ledigen Kindern sind nur Name und Wohnort der Mutter vermerkt.

1882	13, davon 6 ledig	Bauer	3
	(6 m, 7 w)	Inwohner	1
		Köhler	1
		Pächter	1
		Schuster	1

Bei den ledigen Kindern ist nun neben Name und Wohnort auch der soziale Stand der Mutter vermerkt:

Bauerstochter	1
Dienstmagd	1
Inwohnerin	3
Schmiedstochter	1

50 Neue Zürcher Zeitung, 5. April 2005, Nr. 78, S. 43.
51 Die Presse, 1. Juli 2004, S. 23.

Letztgenannte erlaubt den Schluß, daß ein Schmied im Tal arbeitete, auch wenn jeder Bauer seine eigene kleine Esse hatte. Stellvertretend für noch existierende Hausschmieden sind heute der *Tatzgern* in Mitterneuwald und der *Siegerl* in Neustift zu nennen. Märzroth berichtet in seinem Führer aus dem Jahre 1884 über Holzschleifen und Sägenhammer, eine Nagelschmiede bei Kirchberg und eine Lederfabrik in Aspang, während die Glashütten an den Abhängen des Wechsels ihre Tätigkeit bereits eingestellt hatten. Im vulgo-Hofnamen *Glaserkarl* in Neustift am Alpenwald 6 ist heute noch ein Hinweis auf diesen Beruf zu finden.[52] Jeder Bauer besaß seine eigene Hausmühle. Märzroths Feststellung, daß »hier an den Abhängen des Wechselgebietes fast nur oberschlachtige [das Wasser treibt das Mühlrad von oben an] Mühlen zu finden sind«[53] ist nicht ganz richtig, da unterschlachtige Mühlen auf zahlreichen alten Postkarten ebenso zu finden sind.

»Staudenbauer-Mühle« in Mariensee, 1900

52 Stickelberger, Ortschronik, 1997, S. 525; Ursprünge, 1994, S. 52.
53 Märzroth, S. 83.

Bereits um 1920 beginnen einzelne Bauern, ihre Hausmühlen auf Turbinen umzurüsten, um elektrischen Strom zu erzeugen.

Im ältesten erhaltenen »Verzeichnis der neu eingetretenen Schüler der Volksschule Mariensee«, unterzeichnet vom damaligen substitut. Schulleiter Josef Beutel aus dem Jahre 1894 sind folgende Berufe aufgezeichnet :

1894	11, davon 3 ledig, 1 mit Angabe des Vaters (Schneider) (5 m, 6 w)	Bauerstochter	1
		Holzarbeiter	1
		Inwohner/in	2/1
		Pächter	1
		Schneider	1(1)
		Tagwerker	1
		Wirtschaftsbesitzer	2

Mit der beginnenden Industrialisierung verändern sich die hier im Tal vertretenen Berufe kaum, einzig die Zahl der Holzarbeiter und Taglöhner nimmt zu. 1895 finden wir neben dem Bauern, dem Pächter und dem Inwohner, d.h. Knechten und Mägden, den Beruf des Holzarbeiters, des Köhlers, des Schirmmachers, des Schmieds, des Schneiders und des Schusters. Kaum zehn Jahre später gibt es aufgrund der Zuwanderung nun zwar 27 verschiedene Berufe im Tal, doch die Bauern haben nach wie vor den höchsten Anteil:

Jahr	Schülerzahl	Beruf
1907	93, davon 5 ledig (54 m/34 w)	Almhalter (1), Bauer (18), Bäuerin (1), Bauerstochter (1), Brotträger (1), Dienstmagd (1), Förster (1), Gastwirt und Bauer (1), Gutsbesitzer (1), Hausbesitzer (1), Häusler (3), Heger (1), Holzarbeiter (7), Holzmeister (3), Inwohner/in (1/1), Kleinhäusler (1), Knecht (1), Kutscher (1), Meier (1), Pächter (4), Sägearbeiter (1), Sägemeister (1), Schneider (1), Schulleiter (1), Taglöhner (4), Tischler (1), Zimmermann (1).

Daß Schuster und Schmied in dieser Zusammenfassung nicht aufscheinen, liegt wohl daran, daß der Schuster auf die Stör ging, d.h. von Haus zu Haus zog, und damit nicht im Tal ansässig sein mußte, bzw. die Flickschusterarbeit häufig gleich selbst gemacht wurde. Der Schmied hatte wohl in diesem Jahr keine Kinder in der Schule. Neben Bauerstochter, Dienstmagd und Inwohnerin scheint 1907 zum ersten Mal eine Bäuerin als ledige Mutter auf. Diese heute wohl als emanzipatorisch einzustufende Entscheidung diente der Erhaltung des Hofes durch einen Erben. Wie bereits im Jahre 1898 wird auch der Vater des Kindes angegeben, auch wenn das Kind den Namen der Mutter trägt. Der Vormund besitzt dieselbe rechtliche Stellung wie der Vater, da bereits Kinder im Alter von acht Jahren in den Dienst geschickt wurden. Diese Tatsache ist bei der großen Kinderzahl verständlich und bot den Kindern oft ein besseres Auskommen als die kargen Möglichkeiten in der kinderreichen Familie.

Von den 93 Schülern im Jahre 1907 erhalten 11 Buben (zwischen 8 und 10 Jahren) und 9 Mädchen (zwischen 9 und 10 Jahren) eine Schulbesuchserleichterung für die Sommermonate, um bei der Feldarbeit zu helfen oder die kleineren Geschwister zu beaufsichtigen. Auch im folgenden Vierteljahrhundert ändern sich die Begründungen der Schulversäumnisse kaum. Entweder müssen die Kinder bei der Feldarbeit, beim Erdäpfelausnehmen oder beim Dreschen helfen, wegen der Geburt eines Kindes oder zur Aufsicht der jüngeren Geschwister zu Hause bleiben. Manchesmal müssen sie auch beim Wäschewaschen oder beim Sautanz des Nachbarn mithelfen. Im Winter sind es schlechte Wegeverhältnisse oder Schneestürme, im Frühling häufig Grippe-, Keuchhusten- Masern-, Mumps-, Scharlach- oder Typhusepidemien, die sie vom Schulbesuch abhalten.

Im darauffolgenden Jahr (1908) scheint zum ersten Mal 1 (ein) Findelkind in der Liste der schulpflichtigen Kinder auf. Ebenso taucht die hochsprachlich falsch verstandene Schriftform des »Schwaigers« (= Almhalter = Meier) als Berufsbezeichnung »Schweizer« auf. Im selben Jahr übersiedelt ein »Werkschlosser« von Feistritzwald nach Mariensee. Ein Jahr später (1909) ist zum ersten Mal der Beruf des »Brunnenmachers« und des »Fabriksarbeiters« bzw. der »Fabriksarbeiterin« angeführt. Der »Knecht« wird nun vom »Herrschaftsknecht« unterschieden, der Kutscher avanciert zum »Herrschaftskutscher«. Im Schülerverzeichnis des Jahres 1910 wird der Dienstgeber den Eltern und dem Vormund rechtlich gleichgestellt und der Beruf des ›Schmieds‹ ist wieder zu finden. 1912 scheint erstmals der Beruf des ›Gärtners‹ auf, welcher aus Seefeld, Bezirk Oberhollabrunn nach Mariensee übersiedelt ist. Auch die Kinder des Gutsbesitzers besuchen die öffentliche Volksschule Mariensee, erhalten aber wie die Kinder des Schulleiters durch den Besuch der Knaben-Bürgerschule in Mödling bzw. der Privat-Mädchen-Bürgerschule in Wien VII, Kenyongasse 4–8 eine höhere Schulbildung. In keinem der Schulverzeichnisse sind taubstumme oder blinde Kinder angegeben, und keines der schulpflichtigen Kinder benötigte einen gesetzlichen Vormund.

Vornamen 1878–1975

Ein Blick auf die Vornamen der Schüler im Laufe von beinahe hundert Jahren zeigt, wie stark deren Häufigkeit und Vielfalt sich durch die Zuwanderung bzw. die Öffnung nach außen veränderten. Die Tradition der Weitergabe des väterlichen oder mütterlichen Vornamens, des Schutzpatrons, der dem Tag der Geburt als nächster folgte oder auch des Vornamens des Taufpaten verschwindet langsam. Der herzhafte Ausspruch eines alten Holzknechts auf die Frage, warum er denn seinen Geburtstag nicht feiere, »Geburtståg håt a jeds Fadl!«, zeigt deutlich, wie wichtig der Namenspatron und damit der Namenstag einmal waren.

Die am häufigsten verwendeten weiblichen Vornamen in den ersten 30 Jahren (1878–1906): Maria (13), Anna (7), Katharina (4), Rosa (3), Ludmilla (2). Die übrigen scheinen jeweils nur einmal auf: Adolfine, Agnes, Aloisia, Anna, Auguste, Barbara, Cäcilia, Christine, Elisabeth, Emma, Filomena, Franziska, Gertraud, Hedwig, Hermine, Johanna, Juliane, Karoline, Katharina, Magdalena, Marie, Mathilde, Theresia.
Die am häufigsten verwendeten männlichen Vornamen: Johann (9), Josef (9), Franz (6), Peter (3). Die übrigen scheinen jeweils nur einmal auf: Alois, Anton, Augustin, Carl, Caspar, Eduard, Engelbert, Friedrich, Georg, Heinrich, Jakob, Karl, Leander, Leo, Leopold, Ludwig, Mathäus [sic!], Otto, Rudolf, Rupert, Thomas, Viktor.

In den Jahren 1908–1912 führt bei den weiblichen Vornamen weiterhin Maria (8) vor Katharina (3) und Karoline (3) die Liste an.
Bei den männlichen Vornamen bleibt Franz (13) vor Johann (9) und Josef (8), gefolgt von Peter (7) und Karl (5), der häufigst verwendete Vorname.

Die Mädchen des Jahrganges 1952/53 tragen die folgenden Vornamen: Agnes (1), Anna (2), Christine (1), Elfriede (1), Elisabeth (1), Helga (1), Hildegard (1), Ingrid (1), Josefine (1), Karoline (1), Ludmilla (1), Margareta (1), Marie (1), Martha (1), Monika (1), Ottilie (1), Silvia (1).
Die Buben desselben Jahrganges heißen: Alois (1), Alexander (1), Anton (1), Ernst (1), Franz (1), Franz Josef (1), Friedrich (1), Georg (1), Helmut (1), Heribert (1), Hubert (1), Johann (1), Josef (1), Leopold (1), Matthäus (1), Peter (1), Wilhelm (1).

1965 sind die Vornamen der schulpflichtigen Mädchen: Angela (1), Anita (1), Christine (1), Elisabeth (2), Erika (1), Gabriele (1), Gertrude (1), Juliana (1), Margarete (2), Marianne (1), Mariettta (2), Martha (1), Regina (1).
Auch bei den Buben ist die Vielfalt größer geworden: Alfred (1), Alois (1), Eduard (1), Franz(1), Gerhard (2), Herbert (1), Johann (2), Josef (1), Leander (2), Reinhard (1), Rupert (1), Walter (1), Willi (1).

Alle Daten stammen aus dem Schularchiv oder wurden den Aufzeichnungen des Schulleiters Josef Beutel über Schüler und Schulalltag der Marienseer Volksschule entnommen. Neben seiner Lehrtätigkeit verfaßte Oberlehrer Josef Beutel wie erwähnt das »Ortsbild von Mariensee 1922«[54] und war fundierter Kenner der Obstbaumzucht. Bereits im Frühjahr 1896 hielt er einen Obstbaumkurs für Erwachsene unter Benützung des Schulgartens ab. 1905 gab er während der Sommermonate jeden Samstag von 16 Uhr bis 19 Uhr einen Obstbau- und Bienenzuchtkurs in Mariensee. 1911 wurden 171 junge Obstbäume verpflanzt, davon 60 in Aspang, 58 in der Steiermark und 53 im eigenen Schulsprengel. 1934 starb er während eines Vortrags über Obstbaumzucht in Aspang.

Die vollständige Dokumentation des Rieß'schen Schulbaus, das Schularchiv, sowie die Aufzeichnungen über die folgenden Schuljahrzehnte, samt einer Teilnehmerliste aus dem Katalog des ersten bäuerlichen Fortbildungskurses[55] in St. Peter am Neuwald aus dem Jahre 1931/32

54 Beutel, Ortsbild, 1995.
55 siehe »Die Schule bleibt allezeit ein politicum«. In: Wiener Zeitung, Zeitreisen III, 19. Februar 2005. Als Urheber der bäuerlichen Fortbildungskurse kann Ferdinand Kindermann (1740–1801) gesehen werden, ab 1771 Pfarrer von Kaplitz in Südböhmen, 1790 Bischof von Leitmeritz.

Name	Wohnort	Geburtsdatum	Vorbildung	Stand der Eltern
Fahrner, Hubert	Mitterneuwald 27	18.09.1911	2 kl. V.S.	Bauer
Fahrner, Johann	detto	9.10.1908	2 kl. V.S.	Bauer
Haiden, Alois	St. Peter a.N. 4	18.04.1914	1 kl. V.S.	Bauer
Koglbauer, Leopold	St. Peter. a.N. 17	18.04.1914	1 kl. V.S.	Bauer
Lueger, Johann	Innerneuwald 58		2 kl. V.S.	Kleinbauer
[mit Bleistift durchgestrichen]				
Ofner, Alois	Neustift a.A. 1	2.03.1898	1 kl. V.S.	selbständig
[mit Bleistift durchgestrichen]				
Pölzlbauer, Josef	Mitterneuwald 28	18.02.1913	1 kl. V.S.	Bauer
Prenner, Franz	Innerneuwald 59	5.01.1911	2 kl. V.S.	Bauer
Prenner, Franz	Außerneuwald 94	13.09.1911	2 kl. V.S.	Bauer
Schlinter, Alois	St. Peter 10	4.02.1912	1 kl. V.S.	Bauer
Stickelberger, August	Neustift a.A. 6	12.08.1914	2 kl. V.S.	Bauer
Stickelberger, Franz	Neuwald 55	6.10.1912	1 kl. V.S.	Bauer
Stickelberger, Leopold	Innerneuwald 55	8.07.1908	2 kl. V.S.	Bauer
Stögerer, Johann	St. Peter Nw. 8	3.03.1908	1 kl. V.S.	Bauer
Tauchner, Johann	St. Peter Nw. 94	1.06.1914	1 kl. V.S.	Bauer
Weninger, Johann	St. Peter Nw. 83	6.12.1914	1 kl. V.S.	Bauer
Weninger, Peter	St. Peter Nw. 83	24.06.1913	1 kl. V.S.	Bauer

sind wohl der akribischen Ordnungsliebe der späteren Schuldirektoren Robert Sonnleitner und Christa Wiesbauer zu verdanken. Aus den Jahren 1943 bis 1952 ist nur ein Klassenbuch erhalten.

Die Schülerzahl von 106 Kindern (54 Knaben, 52 Mädchen) im Jahre 1912 war der Auslöser für den Bau der neuen zweiklassigen Volksschule in Mariensee. Im Schuljahr 1952/53 – noch mitten in der Besatzungszeit – besuchten doppelt so viele Schüler (119 Knaben und 97 Mädchen) die zweiklassige Marienseer Volksschule.

Die Bauten der beiden Wiener Jahrhundertwende-Baumeister Karl und Franz Rieß in Mariensee sind ihren persönlichen Verbindungen und den jagdlichen Gemeinsamkeiten mit dem Gutsherren zu verdanken. Der von Schulleiter Josef Beutel anläßlich der feierlichen Eröffnung des neuen Schulbaus im Jahre 1914 ausgesprochene Wunsch »Auf daß aus der schönen Schule nun auch eine gute Schule werde!« ist wohl für alle Schüler in Erfüllung gegangen. Im Jahre 1975 wird die Volksschule geschlossen, und seither gibt es für alle Schüler ab 6 Jahren das Leben eines Fahrschülers. Mit der Einführung des Kindergartens gilt dasselbe heute bereits für die knapp Dreijährigen. Aufgrund der Schulzusammenlegungen und der Schließung der Schule hat dieser Wunsch für die folgenden Generationen seine Gültigkeit verloren.

Anhand der im Schularchiv gefundenen Privatkorrespondenz und der Baupläne sind der Aufbau eines Stockwerkes am Jagdhaus der Gutsverwaltung Haber-Linsberg (1871) und der Bau der ersten einklassigen Volksschule (1878) Karl Rieß zuzuordnen. Beim Kanal- und Wasserleitungsbau war möglicherweise bereits Franz Rieß tätig. Ob beim Forsthaus (1904) Pläne der Stadtbaumeister zugrunde lagen, ist unbekannt. Der Zubau erfolgte durch den einheimischen Zimmermeister Matthäus Graf aus Langegg. Die Vergrößerung des Eckzimmers der Herrschaftsvilla und die Jugendstilanbauten (1905), der Bau der zweiklassigen Volksschule Mariensee (1913/14), die Planung und Errichtung des ersten Feuerwehrhauses (1922) und des Mausoleums (1923) erfolgten durch Franz Rieß. Bis auf das Feuerwehrhaus sind heute noch alle Bauten erhalten.

1871 **Mariensee am Wechsel 62.** Jagdhaus der Gutsverwaltung Haber-Linsberg. Aufbau eines Stockwerkes.

> ehem. Jagdschlößchen, 2geschossig, um 1868, ehem. reich mit Balkonen und Schnitzdekor gegliedert.
> (Dehio, NÖ Süd, S. 1569)

Die Überlegungen des Architekten k.k. Baurath Franz von Neumann zu der, von ihm für den Hof-Bildhauer Franz Schönthaler, errichteten Semmering-Villa illustrieren die Neuartigkeit des für diese Zeit typischen Jagdhauses:

> Bauherr und Architekt waren gleicher Meinung, daß es in dieser Gebirgslage künstlerisch und technisch am besten wäre, einen Holzbau im Sinne der Vorbilder in unseren Alpentälern zu errichten. Ein solcher Entschluß war zu jener Zeit, wo man noch zumeist bei Villenbauten Architekturmotive städtischer Bauweise, unbekümmert um Landschaft und klimatische Verhältnisse, zur Anwendung brachte, nahezu ein Novum.
> Die Ausführung ... ganz aus Holz gezimmert, seine stimmungsvolle Wirkung in der Landschaft, seine Annehmlichkeit des Wohnens sowohl im Sommer als im Winter hat die richtige Wahl dieser Bauconstruction erwiesen und so zählt es heute [1895] zur Regel, daß Villenbauten am Semmering zumeist in Holz ausgeführt werden.[56]

In seiner eigenen, 1894 erbauten Villa verwendet Architekt Neumann neben der Deckung »der erwünschten malerischen Wirkung halber mit lärchenen Ladenschindeln (1 m lang, 0,16 cm breit)« bei den Außenwänden in der Holzbeizung Farbtöne wie »zinoberroth, tiefbraun oder schwarzblau«. Der Hausinnenputz mit »lichtgrüner oder grauer Kalkfarbe ergibt eine sammtartige Wirkung der Wände. Im Speisezimmer ist die constructive Tramdecke sichtbar und entsprechend ausgebildet.« Diese Beschreibung hat auch für das, wenn auch etwas bescheidenere Jagdhaus Haber-Linsberg seine Gültigkeit.

56 Neumann, Wohnhaus am Semmering, S. 42f.

1878 **Mariensee am Wechsel 110.**
EZ 244

ehem. 1. Volksschule (bis 1914), 1geschossig unter Walmdach, Sprossenfenster
(Dehio, NÖ Süd, S. 1569)

Lehrzimmer für 70 Schüler.[57] Bis 2000 befand sich hier die Kanzlei der Gutsverwaltung und die Wohnung des Gärtners, dann wurde das Gebäude modernisiert und zur Privatnutzung umgebaut. Raumaufteilung und Fassade blieben ziemlich unverändert.

1904 Mariensee am Wechsel 62.
Kanal- und Wasserleitung. Originalplan in Privatbesitz.

1905 Mariensee am Wechsel 62.
Zubau an die »Villa« durch Vergrößerung eines Eckzimmers im 1. Stockwerk des Jagdhauses Schenker.[58]

Dekor entfernt und Fronten geglättet, Anbau mit hohem vorkragendem Satteldach.
(Dehio, NÖ Süd, S. 1569)

57 Stickelberger, Ortschronik, 1997, S. 99ff., 308; Ursprünge, 1994, S. 67.
58 Stickelberger, Ursprünge, 1994, S. 64.

Aufgrund der Unterschrift von Carl Rieß auf dem Bauplan kann angenommen werden, daß dieser Bau auch von ihm selbst noch geplant und durchgeführt wurde. Im Jahre 2000 verständnisvolle Modernisierung und Anpassung an die heutigen Erfordernisse.

1913 **Mariensee am Wechsel 120.**
EZ 80 2. Volksschule mit zwei Lehrzimmern.
Bauherr: Josef Beutel, Oberlehrer, Schuldirektor. Entwurf, Architekt, Bauaufsicht: Karl Rieß, Bauplan unterzeichnet von Franz Rieß.

Strenger quadrat. 2geschossiger Kubus mit Zeltdach, dicht gesetzte Sprossenfenster

(Dehio, NÖ Süd, S. 1569)

Der Lehrer und spätere Schuldirektor Josef Beutel, welcher von 1894–1923 in Mariensee unterrichtete, war die treibende Kraft für den Schulneubau der 2. Volksschule mit zwei Lehrzimmern. Kaufvertrag mit der Schulgemeinde 25.11.1913 samt Eigentumsrecht 19.12.1913, Eigentum der Volksschulgemeinde Mariensee 27.6.1958, Eigentum der Gemeinde Aspangberg-St. Peter 4.7.1978. Schulbetrieb 1975 eingestellt.
Aufgrund der ausführlichen, im Original erhaltenen Korrespondenz zwischen dem Gutsbesitzer Hermann Schenker und dem Architekten Franz Rieß über bauliche Details und Parallelen zu seinen Wiener Mietwohnhäusern aus dieser Zeit ist der Bau mit Sicherheit Franz Rieß zuzuordnen.

Die Gesamtkosten betrugen 44.048,95 Kronen, auf das Honorar von 400 Kronen wurde von Franz Rieß zugunsten der Marienseer Schulkinder verzichtet.[59]

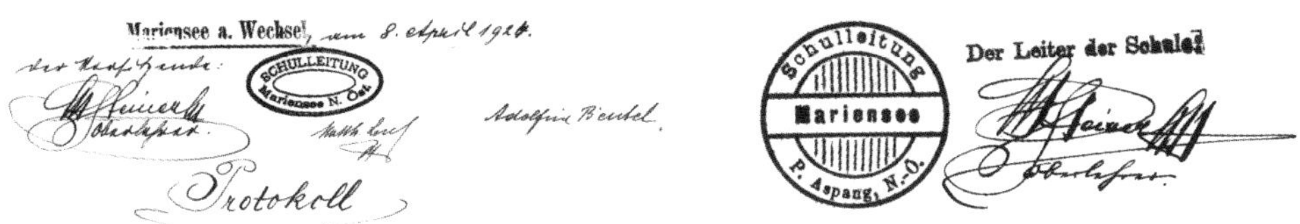

Die Kostenaufstellung über den Neubau von 31 Gebäuden für den Volks- und Bürgerschulunterricht in den Wiener Bezirken I bis X in den Jahren 1877 bis 1890 durch die Gemeinde Wien bietet eine Vergleichsmöglichkeit mit den Kosten des Marienseer Schulbaus. (siehe S. 34, »Schulbauten der Gemeinde Wien.« In: Wochenschrift des österr. Ingenieur- und Architekten-Vereines, Wien 1891, Nr. 11, S. 98f.).

Fassadengestaltungselemente der Wiener Bauten wie z.B. die Nutzung des optischen Kontrastes von Fein- und Rauhputz sowie Grau-Weiß-Abstufungen für Tür- und Fensterumrahmungen (siehe Wien IV, Südtiroler Platz 2, Wien V, Turmburggasse 1–7, Wien VI, Stumpergasse 9) sind hier ebenso zu finden wie Hinweise auf die Berücksichtigung lokaler Eigenheiten, wie das Dunkelgrün des Gasthauses Mariensee. Der Architekt weist auch ausdrücklich auf »Trillagen« als Gestaltungselement und zur gleich-

59 Stickelberger, Ortschronik, 1997, S. 103; Ursprünge, 1994, S. 51, 61, 78.

zeitigen Nutzung für Spalierobst hin. Derzeit ist der Bau noch im Originalzustand erhalten.

1922 **1. Feuerwehrhaus in Mariensee am Wechsel.**
EZ 41 Entwurf, Bauaufsicht: Büro Stadtbaumeister Karl Rieß. Ausführung: Zimmermeister Matthäus Graf, Langegg.
Originalplan unterzeichnet von Franz Rieß ebenso wie Originalphotographie im Besitz der FF Mariensee am Wechsel. Baukosten 3.987,10 Kronen.[60]

Später für Busgarage vergrößert, Turm abgetragen, dann vom Besitzer Fahrner vulgo *Salzbauer* als Heustadel genutzt, 1967 abgerissen, heute Gastgarten des »Gasthofes Reiterer«.

Beim 10jährigen Gründungsfest am 12. Oktober 1922 wurde der Bau eines Rüsthauses in Holz beschlossen. Die Baukommission

Bezirksfeuerwehrtag August 1923 – Einweihung des 1. Rüsthauses in Anwesenheit von 10 Ehrendamen, 29 Feuerwehrmännern und 4 Feuerwehrsanitätern.

60 Stickelberger, Ortschronik, 1997, S. 243f.; Ursprünge, 1994, S. 47, 51, 78.

Links 1. Feuerwehrhaus mit Turm; rechts verdeckt 2. Volksschule von Mariensee

Feuerwehrübung

bestehend aus Gutsbesitzerin Frau Dora Schenker, Schulleiter Josef Beutel, Zimmermeister Matthäus Graf, Zimmermann Johann Lueger, Schmiedemeister Johann Abseher und den Wirtschaftsbesitzern Franz Brunner, Peter Ofner und Johann Reiterer übernahm die Organisation.

1925 **Privatkapelle – Mausoleum** im Park des Gutsbesitzes Schenker in Mariensee.

Rundbau mit zeltförmigem Dach
(Dehio, NÖ Süd, S. 1569)

Entwurf 1917: Architekt Paul Gütl[61], Wien IV, Schaumburgergasse 16. Steinbauarbeiten, Sarkophag und Holzbaukonstruktion: Büro Stadtbaumeister Karl Rieß, Pläne unterzeichnet von Franz Rieß.

Um die Jahrhundertwende ließen sich Industriellenfamilien in der Gutensteiner Gegend oder im Semmeringgebiet häufig von Wiener Architekten Häuser im »Heimatstil« und auch Familienmausoleen errichten, wie beispielsweise die von Ludwig Baumann für Familie Oskar Berl umgebaute »Flora-Villa« und das monumentale Mausoleum in Urgersbach bei Gutenstein.[62]

61 Architekt Paul Gütl (geb. 13.8.1875 Gleichenberg, Steiermark, gest. 1946 Wien).

62 Das gesamte Villenensemble in diesem abgelegenen Tal geht auf den Erwerb von einigen Bauerngütern im Jahre 1884 durch den Kohlegrubenbesitzer David Berl zurück; Dehio, NÖ Süd, S. 644f., Schwarz, Villenarchitektur.

FAMILIENGESCHICHTE DES BAUHERRN UND BRUDERS ANTON RIESS

Das Archiv des Badener Rollett-Museums erwies sich als Fundgrube für Daten und Hinweise auf die »Rieß-Häuser«, auf Kaufmann Anton Rieß, auf Mitglieder seiner Familie und auf die Verbindung zur Familie des Anglisten und Buchautors Dr. Karl Baschiera. Ob es auch ein verwandtschaftliches Verhältnis zwischen Simon Rieß und den beiden Brüdern Karl und Anton Rieß gibt, konnte nicht geklärt werden. Der Hinweis auf sein Ehrungsdekret »Silbernes Verdienstkreuz für 58 Jahre Zugehörigkeit zur Wienerberger Ziegelwerks- und Baugesellschaft 1884«[63] liegt im Stadtarchiv Baden auf. Im Archiv der Wienerberger Ziegelfabrik waren keine Angaben zu finden.
Den Zeitungsausschnitten zufolge war der am 24. Mai 1842 in Wien geborene, zugezogene Wiener Anton Rieß bald aktiv als »Inspektor des Vereines

der behausten Bürgerschaft in Baden« im Badener Leben involviert und angesehener Badener Bürger. Am »Eisernen Tor«, der Schutzhütte auf dem 847 m hohen Lindkogel, war er Stammgast.

Dorthin wird er zu Fuß gegangen oder zuerst vielleicht auch ein Stück mit der Rauhensteinischen Elektrischen ins Helenental gefahren sein.[64] Die Hütte »Eisernes Tor« wurde 1883 erbaut, der Aussichtsturm bestand bereits seit

63 Dokument im Stadtarchiv Baden.
64 Siehe Original-Zeitungsausschnitt im Stadtarchiv Baden.

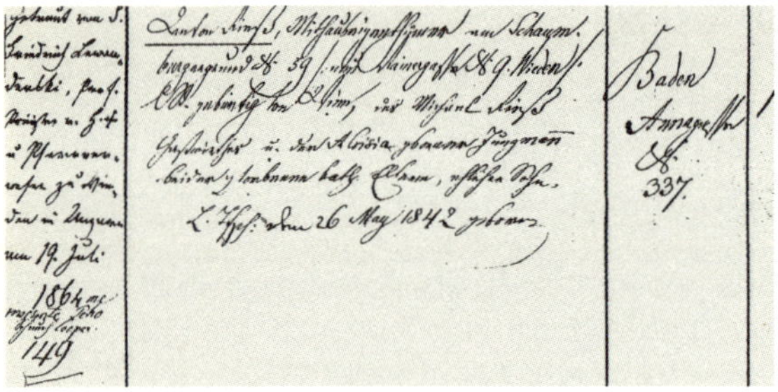

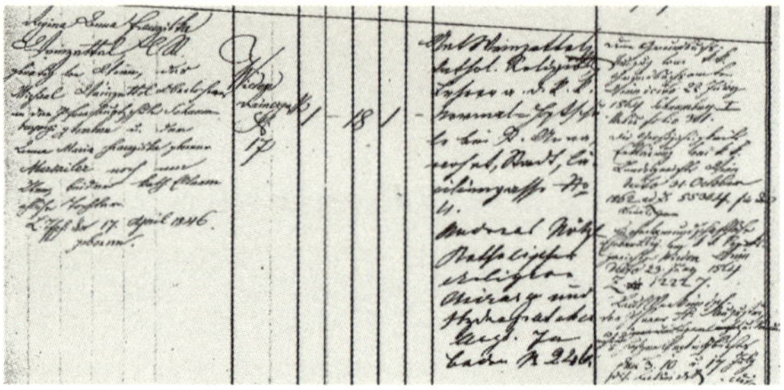

Stift Göttweiger

Wein-Essig

unter Garantie der Reinheit und Güte zu beziehen in der Niederlage bei

Anton Riess,

Baden, Pfarrplatz.

Kelleramt Göttweig, 1. Juni 1889.

— Trauung. Heute Samstag, den 1. d. M., findet um $^1/_2$12 Uhr vormittags in der hiesigen Stadtpfarrkirche zu St. Stefan die Trauung des Fräulein Helene Rieß, Tochter des allgemein geachteten Kaufmannes Herrn Anton Rieß, mit Herrn Dr. Max Wohl, k. k. Steuer-Inspector, statt.

Nach Auflösung des Geschäftes

verkaufe ich die vollständige Geschäftseinrichtung, das sind: Kästen, Verkaufsbudel, verschiedene Stellagen, Ständer, Petroleum-Apparat, Oelständer, Kaffeebrenner, verschiedene Wagen, Gewichte, Gläser und Flaschen in allen Formen, Standdose, Schreibkasten, Essig-Ständer und -Fass, Tische, Waarenstellen, Steinkrüge, eiserner Mörser, 517 Spiritus- und Petroleum-Wage etc.

Anton Riess, Baden, Pfarrplatz 5.

Rath'sches allgem. öffentl. Krankenhaus, Baden bei Wien, Wimmergasse 19. Um 1920

* **Allerhöchste Auszeichnung.** Se. Majestät der Kaiser haben dem seit 58 Jahren in den der Wienerberger Ziegelwerks- und Baugesellschaft gehörigen Ziegeleien bediensteten Werkmeister Simon Rieß das silberne Verdienstkreuz zu verleihen geruht. Aus diesem Anlasse veranstaltete der Verwaltungsrath der genannten Gesellschaft vorgestern Sonntag Nachmittags im Hotel zur Stadt Wien eine Feier, welche der Präsident Oberbaurath Achilles Themmen, Director Dr. Emil Turich, mehrere Oberbeamte ꝛc., Deputationen aus allen gesellschaftlichen Etablissements, die Bürgermeister von Inzersdorf und Vösendorf beiwohnten. Der k. k. Bezirkshauptmann Herr Baron Lasser überreichte dem Jubilar nach einer passenden Ansprache die Allerhöchste Auszeichnung, worauf demselben Ehrengeschenke überreicht wurden.

1884.

Anton Ries sen. †. Mittwoch abends, um 9 Uhr, starb im Rathschen Krankenhaus Herr Anton Ries sen. im Alter von 84 Jahren. Der Verstorbene war einst Besitzer eines Kaufmannsgeschäftes in der Antonsgasse, zog sich dann ins Privatleben zurück, erbaute die beiden großen Wohnhäuser am Pfarrplatz, die sogenannten „Rieshäuser" und erfreute sich in allen Kreisen der Bevölkerung wegen seines lauteren Charakters der größten Hochachtung und Wertschätzung. Er war auch ein großer Naturfreund und fast noch ein Jahr vor seinem Tode war er allsonntäglicher Stammgast am Eisernen Tor. Das Leichenbegängnis findet heute Samstag, den 18. d., um 4 Uhr, auf dem Stadtpfarrfriedhofe statt.

1856. Am 16. März 1927 starb Anton Rieß mit 85 Jahren im »Rathschen Krankenhaus«.

Auch sein Grab auf dem Badener Stadtfriedhof kann eine eigene Geschichte erzählen:

Eine kleine Notiz in den Badener Museumsnachrichten[65] über die Schenkung einer alten Photographie des Hauses Antonsgasse 1a »Gasthaus zur englischen Köchin« durch Lore Taylor erwies sich als folgenreich: Helga Erol-Rieß, Urenkelin des Stadtbaumeisters Karl Rieß, nahm Kontakt auf und lernte die Urenkelin von Anton Rieß, dem Bruder ihres Urgroßvaters, Besitzer der ehemaligen Samtfabrik, Gastwirt, Kaufmann und Weinhändler in Baden, kennen. Keine der beiden direkten Nachfahren der Geschwister Karl und Anton Rieß hatte bislang über die Existenz der jeweils anderen Bescheid gewußt. Mit dem schriftlichen Vermächtnis von Lore Taylors Mutter aus dem Jahre 1987 konnte dieser Zweig der Rieß'schen Familienbiographie ergänzt werden. Es gab keinen Hinweis auf weitere Geschwister der beiden Brüder. Auszüge aus dem Brief der Mutter an ihre Tochter lassen historische Gegebenheiten und eine Zeit wiedererwachen, in der man in den Kronländern ebenso zu Hause war wie in deren vielen Sprachen. Bereits die ersten Sätze des Briefes vom November 1987 führen in die kulturell vielfältige Welt der Monarchie, in der es zur Normalität gehörte, wechselweise in verschiedenen Kronländern zu wohnen oder vom Land in die Stadt (oder umgekehrt) zu ziehen:

65 Amtliches Nachrichtenblatt der Stadtgemeinde Baden, Rollett-Museum, 49. Jahrgang, Nr. 3, Juni/Juli 2004.

Meine Eltern waren nach Triest, wo sie geheiratet haben, einige Jahr in Raab (jetzt Györ, Ungarn). Papa war beruflich dort. Dann sind sie wieder nach Baden.

Eine Enkelin von Anton Michael Rieß erinnert sich heute noch an die unglaublichen Erzählungen ihrer 2004 verstorbenen Mutter, daß sich der, in Baden geborene und sehr sportliche, Großvater in den 90er Jahren des 19. Jahrhunderts einfach mit dem Fahrrad nach Triest aufgemacht hatte. Dort wohnte er bei Familie Sieckenberger, deren ältere Tochter Margherita er 1899 heiratete. Sie und ihre Schwester Giulia, welche 1902 einen deutschen Gast ehelichte, waren bereits um 1894 mit Karl Julius Joseph Gedult von Jungenfeld[66], Freund des Hauses Sieckenberger und später Taufpate von Maria Rieß, zu einem längeren Aufenthalt nach Stockerau gekommen. Jungenfeld, dessen Familie einen Landsitz auf Falstin (Ungarn/Komitat Zips, heute Slowakei) besaß, war an der 1873 in Stockerau gegründeten Ceresinfabrik beteiligt, ob als Privatmann oder Aktionär der »Österreichischen Boden-Creditanstalt« ist nicht bekannt. Im Verwaltungsrat dieser Bank, welche auch an der Pappefabrik und späteren Weberei der Familie Mautner in Trattenbach bei Kirchberg beteiligt war, saßen unter anderem Baron Haber-Linsberg, Besitzer des Gutes Mariensee, und Rittmeister Maximilian Mautner, Besitzer der Burg Feistritz am Wechsel. Der Betrieb der Ceresinfabrik in Stockerau florierte, da sie eine Appretur erzeugte, welche als Bienenwachsersatz besonders in Militärwerkstätten ihre Verwendung fand.[67]

Anton Michael Rieß, 1.4.1868 bis 8.2.1954

Ob die zarten Bande zwischen Margherita Sieckenberger und Anton Michael Rieß bereits zu dieser Zeit geknüpft wurden, oder der Kontakt erst in Triest entstand, ist nicht bekannt. Nach seiner Heirat war der Sparkassenbeamte Anton Michael Rieß als »Negociator« auch in Raab (heute Györ) tätig, kehrte aber bald nach Baden zurück.

Der Wiener Stadtbaumeister Karl Rieß baute für seinen jüngeren Bruder Anton, Besitzer der einstigen Reder'sche Samtfabrik, der seinen »so schön regelmäßig gestalteten Bauplatz Antonsgasse 1 endlich ausnützen und ein neues Eckhaus zum Pfarrplatz errichten«[68] wollte, 1887 eine Stadtvilla. Seine Enkelin Maria erzählt im Vermächtnis an ihre Tochter von den Erinnerungen an das großväterliche Kaufmanns-

66 rittermäßiger Reichsadel seit 1530, (geb. 24.5.1849 Mainz, gest. 6.5.1918 Wien), k.u.k. Fähnrich des Feldkom=Regts Nr. 18, ledig, sein Bruder war Herr auf Falstin.

67 Wachsproduktion aus schwarzem Rohstoff aus Galizien. Lt. Stadtarchiv Stockerau Fabriksgründung 1873 durch einen Herrn Ujhely, später Freiherr von Hopfen – Aktionär der k.k. Boden-Creditanstalt. Der Name Jungenfeld scheint nicht auf, vielleicht war er nur Aktionär. Die Suche nach Freiherrn von Hopfen in der Heraldischen Gesellschaft Wien war erfolglos.

68 Maurer, Vorstadt, S. 45.

geschäft am Pfarrplatz und das Gasthaus »Zur englischen Köchin«, Antonsgasse 1a. Die seltsam anmutende Bezeichnung verwundert nicht, wenn man den politischen Hintergrund bedenkt. In den Napoleonischen Kriegen standen die Engländer auf der Seite der Österreicher, die daraus resultierende Begeisterung dieser Zeit für alles Englische, ob Landschaftsgärten oder Küche, ist daher verständlich. 1787 hatte die Pfarre auf kaiserlichen Befehl den sogenannten »Alten Pfarrhof« (Antonsgasse 1a) als überflüssiges Nebengebäude veräußern müssen. Johann Karl Reder, der Besitzer der angrenzenden Samtfabrik, erwarb das Gebäude als zusätzlichen Wohnraum. Um 1805 wurde die Fabrik aufgelöst und 1816 wurde das Gasthaus eröffnet. Es befand sich laut Schematismus zwar 1873 noch im Besitz von Anton Schmidt, dürfte aber bald darauf von Anton Rieß gekauft worden sein.

Die beiden einander gegenüberliegenden und um etwa dieselbe Zeit erbauten Eckhäuser Antonsgasse 1 (Anton Rieß) und 2 (Neubau des Stammhauses der Familie Schiestl) zeigen jeweils die Namen ihrer Bauherrn. Anton Rieß ließ

> das Bandel-Ornament über seinem Haustor so gestalten, daß man die Schlingen als AR lesen kann (heute etwas verwischt). (Maurer, Vorstadt, S. 45)

Trotz der offensichtlichen, harmonischen Abstimmung der beiden Häuser, gestand man Rieß, dem zugereisten Wiener (Firmenstempel auf dem Bauplan Karl Rieß, Wien IV, Rainergasse 9), im Gegensatz zum Badener Johann Schiestl keine idealistisch-lokalpatriotischen Überlegungen in Bezug auf den freiwilligen Verzicht auf die volle Bauhöhe zu.[69]

Siebzehn Jahre später mußte die alte Samtfabrik »Neubauten an den freien Rändern der Parzelle weichen (Kaiser-Franz-Ring 20/Pfarrplatz 4 und 5)«. Die beiden fünfgeschossigen Mietwohnhäuser am Pfarrplatz 4 und 5, die »großen neuen Rieß-Häuser«, wie sie auch heute noch bezeichnet werden, lösten heftige zeitgenössische Reaktionen aus, wie das folgenden Zitat aus Rudolf Maurers Publikation zeigt:

> Das Mißfallen war allgemein. Wenn man fortan pseudo-großstädtische Bauweisen ohne Rücksicht auf lokale Gegebenheiten kritisieren wollte, führte man den Kirchenplatz in Baden an.[70]

Auch wenn in den sehr persönlichen Erinnerungen von Lore Taylors Mutter nicht alle Details ganz richtig sind – es befand sich von 1945 bis 1955 die russische Dienststelle im Haus Pfarrplatz 4, die Kommandantur war im Schloß Braiten – so lassen sie doch erkennen, daß zu diesem Zeitpunkt offensichtlich keine engen familiären Verbindungen zwischen den Familien der beiden Brüder, dem bekannten Wiener Stadtbaumeister Karl Rieß mit seinem Sohn Franz und dem Bruder bzw. Onkel Anton, bestanden:

---

69 Zitat aus Rainer Reinöhl (1913): Die Baudenkmale des Kurortes Baden bei Wien, S. 82. In: Maurer, Vorstadt, S. 45.

70 Siehe für alle näheren Informationen: Maurer, Vorstadt, S. 33f., 45.

1945 wurden die Häuser von den Russen beschlagnahmt, im Haus war die russische Kommandantur. Die im Marmor eingeritzten russischen Wörter sind heute noch zu sehen.
Die zwei großen Häuser am Pfarrplatz Nr. 4 und 5 – sie reichen bis zum Ring – waren erbaut von einem Bruder meines Großvaters, der Baumeister war. Sie gehörten meinem Großvater und später seinen 3 Kindern.
Noch jetzt sind sie, wie ich glaube, im Besitze der Nachkommen des Baumeisters. Sie waren immer als die »Rießhäuser« bekannt.

Um's Eck [Pfarrplatz 4] hatte mein Großvater einstmals ein Kaufmannsgeschäft. Ich weiß nicht, bis wann er es geführt hat. Der Hof und ein anschließender Garten reichten bis zur Ringstraße hinaus. Das Bild in meinem Schlafzimmer stellt einen Teil davon dar. [Eine Kopie wurde im Juli 2004 ans Stadtarchiv Baden gesandt]. Wir waren dorthin übersiedelt, als ich 2 Jahre alt war. Papa zahlte den gleichen Zins wie jede andere Partei. Kurz nach meiner Heirat übersiedelten meine Eltern in den oberen Stock dieses Hauses [bezieht sich auf das Haus Antonsgasse 1, wo Maria am 9.11.1938 gemeldet war]. Der Blick ging in die Antonsgasse.
Im Gang rückwärts ist bezw. war rechts die Hausmeisterwohnung, daran vorbei ist man in den Garten gegangen. Der könnte vielleicht noch bestehen, da er zu diesen 2 großen Häusern gehörte. Dahinter gab es noch einen sehr schönen Garten mit lauter Rosenbeeten, die mein Großvater sehr pflegte, dann kam der lange Hof, unser Spielplatz mit großen alten Nußbäumen. Letztere 2 sind wahrscheinlich nicht mehr da, nachdem das alte Haus – es hatte unter der Besatzung sehr gelitten – einvernämlich [sic!] von mir und meinen Verwandten nach Abzug der Russen an die BUWOG verkauft wurde.

(Auszug aus den Erinnerungen von Maria Schneeberger, geb. Rieß)

1887 Oktober, Stadtvilla Antonsgasse 1 = Pfarrplatz 6, neben dem Stadttor.
Eigentümer: Anton Rieß; Stempel auf Bauplan: »Carl Rieß«, Starhemberggasse 47.
Bauherr: Anton Rieß; Entwurf, Architekt: Karl Rieß.
Stadtvilla erbaut für seinen jüngeren Bruder Anton, Besitzer der ehemaligen Reder'schen Samtfabrik, Kaufmann, Weinhändler und »Inspektor des Vereines der behausten Bürgerschaft in Baden«.

2geschossiges Mietwohnhaus mit abgeschrägter Ecklösung, turmartigem Eckrisalit unter steilem Mansarddach und Erker auf Konsolen unter Zwiebelhelm; Rundbogenöffnungen im gebänderten Erdgeschloß und reiche Fensterrahmungen vor Sichtziegelmauerwerk im Obergeschoß; neobarock.

(Dehio, NÖ Süd, S. 212)

1904 Pfarrplatz 5.
Bauherr: Anton Rieß; Entwurf, Architekt: Karl Rieß.
Das Haus Pfarrplatz Nr. 5 ist ein

5geschossiges Mietwohnhaus mit Mittelrisalit, die beiden unteren Geschosse zu einer gebänderten Sockelzone zusammengefaßt; diesem vorgelegt ein über 3 Geschosse reichender Erker (ab dem 2. Obergeschoß); ornamentaler Putzdekor; um 1910. [Lt. Originalbauplan 1904]

(Dehio, NÖ Süd, S. 212)

Carl Schiestl [71] *»Einmarsch der Russen in Baden«, 1945*

»Die Wohnung ist im obersten Stock, von vorne sieht man drei Fenster, das Wohnzimmer hat einen Erker, der andere Teil geht nach rückwärts zum Garten.« [72]

---

71 Schiestl, Carl (1899–1966). Leihgabe des NÖ Landesmuseums St. Pölten.

72 Auszüge aus der wörtlichen Abschrift des Briefes der damals 82jährigen Mutter Maria Schneeberger, geb. Rieß an ihre Tochter Lore Taylor datiert November 1987.

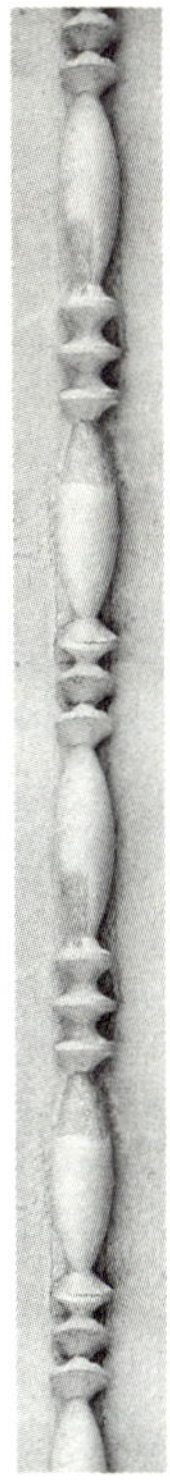

Erkerlösungen und »Eierstäbe« sind typische Stilmerkmale für diese Bauperiode

1904 Pfarrplatz 4.
Bauherr: Karl Rieß; Entwurf, Architekt: Karl Rieß.
Das Haus Pfarrplatz Nr. 4=Ecke Kaiser-Franz-Ring ist ein

5geschossiges Mietwohnhaus, Erdgeschoß und 1. Obergeschoß zu glatter Sockelzone zusammengefaßt; Polygonalerker und Runderker an der Ecke ab dem 2. Obergeschoß über drei Geschosse reichend; um 1910. [Lt. Originalbauplan, Baujahr 1904]

(Dehio, NÖ Süd, S. 212)

MIESENBACH-SCHEUCHENSTEIN

1912 Scheuchenstein Nr. 127, ab 1963 Gauermann-Schule.
EZ 246 Seit 1976 Gauermann-Museum, erbaut von Baumeister Hans Grabenweger aus Pottenstein:

ehem. Volksschule auf dem Platz unterhalb der Kirche, 2geschossiger Bau mit Rauputzdekor um die äußeren Doppelfensterachsen im Obergeschoß.

(Dehio, NÖ Süd, S. 1443f.)

Volksschule Miesenbach links im Vordergrund

(Postkarte: Leihgabe von Lisbeth Schildecker, Tulln, Tochter des Schuldirektors Wieser)

Bei einem Brand im Gemeindeamt wurden 1991 alle Pläne zerstört, zielführende Nachforschungen waren daher nicht möglich. Das Gebäude hat eine frappierende Ähnlichkeit mit der Volksschule Mariensee, welche fast zeitgleich entstand. Wie bei einigen seiner Wiener Mietwohnhäuser und der Volksschule Mariensee ist auch hier Rauhputzdekor als Gestaltungselement eingesetzt. Aufgrund der Ähnlichkeiten und der Tatsache, daß die Familie seit 1912 die »Villa Oskar Merz«[73] in Wopfing bei Waldegg besaß, darf vermutet werden, daß der Entwurf für diesen Schulbau von Franz Rieß stammt.

Kaufvertrag über den Baugrund zwischen Herrn Ignaz Egelseer, Wirtschaftsbesitzer in Scheuchenstein Nr 71 und den Ehegatten August und Juliana Schedl, geborene Mühlhofer, Wirtschaftsbesitzerin ebendort und der Schulgemeinde Scheuchenstein, vertreten durch den Ortsschulrat, Obm.Stellv. Mathias Schönthaler und Schulaufseher Johann Postl zum Kaufpreis von 3 600 K (Dreitausendsechshundert Kronen). Baubeschluß 30.5.1912, Baubeginn 7.6.1912, Abschluß 14.12.1912, Kollaudierung 29.4.1913, Unterrichtsbeginn 2.5.1913.

(Wieser, Schulchronik)

Laut Kaufvertrag »Jagdvilla Oskar Merz«, datiert 20. Februar 1912 WOPFING BEI WALDEGG, Wopfing 131, EZ 239 vor 1888 erbaut.[74] – verkaufte Ernestine Merz die Villa an Emilie Rieß. Heute ist der später als »Pfarrer Villa« bezeichnete Bau wieder in Privatbesitz.

73 vor 1888 Jagdhaus »Villa Oskar März« [sic!], EZ 239, Bezirksgericht Wiener Neustadt, 131/687 Grundstücksnummer, 15.9.1888 Zubau einer Wächterhütte, gez. Josef Eichhofer, Oberpiesting. Lt. lokalen mündlichen Informationen war das Modell der Jagdvilla bei der Weltausstellung in Paris. Architekt Oskar Merz arbeitete im Atelier Emil Förster, war im Baubüro von Wilhelm Flattich, Baudirector der Südbahn in Wien, tätig und erbaute zahlreiche Mietwohnhäuser in Wien.

74 Mit dem Tod der Ehefrau Dr. Emilie Rieß 1942 und dem Nachlaß des mit Wirkung vom 30.4.1945 für tot erklärten Bruders Martin sowie dem Erbverzicht des »erbl. Vaters, Ing. Komm.Rat Franz Rieß wird Ing. Otto Rieß, Baumeister, Wien 12, Schönbrunner Allee 15« Alleineigentümer der einstigen »Villa Oskar Merz«, die später verkauft wurde.

Volksschule Miesenbach links im Vordergrund
(Postkarte: Leihgabe von Lisbeth Schildecker, Tulln, Tochter des Schuldirektors Wieser)

Schülerverzeichnis aus der Schulchronik der Volksschule Miesenbach

1912/13:	100 Schüler;	1913/14:	104 Schüler;
1914/15:	97 Schüler;	1915/16:	99 Schüler;
1916/17:	95 Schüler;	1917/18:	95 Schüler;
1918/19:	102 Schüler;	1919/20:	102 Schüler;
1920/21:	101 Schüler;	1921/22:	104 Schüler;
1922/23:	110 Schüler;	1923/24:	104 Schüler;
1924/25:	96 Schüler;	1925/26:	97 Schüler;
1926/27:	96 Schüler;	1927/28:	90 Schüler;
1928/29:	89 Schüler;	1929/30:	95 Schüler;
1930/31:	100 Schüler;	1931/32:	108 Schüler;
1932/33:	118 Schüler;	(bisheriger höchst. Schülerstand)	
1933/34:	116 Schüler;	1934/35:	108 Schüler;
1935/36:	102 Schüler;	1936/37:	100 Schüler;
1937/38:	100 Schüler;	1938/39:	98 Schüler;
1939/40:	99 Schüler;	1940/41:	94 Schüler;
1941/42:	89 Schüler;	1942/43:	86 Schüler;
1943/44:	85 Schüler;	1944/45;	79 Schüler;
1945/46:	78 Schüler;	1946/47:	70 Schüler;
1947/48:	62 Schüler;	1948/49:	60 Schüler;
1949/50:	58 Schüler;	1950/51:	60 Schüler;
1951/52:	46 Schüler;	(bisher tiefster Schülerstand)	
1952/53:	54 Schüler;	1953/54:	52 Schüler;
1954/55:	49 Schüler;	1955/56:	54 Schüler;
1956/57:	61 Schüler;	1957/58:	60 Schüler;
1958/59:	66 Schüler;	1959/60:	70 Schüler;
1960/61:	72 Schüler;	1961/62:	80 Schüler;

Im Jubiläumsjahr 1962/63 besuchen 80 Schüler die hiesige Volksschule; 19 schulpflichtige Kinder besuchen eine Hauptschule u. 1 Schüler das Gymnasium der Erzdiözese Wien in Sachsenbrunn.

Schulwandtafel aus der Volksschule Mariensee, H. Wilt »Semmering«, Blick auf die Polleres-Wand
(Druck und Verlag der k.k. Hof- und Staatsdruckerei Wien)

Unter den für das Architekturkompendium über die Villenkolonie am Semmering[75] untersuchten Villen befand sich auch ein Bau von Karl Rieß. Günther Buchinger stellt sich darin die Frage: »ein Land von Stadthäusern oder eine Stadt von Landhäusern«?

1900 Villenkolonie Semmering Nr. 67.[76]
EZ 67 »Villa Julius Krickl«.
Bauherr: Julius Krickl-Rheinthal.
Architekt und Baumeister: Karl Rieß.

Späthistoristische Villa in der Tradition der Schweizerhäuser mit stark städtischem Charakter.
(Buchinger, Katalog Nr. 67)

75 Schwarz, Semmering-Architektur.
76 Buchinger, in: Schwarz, Semmering-Architektur.

Die Villa des k.k. Hof- und Gerichtsadvokaten Graf Julius Krickl von Rheintal aus Wien I, Hoher Markt, wirkt neben den vielen spektakulären Bauten einfacher und ist, ähnlich wie die Badener und Wiener Mietwohnhäuser, wohl auch zur bescheideneren Variante zu zählen. Die Wirkung der Jagdvilla und der beiden Volksschulen in Mariensee beruht auf völlig anderen Gegebenheiten. Durch den Kontrast mit der bäuerlichen Umgebung, den Bauernhäusern, den Häusern der Holzarbeiter und den Keuschen, wie auch aufgrund ihrer speziellen Lage fügen sich die Bauten harmonisch in die Umgebung und stellen, trotz ihrer relativen Einfachheit, auch heute noch einen Blickfang im Tal dar.

BAUTEN IN DER STADT

Schulwandtafel aus der Volksschule Mariensee »Großstadtverkehr«

SOZIALE UND GESELLSCHAFTLICHE KONTAKTE

Der Aufschwung im Bau- und Wirtschaftswesen am Ende des 19. Jahrhunderts ist zum Großteil jungen Kräften aus ländlichen Regionen mit mutigem Unternehmergeist zu verdanken. Der Zug in die Stadt wurde häufig durch die wirtschaftlich bedingte Landflucht ausgelöst. Es waren nicht nur schöpferische Einzelpersonen, die ihren Beitrag zu einem in der Geschichte einzigartigen Fortschritt leisteten, sondern auch die Masse arbeitsuchender Knechte und Mägde aus den Dörfern, die aber unter kaum vorstellbaren sozialen Bedingungen leben mußten. In der Folge dieser Entwicklung entstand eine neue lenkende und planende Gesellschaftsschicht der »Industrieadel«. Er prägte diese Epoche sowohl positiv als auch negativ und brachte auch die Bautätigkeit zum Florieren, wie es bei der Biographie und den Bauten des Stadtbaumeisters Rieß sichtbar wird. Reiche Private und große Bauvereine wetteiferten in der Herstellung eleganter, luxuriöser Wohngebäude, von »Familienwohnhäuser-Anlagen«[77], aber auch in der Errichtung der so dringend benötigten Mietwohnhäuser, die für die damalige Zeit eine neue Wohnqualität darstellten.

> Die meisten Wohnungen bestanden aus Zimmer und Küche. War ein Kabinett dabei, galt eine solche Unterkunft bereits als »Luxus«. Fließwasser und Klosett befanden sich auf dem Gang. (Weissensteiner, S. 65)

Michael Rieß, Sohn eines Bauern aus Lichtenwörth bei Wiener Neustadt und Vater des späteren Wiener Stadtbaumeisters, ist 1844 bei Hofbauer[78] an der Adresse Rainergasse 9 auf der Wieden als »Germhändler« zu finden. Im Taufschein der Söhne Karl (1837) und Anton (1842) ist die Wohnadresse des Vaters »Schaumburgergrund 87« (heute Schaumburgergasse 13), die Adresse der Mutter als »Hausmiteigenthümer am Schaumburgergrund 37« (heute Graf-Starhemberg-Gasse 40–42, das spätere »Familienhaus Rieß«) angegeben. 1858 scheint Michael Rieß als »Gastwirth und Hausbesitzer in der Mittelgasse 51 am Schaumburgergrund« auf, 1864 ist er wieder unter der Adresse Wieden, Rainergasse 9 als »Bestandswirth« gemeldet. Und bereits 1870 hat hier sein Sohn Karl sein erstes Büro als etablierter Wiener Stadtbaumeister.

Karls Schwiegervater Josef Österreicher war als Tischler aus Nußdorf gekommen. Die Schwiegermutter Anna, geb. Schilk, stammte aus einem Wirtshaus in Unterheiligenstadt. 1858 scheinen die Söhne Johann, in der Zwischenzeit bereits k.u.k. Hoftischler, und Josef Österreicher jun. als Zimmermann und Haus- und Grundbesitzer an der Oberdöblinger Adresse (Oberdöbling 205=Währingerweg 9=Gymnasiumstraße 81) im Wiener Cottage-Viertel auf. Der Vater Josef ist auch weiterhin noch als Zimmermann in Nußdorf 169 zu finden. Diese Gegend war mit der Regulierung der Donau im Jahre 1872 interessant geworden, da sich hier eine Thermalquelle befindet. Aufgrund der erfolgreichen Bohrungen in Oberlaa und der durch die Verbauung des gesamten Gebietes verkehrstechnisch nicht mehr nutzbaren Flächen, wurden jedoch im 20. Jahrhundert keine weiteren Überlegungen zur Nutzung der Nußdorfer Thermalquelle angestellt.

1868 sind die beiden Nebengrundstücke der späteren »Kuffner-Villa« in der Gymnasiumstraße im Häuserkataster als Baugründe der Familie Österreicher eingetragen. 1870 bei der Verehelichung von Karl Rieß mit Anna Österreicher – sie hatte eine Zwillingsschwester namens Franziska – ist Josef Österreicher jun. als Stadt-Zimmermeister und beeideter Bauschätzmeister am Währingerweg 9 zu finden, sein Vater Josef sen. Stadt-Zimmermeister und beeideter Bauschätzmeister in der Nußdorfer Hauptstraße 168 (heute Heiligenstädter Straße). Persönliche Erinnerungen des Rieß'schen Urenkels Primar Herbert Schnack an den ehemaligen Holzlagerplatz der Tischlerei Österreicher in der Billrothstraße bestätigen dies. Nach vollständiger Verbauung des ursprünglich geplanten Areals durch den »Wiener Cottage-Verein« wurde

77 Wiener Cottage-Verein.
78 Bis 1864 bestand die Bezeichnung Mittelgasse. Mittelgasse 51 ist identisch mit Rainergasse 9; Mittelgasse 53 mit Rainergasse 3; siehe Hofbauer, Wieden, 1864, S. 314.

1884 ein anrainender Grund in Ober-Döbling erworben, um die Tätigkeit des Vereins zu sichern und Grundpreissteigerungen zu verhindern.

(Brunnbauer, Im Cottage, 2003, S. 22)

Am 15. März 1900 ist Karl Ritter von Borkowski als Eigentümer der Adresse Gymnasiumstraße 81 im Grundbuch eingetragen, am 28. Juli 1900 Johann Österreicher und am 11. September 1914 Eduard (Elias) Dènes. 1914 erbaut Architekt Johann Miedel, dessen Bautätigkeit vornehmlich in den Industriebauten der »Ottakringer Brauerei« der Familie Kuffner dokumentiert ist, gemeinsam mit dem Baumeister Jacques Prokesch das heute noch bestehende »Cottage-Familienwohnhaus«. Auf dem 17.500 m^2 großen Nebengrundstück prunkte bereits seit 1908 die von Karl König errichtete Villa der Familie des Großindustriellen Wilhelm Kuffner[79],

Bruder des wesentlich bekannteren Moritz von Kuffner.[80] Beide verdankten ihr beträchtliches Vermögen der Biererzeugung. Zu den Besitzungen der Familie Kuffner gehörte auch die Brauerei Döbling.[81]

Auch damit ist ein Beispiel erfolgreicher Paarung ländlichen Unternehmergeistes mit wirtschaftlich-gesellschaftlichen Veränderungen durch die Industrialisierung gegeben. Mit Bewilligung der Grundherrschaft Stift Klosterneuburg erbaute 1838 der Müllermeister Heinrich Plank aus Rannersdorf auf der Riede Paniken in Ottakring das Brauhaus, welches im Jahre 1850 an Ignaz und Jacob Kuffner aus Lundenburg verkauft wird.[82] Durch die Arbeiten der Architekten und Baumeister der Jahrhundertwende, wie etwa hier von Johann Miedel[83], entstand mit der Anpassung an die modernen technischen Erfordernisse eine interessante Industriearchitektur.

Etwa zur selben Zeit finden wir den Vater des späteren Besitzers der Güter Mariensee am Wechsel und Linsberg bei Erlach nahe Wiener Neustadt, Baron Louis Haber, als Fabriksbesitzer, Vice-Präsidenten des Verwaltungsrates der k.k. privaten Ersten Siebenbürger Eisenbahn, Verwaltungsrat der böhmischen Westbahn, der süd-norddeutschen Verbindungsbahn und der österreichischen Bodencreditanstalt an der Adresse Parkring 6 in Wien I. In Lehmann's Allgemeinem Wohnungsanzeiger ist Haber Ludwig jun. als Mitglied im Verwaltungsrat des Kronstädter Bergbau- und Hütten Actien-Vereines in Wien I, Zedlitzgasse 4, mit der Wohnadresse Wien I, Weihburggasse 18 vermerkt.

Aufgrund der rasanten Stadtentwicklung im ausklingenden 19. Jahrhundert war Wien auch mit sozialen Mißständen und daraus resultierenden Protesten der Arbeiterschaft konfrontiert. Die unvorstellbaren Hygiene- und

---

79 erbaut 1905–1908 von Karl König (1841–1915), 1959 durch die Stadt Wien von den in Amerika lebenden Erben erworben, 1961 abgerissen, heute Studentenheim mit Erinnerungsplakette an Josef Lanner.

80 Wilhelm Kuffner (1846–1923), Moritz v. Kuffner (1854–1939). Seit 1. Jänner 1894 gehört diese Adresse zu Döbling. Siehe dazu auch Templ/Walzer: Unser Wien.

81 Die Brauerei befand sich in der Hardtgasse 24. Heute steht hier die Wohnhausanlage »Kopenhagenhof« der Gemeinde Wien. Details siehe Brandstetter, S. 143f.

82 1938 im Besitz Gustav Harmer, nach dem Krieg kurz von sowjetischen Truppen besetzt, 1962 kommen Gustav Harmer jun. und Engelbert Wenckheim in den Betrieb, 1986 Börsegang.

83 siehe Gymnasiumstraße 81.

Wohnverhältnisse, die Sterblichkeitszahlen der Kinder und die schlechte Entlohnung, wie folgendes Beispiel zeigt, sind unübersehbare Tatsachen.

> Im Ziegelwerk des Ringstraßenmillionärs Heinrich Drasche verdiente ein Arbeiter im Sommer durchschnittlich sechs bis sieben Gulden[84] pro Woche. Sie wurden größtenteils in Wertmarken ausbezahlt, die in der teuren Werkskantine eingelöst werden mußten. (Weissensteiner, S. 18)

Erste Ansätze sozialpolitischer Ideen kamen nicht von staatlicher Seite, sondern waren zunächst Anliegen kirchlicher oder caritativer Organisationen, oder wie die ersten Sozialwohnbauten des Stadtbaumeister Karl Rieß ab 1870 zeigen, auch privater Natur. Der bereits erwähnte, 1872 gegründete gemeinnützige »Wiener Cottage-Verein« versuchte mit seiner Idee eine Vision umzusetzen, die aufgrund ihres Erfolges jedoch eine andere Richtung nahm.

Die Industrialisierung, die wirtschaftliche Blüte und der Bau der Wiener Ringstraße zeigten in vielen Bereichen ihre Auswirkungen. Die zahlreichen Hausbesitzer der neu gebauten Zinswohnhäuser hatten nicht nur Neider, sondern auch Sorgen.

> Anfangs war ich stolz auf meine Hausherrnschaft, bald aber merkte ich, daß mir die Miethzinse nicht richtig eingingen, auch gab es Reparaturen, Verdrießlichkeiten mit Miethparteien, um so mehr, als ich selbst nicht im Hause wohnte. Zudem mußte ich Schulden machen, da ich mehrere Legate ausuzahlen hatte. (Castelli, S. 154)

Mit der unübersehbaren Zahl von Wohnungsmietern erlangte der Hausmeister, ein seit dem frühen Biedermeier existierender und als Wienerische Variante des »major domus« ein wichtiger und angesehener Berufsstand,

> auch wenn seine Wohnung meist nur aus ein bis zwei dunklen, oft feuchten Zimmern im Souterrain bestand, in den neu entstandenen Zinshäusern mit bis zu 40 Wohnungen noch größere Bedeutung.[85]

Er regierte über »sein« Zinshaus mit dem »Sperr-Sechserl« durch Macht, Übersicht und Schlauheit.

Kleinbetriebe, Handwerke, die aus dem Umland in die Stadt zogen und sich in den neu entstehenden Bezirken niederließen, fanden bei diesen Häusern ihr Einkommen.

> Die Bauthätigkeit führte [auch] zum Blütezustand einer Reihe von Kunstgewerben … wie der Bronze-Industrie. (Kronprinzenwerk Niederösterreich, S. 314)

Das Kunstgewerbe erlangte solche Bedeutung, daß sich arrivierte Architekten künstlerisch betätigten und sogar Grabkreuze entwarfen. Auch Mausoleen wurden errichtet, wie jenes von Paul Gütl in Mariensee oder von Ludwig Baumann in Urgersbach. Der nächste Schritt führte dann wohl zu den kunstgeschichtlich bedeutenden Wiener Werkstätten.

---

84 1 Gulden = 2 Kronen = etwa ATS 200,– = etwa Euro 14,–.
85 Starl, Timm: Das strenge Regiment der »Herren des Hauses«. In: Wiener Zeitung, 14. Jänner 2005. Extra, Tangenten, S. 2.

In diesem zeitgeschichtlichen Umfeld ist auch das Leben und Wirken von Karl Rieß zu sehen, der seine familiären Wurzeln am Schaumburgergrund auf der Wieden (heute Wien, IV. Bezirk) hatte. Sein Vater Michael war von Lichtenwörth bei Wiener Neustadt nach Wien gekommen. Seine erste Wohnadresse war Rainergasse 9 auf der Wieden. Bald ist er hier gemeinsam mit seiner Frau als Gastwirt zu finden. Die Wieden und die umliegenden Dörfer hatten aufgrund ihrer Lage an der wichtigsten Ausfallstraße der Residenzstadt Wien auch die höchste Wirtshausdichte. Ihre leichte Erreichbarkeit machte die Gegend zu einem beliebten Wohnsitz des Adels, wovon heute noch teilweise erhaltene Palais zeugen, und auch der Künstler. Etwas weiter draußen in Matzleinsdorf stand das Palais des Baron Dietrich[86], dessen Spuren wieder zurück ins Wechselgebiet führen.

»Fürstlich Sulkowskische Übungsbühne«

(In: Blickfänge, Winkler, Susanne, S. 136, Abb. 9.8, Photographie von Karl Anton Schuster, Inv. Nr. 38 878)

»Großfuhrmann«[87] Joseph Freiherr von Dietrich war im alten Wien eine sehr populäre Gestalt. Er besaß in seinem Palais in Matzleinsdorf (später Wiedner Hauptstraße 45–51[88], 1910 abgerissen) ein Haustheater, das später

86 Dietrich, Josef Freiherr von Dietrichsberg (geb. 1780 Wien, gest. 21.7.1855 Wien), Fuhrwerksgroßunternehmer, Theaterliebhaber und Wohltäter, für seine Verdienste als Armeelieferant in den Napoleonischen Kriegen in den Adelsstand erhoben.

87 Castelli/Bindtner, S. 134.

88 siehe Czeike/Groner: Nach Zusammenlegung der unteren und der oberen Wiedner Hauptstraße wäre dies heute Wien IV, Wiedner Hauptstraße 123, 123a, 125, Gassergasse 4.

nach dem Schwiegersohn Fürsten Sulkowsky benannte »Sulkowski=Theater«[89] und gehörte auch dem wohltätigen Privatverein in Matzleinsdorf als »Vizevorsteher«[90] an.

> Baron Joseph von Dietrich, Magnat des Königreichs Ungarn ist seit 1815 Besitzer der Herrschaft Feistritz und Thomasberg und der Schöpfer einer wohlangelegten und festen Straße vom Wankhofe über Feistritz bis nach Kirchberg, eine Strecke von beinahe 3 Stunden. Um in seine Burg Feistritz eingelassen zu werden, hat man zu Wien in seinem Palais zu Matzleinsdorf um eine Einlaßkarte anzusuchen.
>
> (Krickel, Wanderungen, S. 32).

Die bewundernde Schilderung der »Geschäftsthätigkeit des Freiherrn von Dietrich« setzt den heutigen Leser doch etwas in Erstaunen:

> Freiherr von Dietrich leitete in den Kriegen mit Frankreich das Armee=Fuhrwesen und besorgte in den Jahren 1812 und 1815 von den entlegensten Theilen der österreichischen Monarchie bis nach Frankreich und Italien die enormsten Gewichtslasten. Als die inländischen Gewehr=Fabrikanten fast ganz außer Beschäftigung geriethen, war er sogleich bereit dieselben in Thätigkeit zu bringen, und vielen brotlosen Arbeitern dadurch wieder Verdienst zu verschaffen. Diese schnell geschaffenen Waffen wurden nicht allein in Oesterreich, sondern auch in Preußen, Würtemberg, und den im Befreiungskriege verbundenen Mächten verkauft. Nach eingetretenem Frieden unternahm er auf eigene Rechnung Waarensendungen nach Westindien und Amerika, und scheute kein Opfer, mit jenen überseeischen Ländern Handelsverbindungen anzuknüpfen. Die Handelsleute schätzten seine Einsichten und Talente so hoch, daß ein Kauffahrtheischiff seinen Namen erhielt. Seine Verdienste erkannten Fürsten und Nationen. Kaiser Franz erhob ihn in den Freiherrnstand und verlieh ihm das Indigenat des Königreichs Ungarn. Der König von Würtemberg sandte ihm das Commandeurkreuz der königl. Würtembergischen Krone.
>
> (Krickel, Wanderungen, S. 33ff.)

Aus dieser Beschreibung ist zu erkennen, wie aus der politischen Situation wirtschaftlicher Nutzen gezogen werden konnte, wenn man es recht verstand.

Nach seinem Schwiegersohn Fürst Sulkowsky[91] war nicht nur das bekannte Wiener »Sulkowski-Theater« benannt, sondern Sulkowsky war auch Besitzer von Schloß Feistritz und der Feistritzer Schwaig. Die finanzielle Großzügigkeit galt seinen kulturellen Interessen, ob Wiener Haustheater oder Antiquitäten auf seiner Burg Feistritz am Wechsel. Nicht aber leistete er Beitragszuschüsse zur Marienseer Volksschule, wie aus der Anfrage des Marienseer Gutsbesitzers

---

89 1837 als Haustheater adaptiert, wurde die »Fürstlich Sulkowskische Übungsbühne« 1848 fast gänzlich zerstört. Aus dem Theater entstand in der Folge eine Dilettantenbühne und ab den 60er Jahren des 19. Jahrhunderts eine Art Probebühne für junge Talente. Josef Kainz trat hier zum ersten Mal auf. Ab den 80er Jahren verlor das Theater an Bedeutung. Endgültig geschlossen wurde es 1895. 1910 wurde auf dem Gelände eine städtische Hauptschule errichtet. (Winkler, S. 136) Josef Kainz (geb. 2.1.1858 ehem. Komitat Wieselburg, heute N-Burgenland, gest. 20.9.1910), Wiener Eltern, Nachfahren niederösterreichischer Bauern, debütierte mit 15 Jahren am Sulkowski-Theater, 1899 am Wiener Burgtheater, k.u.k. Hofschauspieler.

90 Castelli/Bindtner, S. 134, 486.

91 In den lokalen Marienseer Dokumenten ist immer diese Schreibweise zu finden.

Haber-Linsberg an den Bürgermeister »bezüglich Steuer und Schulumlagen per 1900 und 1901« hervorgeht:

> Angabe der Grund- und Gebäude, der Hauszins-, und eventuelle Erwerb- u. Rentensteuer der nach Mariensee eingeschulten Theil Fürst Sulkowsky mit seinem ganzen in der C.G. Neuwald einliegenden Grundbesitz zur Schulgemeinde liegt zur Schulumlage Mariensee beizutragen haben. [Ablehnende Antwort auf der Rückseite]
>
> (Schreiben von Hermann Schenker an den Bürgermeister, 23. August 1905)

Im 19. Jahrhundert war die Wieden wie erwähnt für den Adel, die Wiener Großindustriellen und Finanzbarone durch die Stadterweiterung ein beliebter Wohnbezirk. Manche der Herren trafen sich auch im Wechselgebiet, wie der Industrielle Wilhelm Schrantz, der sich 1902 in der Heugasse 72 (heute Prinz-Eugen-Straße) sein zweistöckiges Stadtpalais mit fünf Wohnungen erbauen ließ. Seine Jagdvilla in Kirchberg am Wechsel wurde 1906 von den Wiener Architekten Kupka & Orglmeister errichtet, welche in Wien oft Haus an Haus mit Karl Rieß auf der Wieden bauten. Die privaten Jagdkontakte führten zu weiteren Geschäftsverbindungen, wie die Bestellungen des Förderers der Marienseer Volksschule, des Gutsbesitzers Hermann Schenker, bei der Firma Hutter & Schrantz zeigen. Der Architekt und akademische Maler Paul Gütl, nach dessen Entwurf ein Jahrzehnt später das Mausoleum des verstorbenen Gutsbesitzers durch Franz Rieß in Mariensee gebaut wurde, wohnte in der Schaumburgergasse 16, gleich um die Ecke von seinem Auftraggeber. Auch der bekannte Historienmaler Carl Rahl wohnte auf der Wieden, dekorierte Wiener Tanzsäle und Museen und schuf auch das Altarbild der Pfarre St. Florian in Ober-Aspang.[92] Im Zuge seiner Recherchen über die Arbeiten Ludwig Wächtlers in Aspang am Wechsel wurde es von Franz Trimmel 2004 eingerollt am Dachboden der Kirche von Unter-Aspang wiedergefunden. Es ist, wie die Photographie zeigt, in sehr schlechtem Zustand, eine Restaurierung scheint derzeit jedoch nicht finanzierbar.

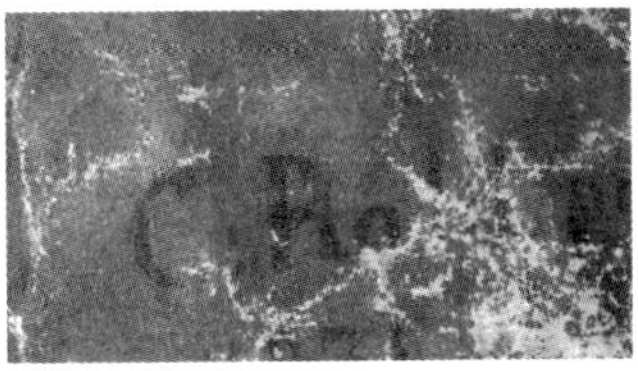

Das Original war 2004 im Schloß Aspang zu sehen, bevor es zum Restaurator kam.
(Photo Franz Trimmel, 2004)

92 Dies bestätigt der Dehio NÖ Süd, auch wenn die Realität anders aussieht. Das Rahl-Bild ist verschwunden.

Weitere Verbindungen Wiener Künstler der Jahrhundertwende mit dem Wechselgebiet werden in den Folgebänden der »Wiener Jahrhundertwendebauten im Wechselgebiet« ihre Fortsetzung finden.

Anhand der Tabelle wird ersichtlich, daß sich die rege Bautätigkeit der Jahrhundertwende, geprägt vom Bau der Wiener Ringstraße, von Stadtpalais und Mietwohnhäusern in den Wiener Innenbezirken nach Wien XIII, Hietzing, Wien XIX, Döbling, Wien XVI, Ottakring und Wien XVIII, Währing verlagert. Gleichzeitig ist aber auch die Zahl der Neubauten in Wien II, Leopoldstadt und Wien III, Landstraße um vieles höher als in den übrigen Bezirken, die der Zubauten ist in Döbling, Hietzing und der Leopoldstadt höher als in den übrigen Wiener Bezirken. Auffallend ist auch die hohe Zahl der Planauswechslungen in Ottakring, Landstraße und auf der Wieden. Die zahlreichen Aufzugseinbauten in der Inneren Stadt und den Bezirken Mariahilf, Neubau, Wieden, Landstraße und Alsergrund zeugen von technischem Fortschritt und florierendem Unternehmertum. Die markante Zahl von Industriebauten »in isolierter und nicht isolierter Lage« in Wien X, Favoriten belegt die Parzellierung neuer Baugründe, durch die Eingemeindung von Inzersdorf, und die zunehmende Industrialisierung im Süden Wiens.

Allgemeine Bautätigkeit in Wien im Jahre 1904.

Bezirk	Genehmigte								Hiev. entfall. auf				Genehmigte			
									Industriebauten							
	Parzellierungen	Unterabteilungen	Baulinien-Bestimmungen	Straß.-Niveau-Best.	Neubauten	Umbauten	Zubauten	Aufbauten	in isoliert. Lage	in nicht isolierter Lage	Zusammen	Betriebsanlagen	Aufzüge	Bau-Umgestaltungen	Planauswechslungen	Benützungs-Bewilligungen
I.	1	2	—	—	14	4	6	2	—	—	—	38	71	317	49	108
II.	4	4	—	—	49	7	67	2	1	8	9	122	11	211	73	219
III.	6	10	—	—	45	11	26	5	—	1	1	44	17	146	83	240
IV.	—	6	—	—	18	8	22	3	—	—	—	63	21	138	85	182
V.	2	6	—	—	29	4	21	3	—	1	1	81	8	102	51	156
VI.	—	2	—	—	8	16	22	2	—	4	4	79	31	114	58	204
II.	—	5	—	—	3	18	23	3	—	7	7	127	23	153	40	113
III.	2	3	—	—	21	7	5	1	1		1	66	9	52	40	75
X.	—	12	—	—	22	15	25	3	—	3	3	60	15	132	60	191
X.	6	1	—	—	74	11	39	9	4	105	109	56	5	211	67	250
XI.	1	2	—	—	37	3	31	—	1	—	1	8	2	50	17	76
XII.	7	2	—	—	31	6	8	3	—	—	—	37	1	190	34	121
III.	13	21	—	—	148	31	68	10	—	—	—	65	2	280	75	188
IV.	—	6	—	—	25	8	27	6	—	1	1	80	3	78	20	73
V.	—	1	—	—	4	5	9	3	—	—	—	88	2	84	18	55
VI.	4	14	—	—	67	22	46	17	—	—	—	87	3	178	94	349
VII.	2	3	-	—	25	16	27	10	—	1	1	55	13	175	22	143
III.	7	6	—	—	52	16	26	7	—	—	—	86	2	118	35	197
IX.	13	11	—	—	84	10	80	12	—	10	10	28	1	126	43	160
X.	3	5	—	—	34	2	29	7	—	4	4	53	5	64	27	123
am.	71	122	—	—	790	220	607	108	7	145	152	1323	245	2919	991	3223

(Zeitschrift des österr. Ingenieur- und Architekten-Vereines 1905, Nr. 16, S. 251.

In diesem sozialen Umfeld zwischen der Arbeiterschaft, dem Großbürgertum und dem Adel ist auch das Schaffen des Stadtbaumeisters Karl Rieß angesiedelt. Seine Bauten sind ein Zeugnis für die ersten Ansätze des sozialen Wohnbaus in Wien und typisch für die Umsetzung der gründerzeitlichen Architekturideen. Das Œuvre seines Sohnes Franz ist weniger umfangreich, doch entstand beispielsweise mit seinen Wohnhäusern »Zur Spinnerin« im X. Bezirk ein prämiertes Werk[93], dem heute jedoch kaum mehr Beachtung geschenkt und dessen Bedeutung übersehen wird.

93 Achleitner, S. 265.

Karl Rieß baute häufig auf aneinander angrenzenden Eck-Bauparzellen. Die Wohnhäuser sind unter allen Doppel- oder Dreifachstraßenbezeichnungen zu finden, die detaillierte Beschreibung erscheint jedoch nur bei der, in alphabetischer Reihenfolge, jeweils zuerst genannten Adresse. Nicht mehr bestehende Bauten, welche jedoch anhand von Literatur, Bauplänen oder alten Photographien belegt werden konnten, sind mit † gekennzeichnet.

WIEN I

1907 Wiesingerstraße 3.
EZ 1702 Bauherr: Ignaz Kruszynski; Entwurf: Karl Krausz; Stadtbaumeister, Ausführung: Carl Rieß.[94]

Der Bauplan trägt den Stempel »Stadtbaumeister Karl Rieß, Wien IV, Starhemberggasse 47« und ist ebenso wie der Plan für den Einbau des »Freissler«-Lastenaufzugs (30.10.1909) von Franz Rieß, Stadtbaumeister unterzeichnet.
Die Stufen im Stiegenhaus sind wie in Wien IX, Georg-Sigl-Gasse 11 (1907) und Wien IV, Südtiroler Platz 2 (1902) aus Karstmarmor ausgeführt.

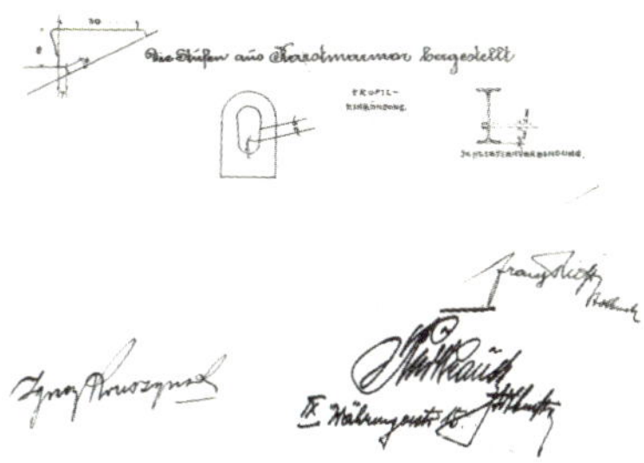

(Bautechniker Nr. 18, 29. Jahrgang, 1909; Sammlung Fred Hennings 1941)

94 Achleitner, S. 55.

1904 Wildpretmarkt 1 »Zum roten Igel«

EZ 1406 Bauherr: Marie Weber; Entwurf: Max Fabiani (?).
Ausführung: Karl Rieß.
Ein erster Entwurf stammte von Franz Xaver Neumann, welcher bereits 1899 für dieselbe Bauherrin das Haus Schleifmühlgasse 1 und 1902 Favoritenstraße 24 gebaut hatte. Der gültige Bauplan trägt Stempel und Unterschrift von Stadtbaumeister Karl Rieß, ist von der Bauherrin unterschrieben und trägt die Unterschrift von M. Fabiani, datiert 1906. Lt. Achleitner distanzierte sich Fabiani später von diesem Bau. Er dürfte von ihm ebenso nur überformt worden sein, wie vielleicht die Mietwohnhäuser in Wien IV, Graf-Starhemberg-Gasse 40 und 47=Südtiroler Platz 4 sowie Südtiroler Platz 2.

Die sich vor allem im Bereich der oberen Geschosse verdichtenende Linien-, Rauten- und Straßenfedernornamente aus Stuck wurden 1945 zerstört, nur das Relief aus glasierten Platten, das alte »Igelhaus« darstellend, blieb am Erker erhalten. ... Die erhaltenen Stuckarbeiten im Hausflur geben übrigens einen Eindruck vom verlorengegangenen Fassadenschmuck.

(Achleitner, S. 55)

Die Ornamente der oberen Stockwerke – aus Stuck geformte Linien-, Rauten- und Straußenfedern – wurden 1945 durch Bombenschäden zerstört.[95]

95 Pozzetto, S. 71f. Fassadendetail 1905 aus Pozzetto, S. 108.

1906 ist Marie Weber, wohnhaft Lindengasse 5 in Wien VII, Bauherrin des Rieß-Baus Siebensterngasse 13=Stiftgasse 21. Im Jahre 1903 befanden sich die Grundstücke Wien IX, Georg-Sigl-Gasse 9 und 11 in ihrem Besitz. Für letzteres plante Franz Rieß als Bauherr 1907 ein Mietwohnhaus. 1909 wurde dieses von Stadtbaumeister Josef Taschner für den neuen Bauherrn Adalbert Blahovetz mit dem identischen Plan ausgeführt.

WIEN III

1910 Invalidenstraßen-Viertel. Ditscheinergasse 2.
EZ 3519 Architekt: J. Gartner; Baumeister: Franz Riess.
5geschossiges Zinshaus.[96]

Üppige barockisierende, unter dem Einfluß der Wr. Secession modifizierte Bauornamentik. Im Hausflur farbige Kachelausstattung: blauer Sockel mit ornamentalem Fries, darunter profilierte lisenenartige Stuckleisten als Rahmung für gelbe Reliefkacheln. Puttendarstellungen.

(Kunsttopographie, S. 55)

1910 Ditscheinergasse 3. Daten und bauliche Gestaltung wie 2.
EZ 3521

Im Hausflur: zwei größere Kachelbilder, schwimmende Schwäne darstellend.

(Kunsttopographie, S. 55)

1911 Ditscheinergasse 4. Daten und bauliche Gestaltung wie 2.
EZ 3518

Kachelfries mit gelben Tondi, dazwischen knieende musizierende und badende Mädchen.

(Kunsttopographie, S. 55)

96 Kunsttopographie, S. 55.

Viele Grundstücke und Häuser am Schaumburgergrund sind um 1860 anhand des Häuserkatasters, der Taufscheine, Heiratsurkunden und Wohnadressen von Familienmitgliedern als Besitz von Karl Rieß belegbar.

1873 Apfelgasse 3=Verbindungsgasse zwischen Paniglgasse
EZ 58 und Frankenberggasse.
Bauherr: Josef Homann; Architekt und Entwurf: Karl Rieß.

5geschossiges Zinshaus mit 12 Wohnungen.

(Kunsttopographie, S. 207)

(Photosammlung Gerlach, Stadt-und Landesarchiv Wien)

1880 Argentinierstraße 13=Gußhausstraße 13.
EZ 9 Bauherr: A. Schwarz; Architekt: Leopold Theyer (Schüler von Heinrich von Ferstel und Schmidt); Baumeister: Karl Rieß.
3geschossiges Mietwohnhaus.

Der kleine Palaisbau gehört zu den frühen Beispielen jener sich in Wien erst im Laufe der 1880er Jahre auf breiterer Basis durchsetzenden »altdeutschen« Richtung und ist ein wichtiges Wiener Werk des vor allem in Graz beschäftigten Leopold Theyer. Mit dem endgültigen Ausbau der Argentinierstraße im letzten Drittel des 19. Jahrhunderts entstanden im unteren Abschnitt bis zur Theresianumgasse die eleganten, großteils heute noch erhaltenen Gartenpalais des Späthistorismus. Die Errichtung des Funkhauses durch Clemens Holzmeister (1936–38) und die Abtragung des Palais Rothschild (Nr. 37) nach dem Zweiten Weltkrieg waren größere Eingriffe in die Struktur des 19. Jahrhunderts.

(Kunsttopographie, S. 209)

(BDA-Fotoarchiv, Fassadenansicht, Aufnahme 1976)

1871 Belvederegasse 41 = Favoritenstraße 25 = Karolinengasse 34.
EZ 119 Bauherr: Wilhelm Michel; Ausführung und Entwurf: Stadtbaumeister Karl Rieß.

4geschossiges Mietwohnhaus, 26 Wohnungen auf 4 Stiegen. Im großen, gepflasterten Innenhof sind heute noch Kutschen- bzw. Stallgebäude-Einfahrtstore erhalten, wie sie auch in den Plänen des »Jubiläumshauses« Wien XX, Leipziger Straße 48 zu finden sind.

Streng gegliederter historistischer Bau mit kräftigen Dekorformen.[97]

97 Dehio, Wien, S. 171.

1823 wurde die Belvederegasse nach Abteilung der versteigerten »J.F. Weyringerschen Überlandäcker- und Sandgestättengründe« als Ferdinandgasse angelegt. 1863 ist sie als Belvederegasse bereits voll ausgebaut.

(Kunsttopographie, S. 260)

1843? Danhausergasse 2=Favoritenstraße 26=Mayerhofgasse 7.
EZ 503 Bauherr: Karl Rieß. 4geschossiges Mietwohnhaus. Die Datierung »1843« lt. Baualterplan kann nicht stimmen. Rieß ist 1837 geboren und hat 1858 sein Studium beendet. Zu diesem Zeitpunkt kann sich nur das Grundstück im Besitz der Familie befunden haben.

Einfaches Zinshaus mit geraden Verdachungen in den ersten Obergeschossen. Erdgeschoß durch schlichtes Gurtgesims von den Obergeschoßen getrennt.

(Kunsttopographie, S. 321)

1871 Favoritenstraße 25=Belvederegasse 41=Karolinengasse 34.
1906 Favoritenstraße 30–32=Möllwaldplatz 1–5.
EZ 118, Bauherr: Rudolf Ritter Egger von Möllwald; Architekt:
1307, Rudolf Goebel; erbaut von Carl Riess.
1308, Symmetrische Straßenhofanlage, Fassaden mit flacher Erkergliederung,
1309, geometrisierender Dekor in Formen der »Wiener Werkstätte«.
1310

(Dehio, Wien, S. 171)

Hofartiger Platz an der Favoritenstraße, Mietshäuser. Platzrückfront (Nr. 3) als Schaufassade mit betonter Mittelachse; gegen die Favoritenstraße (Nr. 1 und 5) kubisch geschlossene, blockhafte Bauten mit abgerundeten Kanten und geometrisierendem Dekor.

(Dehio, Wien, S. 182)

Die frühere Adresse war Graf-Starhemberg-Gasse 11–13 bzw. Waltergasse 5. Hier stand das 1852/1885 erbaute k.k. Ärar. Krankenhaus. 1938 richtete Adolf Loos für den Lebensmittelfabrikanten Paul Khuner am Möllwaldplatz 4 eine Wohnung ein.[98]

1902 Favoritenstraße 66=früher Favoritenplatz 6.
EZ 1246 Bauherr: Karl Rieß; Architekt und Entwurf: Karl Rieß. 4geschossiges Mietwohnhaus mit 25 Wohnungen.
Motive der Fassadenornamentik sind im Entrée wiederholt, Beletage mit Erker betont, schöner Fließenboden – mit Ausbesserungen – im Stiegenhaus und im Eingangsbereich erhalten.

98 Persönliche Information von Dr. Markus Kristan, Albertina. Siehe auch Höhere Graphische Bundes-, Lehr- und Versuchsanstalt Wien (Hg.): Adolf Loos. Landhaus Khuner am Kreuzberg. Markus Kristan (Text), Johanna Piff (Grafik Design), Christian Redtenbacher (Fotografie), Giovanni Corsaro (Organisation und Betreuung), Wien 2004.

IV.
Conscriptions-Nro
119
früher 297, 298, 1076 Wieden
1. Stiege

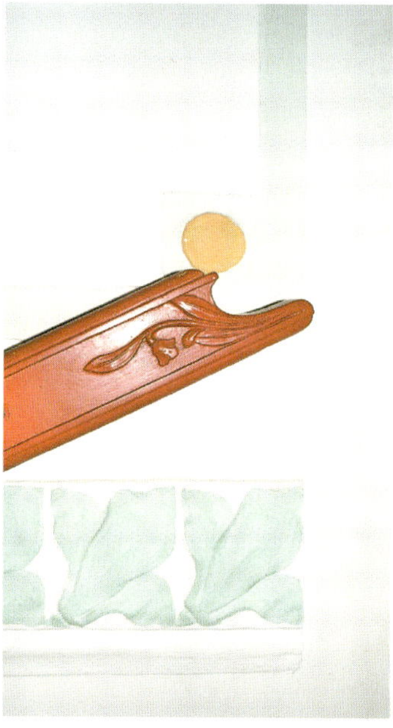

HEINRICH SOKALOWSKI
WIEN XVI.
HASNERSTRASSE 62.

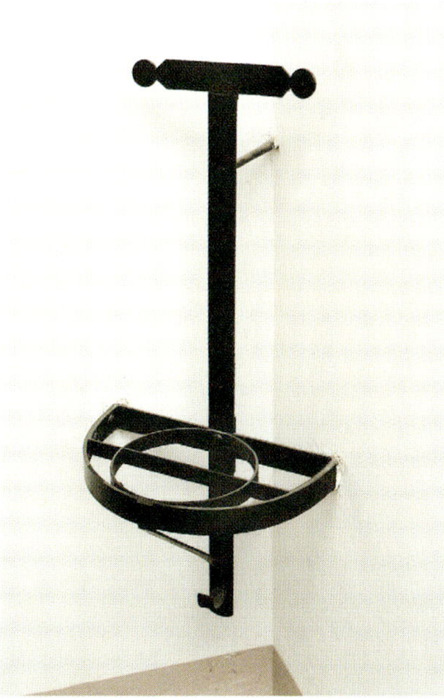

HOCHPARTERRE

1ter STOCK

2. STOCK

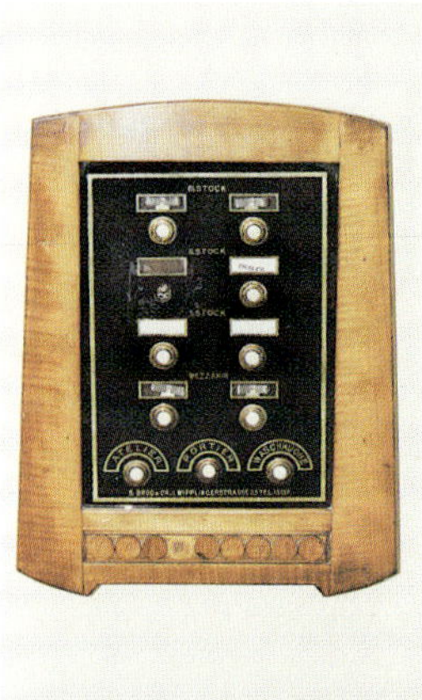

Hausbesorger

11

Die Favoritenstraße in Höhe Kolschitzkygasse. Blickrichtung Innenstadt, um 1910. Links im Vordergrund sieht man das damals sehr bekannte »Hotel Südbahn«. (Czeipek, S. 95)

Heute befindet sich hier der U-Bahn-Ausgang »Kolschitzkygassse«, Station »Südtiroler Platz«, der Linie U 4.

Das Nachbarhaus Favoritenstraße 68 (EZ 1232) wurde bereits 1896 vom Wiener Stadtbaumeister Alois Schumacher, Büroadresse Wien IV, Paniglgasse 17a gebaut – im Jahr davor hatte er die Finanzlandesdirektion in Wien III, Vordere Zollamtstraße errichtet – und 1900 mit seinem patentierten »Flachgewölbe System Schumacher« adaptiert. Auf dem Originalplan für das Haus Favoritenstraße 68 ist nicht nur das an der Rückseite gelegene Rieß-Haus Graf-Starhemberg-Gasse 43 eingezeichnet, sondern auch folgender Vermerk über den Gesamtbaugrund zu finden:

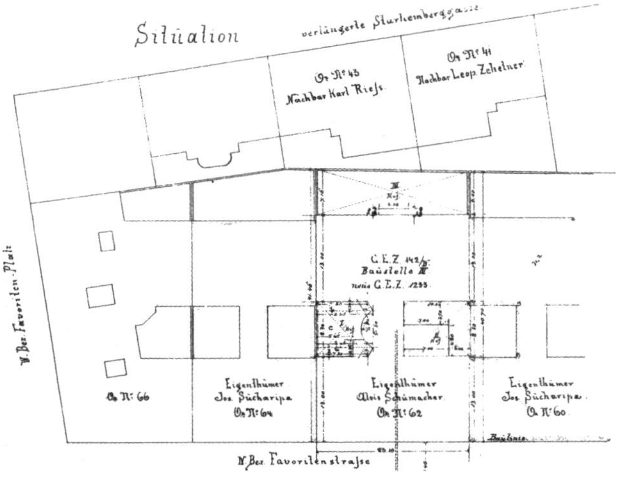

»Bau Josef Sucharipa« eines Geschäfts- und Wohnhauses auf der, von der Realität in der Favoritenstraße Ecke der Kolschitzkygasse EZ 142 in IV abzutheilenden Baustelle II einbezüglich eines Teils der Linienamtsrealität.

Die Ähnlichkeit in der Fassadengestaltung der beiden Häuser lag möglicherweise in engen Geschäftsbeziehungen zwischen den beiden Herren. 1885/86 hatte Alois Schumacher das Kurhaus in Baden nach Plänen von E. Fassbender und M. Katscher gebaut, 1887 Karl Rieß die Badener Stadtvilla seines Bruders Anton auf den Gründen der ehemaligen Reder'schen Samtfabrik. Das 1903 von Alois Schumacher erbaute secessionistische Mietwohnhaus in Wien IV, Favoritentraße 48 ähnelt durch die Dekoration mit Mädchenmasken, Girlanden und Noppenmotiven wiederum Rießbauten wie Georg-Sigl-Gasse 11, Südtiroler Platz 2 und 4 oder Stumpergasse 9.

1887 Freundgasse 14–16=Margaretenstraße 35=Preßgasse 13–15.
EZ 484 Anstelle des 1697 errichteten Gasthauses »Zur großen Presse«, demoliert 1887.[99]
Bauherr: Amalie Lerner; Architekt: Walter Jelinek; Baumeister: Stadtbaumeister Karl Rieß.
4geschossiges Zinshaus.

Großes späthistoristisches Zinshaus mit repräsentativem Eckerker über die beiden Hauptgeschosse und barockisierendem Blatt- und Maskendekor. Ecke Freundgasse Ritterfigur mit Schild auf Konsole. Am Portal Freundgasse 14 Holztor mit Rahmenfeldern und plastischem Engelskopf.

(Kunsttopographie, S. 319)

Der obere Teil der Starhemberggasse wurde im Zuge der Parzellierung des Schaumburgergrundes im Jahre 1813 angelegt. Der untere Teil zwischen Rainer- und Mayerhofgasse, auf dem Areal der ehemaligen Karoly'schen Gärten, hieß ab 1825 Karolygasse. Erst Ende des 19. Jahrhunderts wurden die beiden Gassen zur Starhemberggasse vereint. Zahlreiche dort befindliche Baugründe waren offensichtlich im Besitz von Karl Rieß. Starhemberggasse 2 ist beispielsweise 1880 im Geburtsschein der Rieß-Tochter Johanna als Wohnadresse angegeben. Die dort befindlichen Bauten sind später jedoch von unterschiedlichen Baumeistern, wie etwa Graf-Starhemberg-Gasse 1b=Mayerhofgasse 16=Schlüsselgasse 8 (Baujahr 1891, EZ 1301, 4geschossiges Mietwohnhaus mit 35 Wohnungen, neu- oder umgebaut 1905 von Ludwig Hechtl) oder Favoritenstraße 68–70 von Alois Schumacher (Baujahr 1896, EZ 1232, Bauherr: Josef Sucharipa) errichtet worden. Auf Starhemberggasse 1 wohnte beispielsweise der Verwalter der Herrschaft Wartenstein, Ludwig Jakobi, womit wieder eine Verbindung ins südliche Niederösterreich gegeben ist. 1938 wurde der Gasse das Adelsprädikat »Graf« vorgesetzt, vermutlich um damals ungewünschte Assoziationen mit dem Heimwehrführer Starhemberg zu vermeiden.

1869 Graf-Starhemberg-Gasse 3=früher Karolygasse 3.
EZ 372 Bauherr: Franz Kalmar; Architekt: Philipp Theiss; Baumeister: Karl Rieß. 3geschossiges Wohnhaus.
(Siehe auch den frühesten erhaltenen Originalbauplan und Fassade, S. 182, 183)

Strenghistoristische Fassade mit Supraposition und geraden bzw. Segmentgiebelverdachungen in den Obergeschossen. Abschließendes Konsolgesims.

(Kunsttopographie, S. 272)

1874 Graf-Starhemberg-Gasse 22=Rainergasse 9.
EZ 749, 758 Baumeister Karl Rieß.
Ursprünglich 8 Wohnungen, dann 4geschossiges Wohnhaus mit 19 Wohnungen.

99 Czeike/Groner, S. 703f.

1903 † Graf-Starhemberg-Gasse 40=früher Schaumburgergrund 64.
EZ 776 1903 erbaute hier Franz Rieß anstelle eines ursprünglich 4geschossigen Wohnhauses mit 23 Wohnungen einen »bedeutenden Fabiani-Bau«.[100] Möglicherweise war aber auch dieser Bau wie die Häuser »Zum roten Igel« in Wien I, Wildpretmarkt 1 und Wien IV, Südtiroler Platz 2 von Fabiani nur überformt. Der erste Plan (7.10.1903) hat große Ähnlichkeit mit dem ursprünglichen Plan des Badener Mietwohnhauses Pfarrplatz 4. Im Jahre 1903 wird der Plan für die Errichtung eines elektrisch betriebenen Aufzugs eingereicht. Am 29.7.1904 wird die Benutzungsbewilligung für den Auswechslungsplan vom 23.3.1904 erteilt. Am 26.6.1908 wird ein Ansuchen zur Verbindung der Ateliers im Dachgeschoß der Häuser Graf-Starhemberg-Gasse 40 und 42 eingereicht. Alle Pläne sind von Franz und Karl Rieß unterzeichnet. 1945 wurde der Bau ebenso wie das benachbarte »Familienhaus Rieß« von Bomben zerstört und auf beiden Grundstücken eine Wohnhausanlage der Gemeinde Wien (EZ 1424) errichtet.

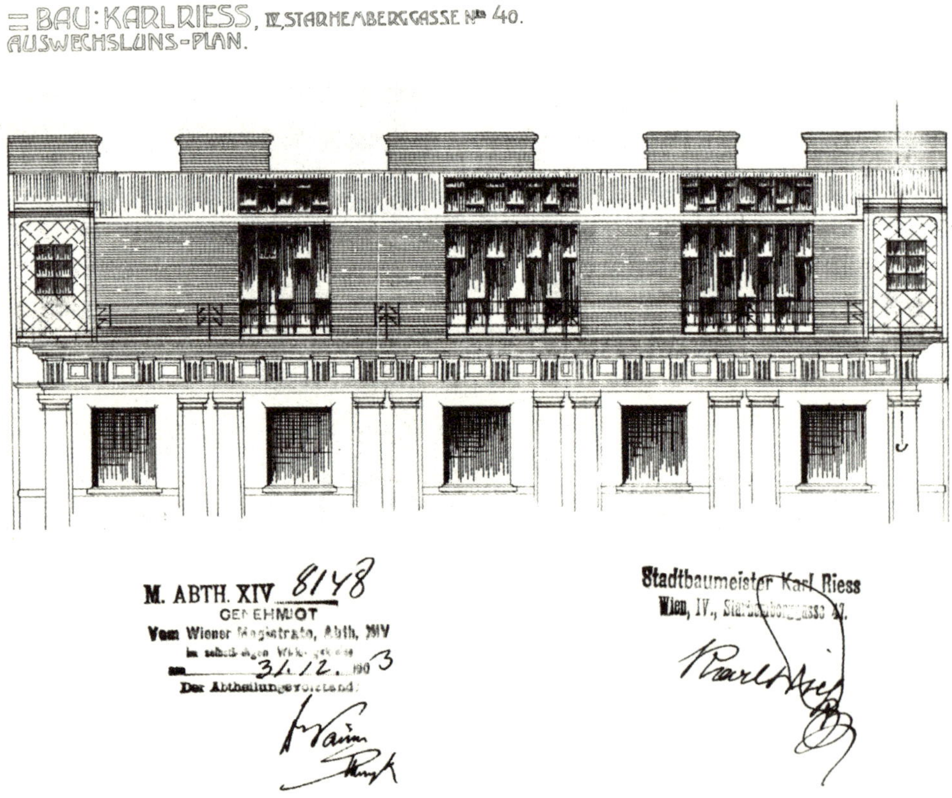

100 Kunsttopogaphie, S. 276; Pozzetto, S. 108.

1882 Graf-Starhemberg-Gasse 41.
EZ 778 Doppelhaus mit Graf-Starhemberg-Gasse 43.
3geschossiges Mietwohnhaus mit 17 Wohnungen.
1882 Büro des Stadtbaumeisters Karl Rieß.

1886 † Graf-Starhemberg-Gasse 42 = »Familienhaus« = früher
EZ 484, Schaumburgergrund 39.
777 Bauherr, Architekt und Entwurf: Karl Rieß.
3geschossiges Mietwohnhaus mit 8 Wohnungen.
Büroadresse von Karl Rieß in den Jahren 1888–1890 und 1902–1930 gemeinsam mit seinem Sohn Franz.
Aus den Erzählungen des Großneffen Herbert Schnack-Herbosegg war zu erfahren, daß sich im Keller eine Ballettschule und im Hof das Atelier des Medailleurs Marschall-Lindner[101] befand. Als Kaiser Franz Joseph bei einem Besuch im Atelier des Medailleurs meinte »Es zieht!«, wurde das Hoftor in die mit Holzstöckelpflaster gepflasterte Einfahrt eingebaut.
Als Herbert Schnacks Eltern 1922 heirateten, bewohnten sie zunächst die Zwei-Zimmer-Hausbesorgerwohnung. Darüber lag im 1. Stock die Wohnung der Großmutter, welche mit ihrem Sohn Karl, dem Stadtbaumeister zusammenlebte. Diese 300 m^2-Wohnung wurde 1924 geteilt. Durch ein mit einer Klappe verschließbares Loch in der Decke gab es eine Verbindung, um die schlafenden Zwillinge zu hören. Erst 1930 wurde eine Verbindung durch eine äußere Stiege geschaffen. Im Zuge der Wohnraumbewirtschaftung 1922/23 erfolgten Wohnungszusammenlegungen.
Zum Haus gehörten auch ein Garten, eine Tiefgarage und eine Terrasse. Nach einem Bombentreffer sind hier alle Pläne im Büro des Stadtbaumeisters Karl Rieß verbrannt.

1882 Graf-Starhemberg-Gasse 43.
EZ 1031 Bauherr, Architekt und Entwurf: Stadtbaumeister Karl Rieß.
3geschossiges Mietwohnhaus mit 17 Wohnungen.
Doppelhaus mit Graf-Starhemberg-Gasse 41.

101 Einige seiner Medaillen waren u.a. auf der Pariser Weltausstellung 1900 ausgestellt.

1883 Graf-Starhemberg-Gasse 45.
EZ 1249 3geschossiges Mietwohnhaus mit 13 Wohnungen.
Am 6. März 1883 wird die Benutzungsbewilligung erteilt.

Die nun folgenden drei Bauten werden ebenso wie das Mietwohnhaus Graf-Starhemberg-Gasse 40 Marco Fabiani zugeschrieben. Fabiani distanzierte sich in späteren Jahren von seiner gemeinsamen Arbeit mit Karl Rieß am 1904 erbauten Haus »Zum roten Igel« in Wien I.[102] Es verwundert, daß Marco Pozzetto in seiner Beschreibung der drei Fabiani-Rieß-Häuser am Südtiroler Platz den kreativen Anteil von Karl Rieß an der »Mittelschichten«-Wohnungsform nicht erwähnt, sind doch Wohnungsgrundriß und Fassadengestaltung identisch mit anderen Rieß-Bauten:

> Im Rahmen der allgemeinen Aktivitäten Max Fabianis legen diese Wohnhäuser Zeugnis ab von den Bemühungen des Architekten, die planimetrische Anordnung der Wohnungen den veränderten Erfordernissen der Mittelschichten, für die sie bestimmt waren, anzugleichen. Unter diesem Aspekt könnte man Fabiani als Vorläufer ähnlicher Vorschläge der Schule Otto Wagners oder Wagners selbst sehen ... Die Aufteilung der Innenräume [kann] noch heute als »modern« bezeichnet werden ... In den Wohnstockwerken hatten die einzelnen Zimmer Zugang vom Vorzimmer aus, ausgenommen das Kabinett, das eher als Folge einer veralteten Wiener Angewohnheit anzusehen ist. Die sanitären Anlagen erscheinen fast immer so eingebaut, daß das Badezimmer mit dem Schlafzimmer direkt verbunden ist, während das WC vom Bad isoliert bleibt.[103]

Graf-Starhemberg-Gasse 47 = Südtiroler Platz 4, vor und nach dem Zweiten Weltkrieg

(Pozzetto, S.70)

(Bezirksmuseum Wieden)

102 Achleitner, S. 55; Pozzetto, S. 108.
103 »Drei Häuser Rieß. Wien Starhemberggasse, Ecke Südtiroler Platz. Zwischen 1901 und 1902 errichtet, 1945 durch Bomben zerstört, Nicht wieder aufgebaut.« [Südtiroler Platz 2 steht, wenn auch in äußerst reduzierter Formensprache, heute noch.] In: Pozzetto, S. 71f.

Pläne der Häuser Graf-Starhemberg-Gasse 40 und 47, sowie Südtiroler Platz 4 existieren nicht mehr. Der Einreichplan des Hauses Südtiroler Platz 2 trägt den Stempel »Stadtbaumeister Carl Rieß« und ist von Franz Rieß unterschrieben, der Name Max Fabiani scheint nicht auf.

1889, 1900 † EZ 780 — Graf-Starhemberg-Gasse 47=Südtiroler Platz 4=»Anna Rieß-Haus«.
Bauherr: Karl Rieß; Architekt und Entwurf: Max Fabiani und Karl Rieß.
4geschossiges Mietwohnhaus, 8 Wohnungen.
Büro der Firma »Stadtbaumeister Carl Rieß« von 1889–90, und 1902–33 gemeinsam mit seinem Sohn Franz. Im Zweiten Weltkrieg durch Bomben beschädigt, abgerissen. Heute befindet sich hier und auf der angrenzenden Parzelle eine Wohnhausanlage der Gemeinde Wien.

Lt. Pozzetto Graf-Starhemberg-Gasse 47 bzw. Südtiroler Platz 4. Es dürfte aber Graf-Starhemberg-Gasse 40 sein.

Der Kaffetier Robert Muhre richtete am 18.11.1908 ein Ansuchen an das Magistrat um Genehmigung der Errichtung eines Windfangs am Favoritenplatz 4.

1875 EZ 549 — Große Neugasse 11=Mostgasse 4.
Bauherr: Georg und Therese Haussmann.
Baumeister: Stadtbaumeister Karl Rieß.
4geschossiges Mietwohnhaus.

Strenghistoristisches Eckhaus mit wiederholender Fassadengliederung und flachen, steingerahmten Eckrisaliten. Genutetes Erdgeschoß mit Rundbogenfenstern. Die beiden Hauptgeschosse durch Kordongesimse zusammengefaßt, im ersten Segmentgiebelverdachungen auf Dreiecksgiebelverdachungen mit Mädchenmasken in den Sturzfeldern. Toskanische Pilaster zwischen den Achsen des Attikageschoßes. Abschließendes profiliertes Dachgesims mit dekorativem Fries. Seitliches Rundbogenportal mit korinthischen Pilastern und Architrav.

(Kunsttopographie, S. 277)

1880 † Gußhausstraße 13 = Argentinierstraße 13.
EZ 9 Bauherr: A. Schwarz; Architekt: Leopold Theyer (Schüler von Ferstel und Schmidt); Baumeister: K. Rieß.

Die Adresse an der Gußhausstraße ist nach Teilung der Parzelle nicht mehr gültig.

1875 Gußhausstraße 24 = Karlsgasse 22.
EZ 209 Bauherr: Franz und Maria Pranter, Architekt: Friedrich Schachner; Baumeister: Stadtbaumeister Carl Rieß.
4geschossiges Mietwohnhaus.

Großes Eckhaus, dominierender Bau im Straßenbild, Beletage mit französischen Fenstern, ursprünglich weibliche Büsten für die Giebelfelder vorgesehen; anstelle des mittleren Beletagefensters Rundbogennische mit einer überlebensgroßen, weiblichen Figur.

(Kunsttopographie, S. 287)

Im Katalog der Weltausstellung Paris 1900 ist der Bauplan »Wohnhaus der Herrn Pranter« erbaut von Friedrich Schachner, Architekt in Wien, geb. 1841 in Atzenbrugg (Niederösterreich), Schüler der Akademie in Wien, unter der N° 278 ausgestellt. Im Vorwort des Katalogs wird festgestellt, daß die Hauptleistungen in der Entwicklung des österreichischen Wohnbaus auch heute noch auf dem Gebiete des Zinshauses zu suchen sind.[104]

1903 Johann-Strauß-Gasse 42=Schelleingasse 42.
EZ 1156 Alois-Drasche-Park-Viertel.
Architekt und Bauherr: Otto Wagner jun.;
Baumeister: Stadtbaumeister Carl Rieß.

5geschossiges, streng gegliedertes Zinshaus mit einfachem Putzfelddekor.
(Kunsttopographie, S. 204)

1875 Karlsgasse 22=Gußhausstraße 24.
EZ 209 Bauherr: Franz und Maria Pranter; Architekt: Friedrich Schachner; Baumeister: Stadtbaumeister Carl Rieß.

1871 Karolinengasse 34=Belvederegasse 41=Favoritenstraße 25.
EZ 119 Bauherr: Wilhelm Michel; Ausführung und Entwurf: Stadtbaumeister Karl Rieß.

1870 Lambrechtgasse 4, 6, 8.
EZ 408, 409, 410 Bauherr: Wiener Baugesellschaft; Ausführung und Entwurf: Stadtbaumeister Karl Rieß.
4geschossige Mietwohnhäuser. Diese Mietwohnhäuser sind ebenso wie Leipziger Straße 48 in Wien XX zu den frühen Beispielen des sozialen Wohnbaus in Wien zu zählen.

Symmetrisch aufeinander bezogene streng-historistische Zinshäuser mit einfachem Dekor. Die zwei Seitenhäuser mit geraden Verdachungen in den Hauptgeschossen. Am Mittelbau Dreiecksgiebelverdachungen im ersten Obergeschoß.
(Kunsttopographie, S. 314)

1887 Margaretenstraße 35=Freundgasse 14–16=Preßgasse 13–15.
EZ 484 Anstelle des 1697 errichteten Gasthauses »Zur großen Presse«, demoliert 1887.[105]
Bauherr: Amalie Lerner; Architekt: Walter Jelinek;
Baumeister: Stadtbaumeister Karl Rieß.
4geschossiges Mietwohnhaus.

---

104 Katalog der österreichischen Abtheilung, Weltausstellung Paris 1900, hgg. von dem k.k. österreichischen General-Commissariate, Heft 2, Gruppe II, Kunstwerke, S. 8, 30.

105 Czeike/Groner, S. 703f.

Großes späthistoristisches, einen Eckblock bildendes Zinshaus mit repräsentativem Eckerker über die beiden Hauptgeschosse; barockisierender Blatt- und Maskendekor. Ecke Freundgasse Ritterfigur mit Schild auf Konsole.

(Kunsttopographie, S. 319)

1843? Mayerhofgasse 7 = Danhausergasse 2.
EZ 503 Bauherr: Karl Rieß.

1906 Möllwaldplatz 1–5 = Favoritenstraße 30–32.
EZ 118, Bauherr: Rudolf Ritter Egger von Möllwald,
1307, erbaut von Rudolf Goebel und Carl Rieß.
1309,
1310 Hofartiger Platz an der Favoritenstraße, Mietshäuser. Platzrückfront (Nr. 3) als Schaufassade mit betonter Mittelachse; gegen die Favoritenstraße (Nr. 1 und 5) kubisch geschlossene, blockhafte Bauten mit abgerundeten Kanten und geometrisierendem Dekor.

(Dehio, Wien, S. 182)

Die frühere Adresse war Graf-Starhemberg-Gasse 11–13 bzw. Waltergasse 5. Dieser Bau steht auf dem Areal des zwischen 1852 und 1885 erbauten k.k. Ärarischen Krankenhauses.

1875 Mostgasse 4 = Große Neugasse 11.
EZ 549 Bauherr: Georg und Therese Haussmann.
Baumeister: Stadtbaumeister Karl Rieß.

Strenghistoristisches Eckhaus mit additiver Fassadengliederung und flachen, ortsteingerahmten Eckrisaliten. Genutetes Erdgeschoß mit Rundbogenfenstern. Die beiden Hauptgeschosse durch Kordongesimse zusammengefaßt, im ersten Segmentgiebelverdachungen auf Dreiecksgiebelverdachungen mit Mädchenmasken in den Sturzfeldern. Toskanische Pilaster zwischen den Achsen des Attikageschoßes. Abschließendes profiliertes Dachgesims mit dekorativem Fries. Seitliches Rundbogenportal mit korinthischen Pilastern und Architrav.

(Kunsttopographie, S. 277)

1887 Preßgasse 13–15=Freundgasse 14–16=Margaretenstraße 35.
EZ 484 Anstelle des 1697 errichteten Gasthauses »Zur großen Presse«, demoliert 1887.[106]
Bauherr: Amalie Lerner, Architekt: Walter Jelinek,
Baumeister: Stadtbaumeister Karl Rieß.
5geschossiges Mietwohnhaus.

Großes späthistoristisches, einen Eckblock bildendes Zinshaus mit repräsentativem Eckerker über die beiden Hauptgeschosse; barockisierender Blatt- und Maskendekor.

(Kunsttopographie, S. 319)

1875 Prinz-Eugen-Straße 2.
EZ 222 Bauherr: Karl Schumann; Architekt: Karl Schumann;
Baumeister: Karl Rieß und Franz Sander.
5geschossiges Mietwohnhaus.

Palaisartiges strenghistoristisches Miethaus mit repräsentativer Mittelbetonung, typisches Beispiel für die Nobilitierung des städtischen Miethauses. Die drei Mittelachsen zu einem einheitlichen Motiv mit Balkonen, Karyatiden, bekrönendem Dreiecksgiebel und flankierenden Vasen zusammengefaßt.

(Kunsttopographie, S. 345)

106 Czeike7Groner, S. 703f.

1874, 1881–86 Rainergasse 9=Graf-Starhemberg-Gasse 22=Waltergasse 16. Baumeister Karl Rieß.

EZ 749, 758 Ursprünglich 8 Wohnungen, dann aufgestockt und 3geschossiges Wohnhaus mit 19 Wohnungen.

Bis zur Parzellierung 1813 gehörte die Rainergasse zum Schaumburger Grund. Die Bezeichnung existiert seit Mitte des 19. Jahrhunderts. Die Gasse führte zunächst nur bis zur heutigen Blechturmgasse und erst mit der Parzellierung des »blechernen Thurm-Feldes«, knapp vor 1900, bis zur Wiedner Hauptstraße (Alois Drasche-Park-Viertel).

(Kunsttopographie, S. 199)

Rainergasse 9 ist lt. Hofbauer ab 1844 die erste Wiener Wohnadresse des Vaters Michael Riehs [sic!] aus Lichtenwörth bei Wiener Neustadt als »Germhändler«, ab 1862 »Familie Riß« [sic!], ab 1864 »Gastwirt Michael Riß« [sic!].[107] Büroadresse von Karl Rieß 1881–1886 und 1888. Lt. Taufschein seiner beiden Söhne Karl (1837) und Franz (1842) hat Michael davor auf Schaumburgergasse 13 gewohnt.

Eine typische Greißlerei der Zwischenkriegszeit mit Besitzern und Verkäufern vor dem Geschäft.

(Czeipek, S. 106)

Die Namensgleichheit und Nachbarschaft zum »Germhändler Rieß« sind ein amüsanter Zufall, auch wenn fast ein Jahrhundert dazwischenliegt.

107 Hofbauer, Wieden, 1864, S. 314.

1864 † Rainergasse 17=Schönburggasse 22.
Wohnadresse der Braut seines Bruders Anton Rieß. Keine alten Pläne vorhanden. 1949 Wiederaufbau nach dem 2. Weltkrieg.

1904 Schelleingasse 42=Johann-Strauß-Gasse 42.
EZ 1156 Alois Drasche- Park-Viertel.
Architekt und Bauherr: Otto Wagner jun.;
Baumeister: Stadtbaumeister Carl Rieß.
5geschossiges Mietwohnhaus.

Streng gegliedert mit einfachem Putzfelderdekor. Genuteter seichter Eckrisalit, mit Diamantquadern dekoriertes kräftiges Kranzgesims.

(Kunsttopographie, S. 204)

1904 Schelleingasse 44.
EZ 1155 Architekt und Bauherr: Otto Wagner jun.;
Baumeister: Stadtbaumeister Carl Riess.
5geschossiges Mietwohnhaus.

Zwei Planphasen: 1. gänzlich ohne Dekor, mit einfachen geraden Verdachungen im Hauptgeschoß: vgl. die frühhistoristischen Zinshausfassaden;
2. entspricht im wesentlichen der Ausführung. Die Fenster des Hauptgeschosses mit geraden Verdachungen. Im Mittelspiegel lisenenartige Felder mit bekrönenden Fruchtkränzen. Kräftiges Kranzgesims.

(Kunsttopographie, S. 205)

1874 Schwindgasse 15.
EZ 753 Bauherr: T. Leistler; Architekt: Adolf Ringer; Baumeister: Karl Rieß.
5geschossiges Mietpalais mit 7 Wohnungen.

(Originalplan vom Bundesdenkmalamt)

Historistisches Mietpalais in den Formen eines römischen Renaissancepalazzos. Ein weit vorspringendes Konsolgesims schließt die stranggegliederte Fassade ab.

(Kunsttopographie, S. 405)

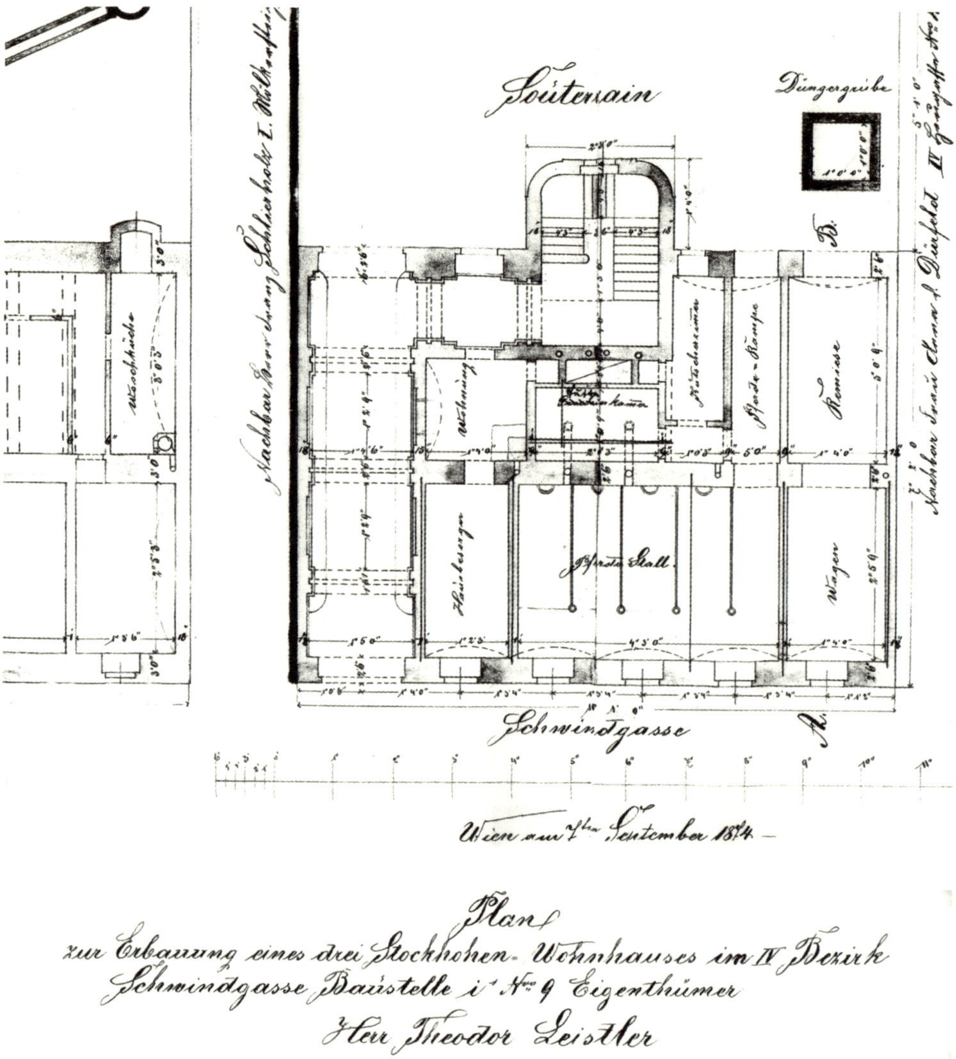

1902 Südtiroler Platz 2=früher Favoritenplatz 2.
EZ 1261 Bauherr: Karl Rieß; Entwurf: Max Fabiani (?); Durchführung: Franz Rieß. 4geschossiges Mietwohnhaus mit 27 Wohnungen. Die Wohnungsgrundrisse sind mit den Badener Häusern identisch. Die Hauseingangstür-Umrahmungen (Fassaden-Rauhputz) sind in Baden, in der Stumpergasse und der Turmburggasse zu finden. Der häufig genutzte Grau-Weiß-Kontrast als Gestaltungsmittel wird hier zu Hellgrau-Hellblau variiert. Der Originalbauplan Südtiroler Platz 2 trägt nur den Stempel »Stadtbaumeister Carl Rieß« und die Unterschrift von Franz Rieß. Es kann daher höchstens von einer Überarbeitung durch Fabiani gesprochen werden, und selbst dies ist vielleicht nach eingehender fachmännischer Begutachtung des Originalbauplans in Frage zu stellen. Der kontrastierende Einsatz von Fein- und Rauhputz als Stilmittel ist 1914 in der Volksschule Mariensee am Wechsel wiederzufinden. Büro des Stadtbaumeisters nach 1945. Das Haus wurde durch einen Dachausbau sehr verändert.

(Pozzetto, S. 70)

1898, Südtiroler Platz 4=Graf-Starhemberg-Gasse 47.
1902 † Bauherr: Karl Rieß; Entwurf: Max Fabiani;
Durchführung: Franz Rieß. 4geschossig, 8 Wohnungen.

1898 Tilgnerstraße 3=Brahmsplatz-Viertel.
EZ 1210 Bauherr: Wilhelm Leger; Architekt: Rudolf Dick;
Baumeister: Stadtbaumeister Karl Riess (?).
5geschossiges Mietwohnhaus.

Die ehemals barockisierende Fassade im Dekor reduziert. Mittelbalkon und wuchtiges Mansarddach. Freistehender, den Platz abschließender, palaisartig gegliederter Bau, reiche Schmiedeeisentüren.

(Kunsttopographie, S. 228)

(Fotoarchiv BDA, Media Service Wien)

WIEN V

1910 Franzensgasse 25.

EZ 268 Bauherr: Josef und Wilhelm Niedermoser; Entwurf und Architekt: Karl Rieß.
4geschossiges Mietwohnhaus.

(Aufnahme aus dem Jahre 1979, Bundesdenkmalamt)

Das Vorderhaus des Wohn- und Betriebsgebäudes Niedermoser wurde 1830 erbaut. Die heutige Bausubstanz spiegelt die Entwicklung des renommierten Wiener Handwerksbetriebes der »Werkstätten für Wohnungseinrichtung Niedermoser« wider (Tischlerei, Tapeziererei). 1910 entstand der fünfgeschossige, fabriksartige Hoftrakt, ein späterer Umbau wurde 1929 von Otto Niedermoser durchgeführt.

(Achleitner, S. 169)

WIEN VI

1906 Linke Wienzeile 116=Mollardgasse 17=Turmburggasse 1–7
EZ 790, »Edlinger-Hof«.
1303-5 Bauherr: Ferdinand Edlinger; Entwurf und Ausführung: Karl Rieß. 4geschossige Mietwohnhäuser.

Die Zeile mit zwei Straßen- und zwei Ecktrakten wurde gleichzeitig erbaut (1910), das Eckhaus an der Mollardgasse entstand schon 1906, Zeilenverbauung. Einheitliche Fassadierung der vier Häuser; flache, aber sehr reiche florale Ornamentik. Fassade zur Mollardgasse abgeschlagen.

(Achleitner, S. 196; Dehio, Wien, S. 271; Wiener Fassaden, S. 115)

Hauseingänge Turmburggasse 1–7 identisch mit Wien IV, Südtiroler Platz 2 und Wien VI, Stumpergasse 9, ebenso wie die Nutzung des Kontrastes von Fein- und Rauhputz als gestalterisches Stilmittel (siehe auch Volksschule Mariensee am Wechsel). Die florale Ornamentik ist mit zahlreichen Tiermotiven ergänzt. Bereits 1887 ist der Pfau neben Karyatiden, Löwen-, Neptun-

und Medusenhäuptern als Fassadenmotiv in Wien IV, Freundgasse 14–16=Margaretenstraße 35=Preßgasse 13–15 zu finden.

1906 Mollardgasse 17=Linke Wienzeile 116=Turmburggasse 1–7 »Edlinger-Hof«.
EZ 790, 1303-5 Bauherr: Ferdinand Edlinger; Entwurf und Ausführung: Karl Rieß.

Das Eckhaus an der Mollardgasse entstand schon 1906, Fassade zur Mollardgasse abgeschlagen.
(Achleitner, S. 196; Wiener Fassaden, S. 115)

1904 Stumpergasse 9.
EZ 957 Bauherr: Marie Pollak; Entwurf und Ausführung: Karl Rieß.

Reste des reichen Reliefdekors, seitlicher Erker, glatte Fassade. In der Attikazone bemerkenswert reicher, flächenfüllender Akantusdekor über die Wand geführt.
(Achleitner, S. 195; Dehio, Wien, S. 270; Wiener Fassaden, S. 115)

Die beiden seitlichen Erker sind mit geometrischen Motiven verziert. Die in den Akanthusdekor eingelassenen Masken sind mit freiem Auge kaum wahrnehmbar. Die Gestaltung des Hauseingangs ist identisch mit Wien IV, Südtiroler Platz 2 und Wien V, Turmburggasse 1–7 ebenso wie Nutzung des Kontrastes von Fein- und Rauhputz als gestalterisches Stilmittel.

1910 Turmburggasse 1–7=Linke Wienzeile 116=
EZ 790, Mollardgasse 17=»Edlinger-Hof«.
1303-5 Bauherr: Ferdinand Edlinger; Entwurf und Ausführung: Karl Rieß.

Die Zeile mit zwei Straßen- und zwei Ecktrakten wurde gleichzeitig erbaut (1910), das Eckhaus an der Mollardgasse entstand schon 1906. Einheitliche Fassadierung der vier Häuser; flache, aber sehr reiche florale Ornamentik.
(Achleitner, S. 196; Wiener Fassaden, S. 115)

Die florale Ornamentik ist mit zahlreichen Tiermotiven ergänzt.

WIEN VII

1913 Mentergasse 11.
EZ 671 Erbaut 1879 von Johann Theiss, 1913/14 Erweiterungen (Dachausbau, Hoftrakt) und Adaptierung für Erich Altgraf zu Salm (Wappen über Portal) von Karl Rieß und Franz Quidenus.

Bemerkenswertes dreigeschossiges, späthistoristisches Palais mit reich gegliederten, barockisierenden Fensterrahmungen mit Empire- und Zopfornamentik, Dachhäuschen, seitliches Portal mit Holztüre und Oberlichtgitter mit Monogramm ES, darüber Salm'sches Wappen; barockisierendes Entrée und Stiegenhaus mit schmiedeeisernem Geländer, Hauptgeschoßräume z. Tl. mit originaler Ausstattung (Stuck, Kamine, Beschläge).

(Dehio, Wien, S. 306)

Mentergasse 11, vor Restaurierung 2004
(Bundesdenkmalamt)

1906 Siebensterngasse »Zu den 7 Sternen« 13=Stiftgasse 21.
EZ 1095 Bauherr: Marie Weber. Erbaut von Carl Riess.
»4 Stock hohes Wohn- und Geschäftshaus« anstelle des Castelli-Wohnhauses.[108]

Eckhaus mit Erker- und Giebelgliederung und mächtigem Eckturm mit Kuppel; reicher z. Tl. secessionistischer Dekor mit monumentalen Greifenreliefs unter der Kuppel; stuckiertes Foyer mit secessionistischen Fliesen, Stiegenhausgitter und ornamentalen Glasfenstern.

(Dehio, Wien, S. 317)

108 Photographie des Castelli-Wohnhauses vor Abriß im Historischen Museum der Stadt Wien leider nicht greifbar.

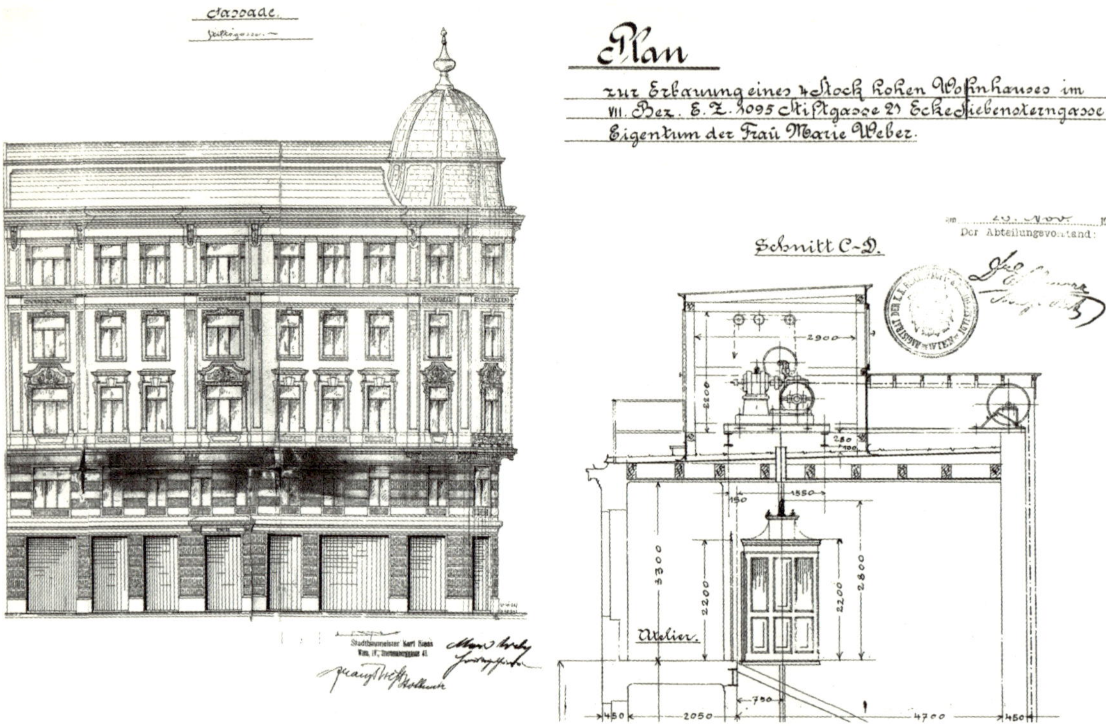

»Situation des elektrischen Personen Aufzuges – 4 Personen, Seilsteuerung – für Wolgeb. Frau Maria Weber gehörig. VII. Stiftgasse No. 21«

Marie Weber, wohnhaft Wien VII, Lindengasse 5, ist auch Bauherrin des Geschäftswohnhauses »Zum roten Igel« in Wien I, Wildpretmarkt 1 (erbaut 1905 von Stadtbaumeister Karl Rieß). 1903 befinden sich die Grundstücke Georg-Sigl-Gasse 9 = Rögergasse 14a/b und 11 in ihrem Besitz. Für letzteres plant Franz Rieß 1907 ein Mietwohnhaus.

1906 Stiftgasse 21 = Siebensterngasse 13.
EZ 1095 Siehe oben.

WIEN IX

1907 Georg-Sigl-Gasse 11.
EZ 1637 Entwurf und Bauherr: Franz Rieß; Ausführung: Karl Rieß ist wohl unrichtig. (siehe Achleitner, S. 241)
Der mit 19.12.1907 beziehungsweise 4.1.908 datierte Plan samt Pfeilerberechnung für das 3geschossige Mietwohnhaus mit Mez-

zanin ist von Franz Rieß unterzeichnet. Der völlig identische Plan wird von Stadtbaumeister Josef Taschner, Favoritenstr. 97, Telefon Nr. 10 916, am 10.8.1908 für den neuen Bauherrn Adalbert Blahovetz nochmals eingereicht.

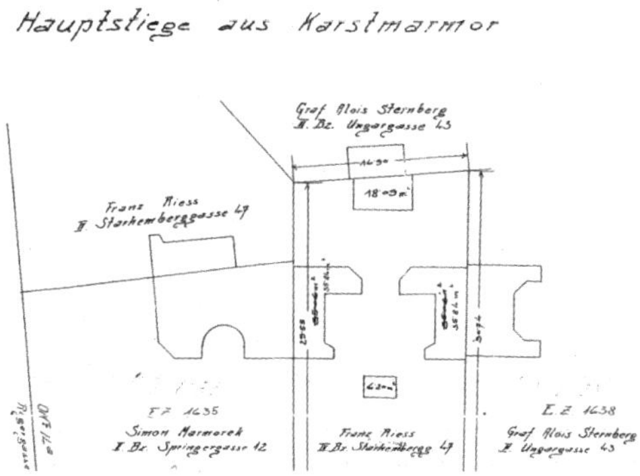

1903 sind die Grundstücke Georg-Sigl-Gasse 11 und Georg-Sigl-Gasse 9 = Rögergasse 14a und 14b im Besitz von Marie Weber, wohnhaft Lindengasse 5, Bauherrin von zwei Rieß-Häusern (Siebensterngasse 13 – 1906, Wildpretmarkt 1 – 1905/6).
1903 errichtet Stadtbaumeister Friedrich Haas, Wien VII, Seidengasse 39a auf der bereits geteilten Parzelle das Eckhaus Georg-Sigl-Gasse 9. Von 1904 bis 1907 befindet sich hier Robert Wilhelm Frankes »Centrale von Österreich« von »Székely's Säuglings- sowie daselbst erzeugter Rindermilch und Diätetischer Milch«.

Die erzeugten Produkte sind pasteurisiert und sind mehrere Tage tadellos haltbar.

(Schreiben der k.k. landwirtschaftlichen Versuchsstation 20.3.1905)

1918 wird an dieser Adresse wieder eine Molkerei erwähnt.
1907 zu Baubeginn des Baus des Nachbarwohnhauses Georg-Sigl-Gasse 11 durch Stadtbaumeister Franz Rieß ist Georg-Sigl-Gasse 9 im Besitz von Simon Marmorek, wohnhaft Wien II, Springergasse 12. 1910 ist bereits der Sohn, Architekt Oskar Marmorek (u.a. Erbauer des »Rüdigerhofes« in Wien V, Hamburgerstraße 20), Besitzer dieses Hauses.

19?? Rögergasse 14b=früher Georg-Sigl-Gasse 9.
EZ 1635 Entwurf: ??, Bauherr: ??. Ausführung: ??
Die verbliebene Weber'sche Bauparzelle Rögergasse 14b ist 1907, zum Zeitpunkt der Erbauung von Georg-Sigl-Gasse 11, im Besitz von Franz Rieß. Leider gibt es keine Pläne des darauf errichteten sezessionistischen Mietwohnhauses.

Die Ankündigung des Magistratischen Bezirksamtes der k.k. Reichshaupt- und Residenzstadt Wien vom 10. Februar 1912 an das Stadtbauamt über eine weitere Betriebsstätte für Kleinhandel mit Brennmaterialien von Friedrich Österreicher, auf Grund des Gewerbescheines vom 16. Februar 1911 im XVIII. Bezirk, Cottagegasse Nr. 12 betriebenen Kleinhandels mit Brennholz, Kohlen und Koks im IX. Bezirk, Rögergasse Nr. 16, stellt einerseits eine Querverbindung zur schwiegerväterlichen Familie von Karl Rieß bzw. der mütterlichen Seite des arrivierten Wiener Stadtbaumeisters Franz Rieß dar und dokumentiert den verstärkten Zuzug in eine aufstrebende Wohngegend. Andererseits ist, ähnlich den Erinnerungen der Badener Rieß-Verwandtschaft, aber auch herauszulesen, daß nicht allen Familienmitgliedern ein Leben in Erfolg und Reichtum beschert war.

WIEN X

1913 Braunspergengasse 8–10.
1913 Inzersdorfer Str. 115–117.
1913 Zur Spinnerin 21–23.
EZ 1348, Entwurf: Hans und Theodor Mayr; Ausführung: Franz Rieß.
1349, 1359, 1351

Vorwegnahme des Modells des kommunalen Wohnhauses der zwanziger Jahre durch einen Privatmann. Zimmer-Küche-Kabinett-Wohnungen (Größen zwischen 40–48m², WC und Wasser innen). Preis der Gemeinde Wien für hervorragende Bauten. 1917 in »Der Architekt« veröffentlicht.

(Achleitner, S. 265)

1912 Bastiengasse 54–56 »Dürrwaringhof«, Konskriptionsnummer
EZ 786, Pötzleinsdorf 327.
788, 800a Bauherr: Josef Bauer; Architekt: Leopold Rob. Kling; Baumeister: Franz Rieß.

Der Hotelier und Realitätenbesitzer, wohnhaft in Wien XIV, Graumanngasse 5[109] war Bauherr der beiden identischen, 2geschossigen Wohnhäusern. Die Büroadresse des Architekten war Wien III, Dapontegasse 4.

Plan zum Bau eines 2 Stock hohen
Kottage Wohnhaus
Wien XVIII Bastiengasse Nr 54
(Originalplan, 10. März 1912)

Das Magistratische Bezirksamt für den XVIII. Bezirk der k.k. Reichshaupt- und Residenzstadt Wien teilte im Bescheid vom 18. Dezember 1913 mit:

Einfriedung des Vorgartens gegen die Straße und die angrenzenden Baustellen hat mit eisernen Gittern auf gemauerten niederen Sockel zu erfolgen und dürfen weder in den Vorgärten, noch an den Einfriedunggittern Herstellungen vorgenommen werden, welche die freie Durchsicht behindern, größere Höhenunterschiede zwischen den Baugründen und der Straßenfläche sind durch Böschungen im Vorgarten selbst zu überwinden.

Das Gesamtbild der beiden Wohnhäuser wurde 1982 durch Dachausbauten verändert.

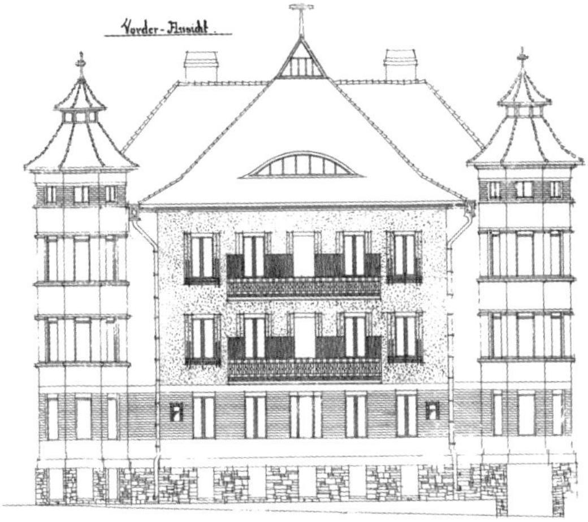

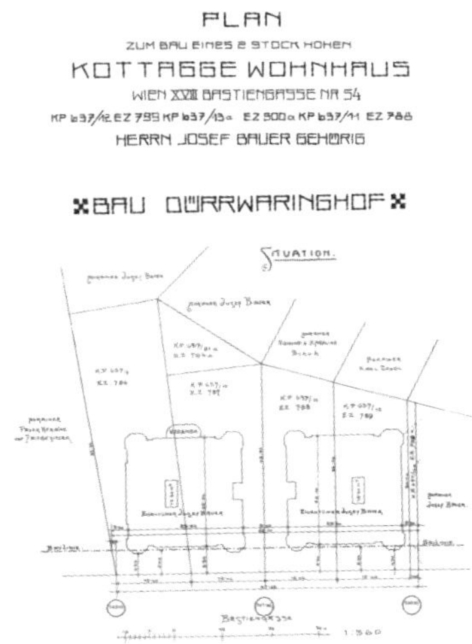

109 An derselben Wohnadresse scheint Rudolf Bauer, »Ingenieur im Ministerium des Innern«, Bräutigam der jüngeren Schwester von Franz Rieß auf. Architekt Emil Förster war 1897 bei deren Hochzeit Trauzeuge.

Der Bauherr Josef Bauer, Hotelier und Realitätenbesitzer in Wien XIV, Graumanngasse 5, und Rudolf Bauer, der Ehemann von Maria Anna Rieß, der älteren Schwester von Franz Rieß, waren sichtlich verwandt, vermutlich wohl Brüder. Rudolf Bauer, k.k. Ingenieur im Ministerium des Innern, Sohn des Müllermeisters und Hausbesitzers Josef Michael Bauer aus Moosbrunn, Bezirk Wiener Neustadt war 1897, zum Zeitpunkt seiner Heirat, an derselben Wohnadresse gemeldet.

Die in der Ausschreibung zur Möblierung der Volksschule Mariensee eingeladene, auf Schuleinrichtungen spezialisierte Fa. Christoph & Unmack aus Bunzendorf in Deutschböhmen, Bezirk Friedland, hatte ihr »Wiener Bureau« in Wien XVIII, Bastiengasse 20.

WIEN XX

Mit den folgenden drei Bauten können die 70er Jahre des 19. Jahrhunderts bereits als Beginn des sozialen Wohnbaus in Wien gesehen werden. Vom gesamten Häuserblock mit den Adressen Hartlgasse, Leipziger Straße, Raffaelgasse und Wintergasse ist heute nur mehr das Mietwohnhaus Leipziger Straße 48 erhalten. Die Bauparzelle Wintergasse ist aus dem Bauplan Leipziger Straße ersichtlich.

1873 † Hartlgasse 39=Raffaelgasse 28.
EZ 2447 Bauherr, Ausführung und Entwurf: Stadtbaumeister Karl Rieß.
3stöckiges Wohnhaus mit 61 Wohnungen.

1873 † Raffaelgasse 28=Hartlgasse 39.
EZ 1525 (Grundstück Raffaelgasse 30 – Besitz Carl Rieß)
Bauherr, Architekt und Entwurf: Stadtbaumeister Karl Riess.
3stöckiges Wohnhaus mit 61 Wohnungen.

1899 Leipziger Straße 48 »Jubiläumshaus«.
EZ 919 (Grundstück Wintergasse 39 – Besitz Carl Rieß)
Bauherr, Ausführung und Entwurf: Carl Rieß.
3stöckiges Wohnhaus mit 39 Wohnungen auf 2 Stiegen.
Im Hof Stallgebäude für 8 Pferde mit Kutscherwohnung.
1910 Umbau des Pferdestalls in Garagen.
Der vor dem Ausgang »Leipziger Straße« der U-Bahnlinie U6 gelegene kleine Park ist nach dem Schauspieler Hugo Gottschlich benannt. Es wird jedoch nicht erwähnt, daß er im Hause Leipziger Straße 48 gewohnt hatte.

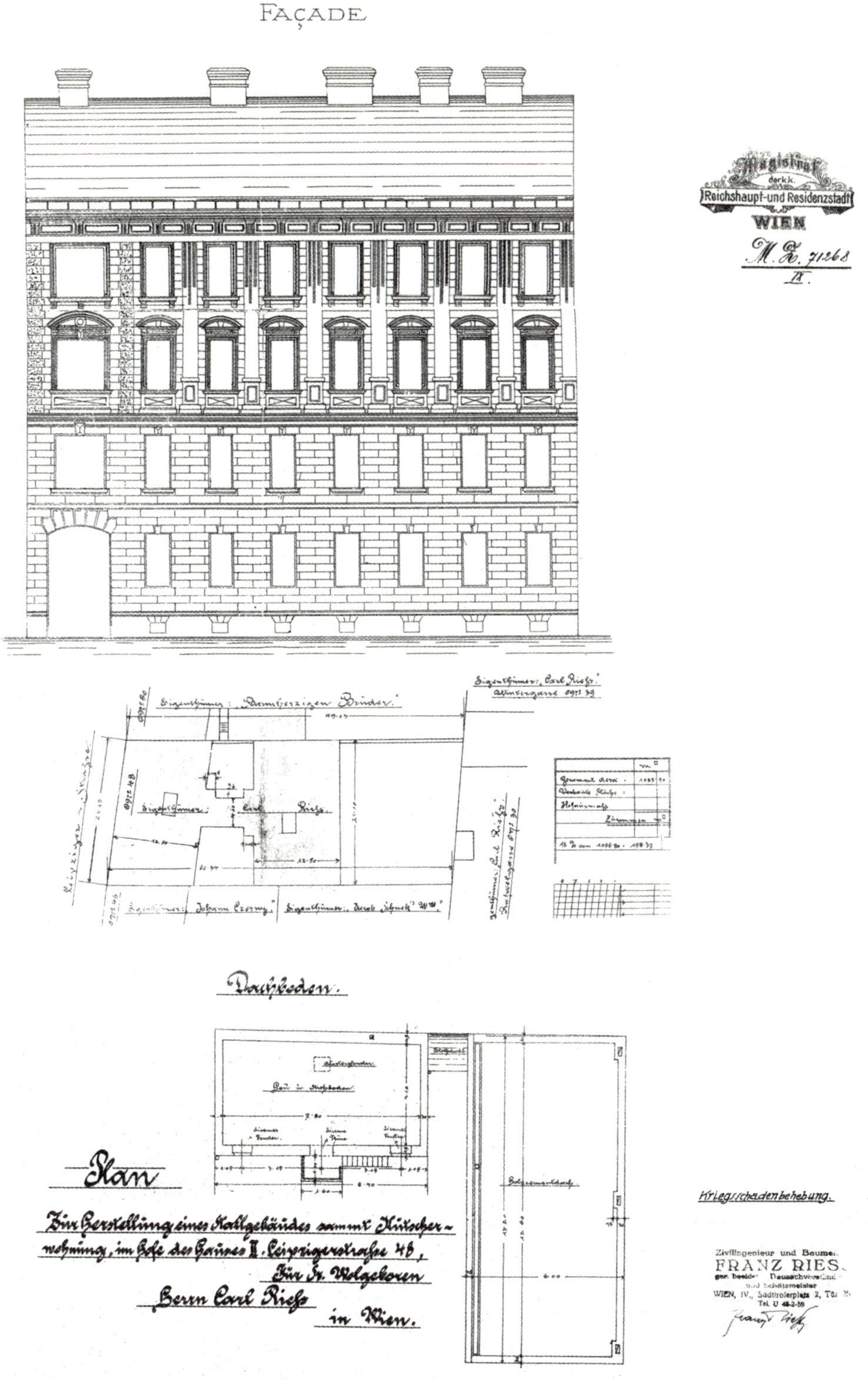
FAÇADE
Magistrat der k.k. Reichshaupt- und Residenzstadt WIEN
M. Z. 71268
IX.
Dachboden.
Plan
Zur Herstellung eines Stallgebäudes sammt Kutscher-
wohnung, im Hofe des Hauses II. Leipzigerstraße 48,
für Ihr Wolgeboren
Herrn Carl Rieß
in Wien.
Kriegsschadenbehebung.
Zivilingenieur und Baumeister
FRANZ RIESS
WIEN, IV.

NACHWORT

Unter Einbeziehung kulturhistorischer, sozialpolitischer, zeitgeschichtlicher und lokaler Aspekte wurde mit diesem Buch versucht, die Bedeutung eines im Bauwesen kreativen Mannes zu dokumentieren. Stadtbaumeister Karl Rieß hatte bereits um 1870 seine ersten Sozialwohnbauten im 20. Bezirk errichtet. In denselben Zeitraum fällt auch die erste Bauphase der »Familienhäuser-Anlage« des Währinger Cottage-Vereins. Sein Schwiegervater, k.k. Hoftischler Josef Österreicher, wohnte damals in der Gymnasiumstraße 81. Er ist in der zweiten Bauphase des Cottage-Vereins zu finden, in der aufgrund des durchschlagenden Erfolgs und der Nachfrage eine luxuriösere Variante der »Familienhäuser« gebaut wurde, ohne jedoch die Grundidee zu verändern. Heute ist das gesamte Cottageviertel als Schutzzone eingestuft.

Das Ausmaß der Rieß'schen Visionen ließe sich nach Erfassung aller damals in seinem Besitz befindlichen Grundstücke noch besser abschätzen. Seine Grundstücksankäufe in Inzersdorf, welches mit der Errichtung der Bezirke 1890 nach Wien eingemeindet wurde, die Sozialwohnbauten seines Sohnes Franz, wie etwa »Zur Spinnerin« in Wien X mit Tröpferlbad im Keller, und seine persönlichen Beziehungen und wirtschaftlichen Verbindungen lassen auf größere Projekte schließen.

Ob das vom Vater gelegte Fundament in Form von Baugründen nur Basis für die Bauten des Sohnes Franz war, oder ob der kreativ planende Geist des Vaters auch nach der Büroübergabe an seinen Sohn noch weiterwirkte, ist mit Eindeutigkeit nicht festzustellen. Die übereinstimmenden Erzählungen der Nachkommen attestieren die visionäre Kreativität in erster Linie dem Vater, dessen Wirken sich noch in den Enkelgenerationen fortsetzte.

Die Bauten des Enkels Dipl. Ing. Otto Rieß fallen in eine Zeit wirtschaftlichen Neubeginns und technischen Umbruchs, gekennzeichnet von rascheren Baumethoden und neuen, oft bahnbrechenden Baustoffen. Hingegen war, aus heutiger Sicht, die Wertschätzung alter Bausubstanz eher gering, und der Umgang mit Bauten des vorangegangenen Jahrhunderts oft von Respektlosigkeit geprägt. Nach Stilllegung seiner Konzession übte Otto Rieß seine Tätigkeit als Baumeister in einer Wiener Wohnbaugesellschaft aus.

Die Bemühungen der Ururenkelin Ulrike Göbel liegen neben der Erhaltung und sinnvollen Nutzung der Privatvilla ihres Großvaters Otto Rieß in der Schönbrunner Allee (erbaut 1903 von Alois Schaufler) in der Revitalisierung der Rieß'schen Sozialwohnbauten der Zwischenkriegszeit. Den hier verwendeten, für die Zeit typischen und bahnbrechenden Baumaterialien wie den Terrazzoböden wird in einem halben Jahrhundert vielleicht ebensolche Aufmerksamkeit geschenkt wie unsere heutige der Architektur des Historismus und des Jugendstils gilt.

Den Anstoß zur Baubiographie der beiden Wiener Stadtbaumeister Karl und Franz Rieß gab die Volksschule in Mariensee am Wechsel. Der Wunsch des Architekten Franz Rieß anläßlich der Einweihung der Schule im Jahre 1914 »Möge die neue Schule der Gemeinde stets zu Nutz und Frommen gereichen!« und seine Freude, »durch die Mitarbeit am Schulbau einen Theil der Dankesschuld an der von ihm verehrten Familie Schenker abgetragen zu haben«, gehören nunmehr der Vergangenheit an. Den Wiener Stadtbaumeistern war es jedoch gelungen, im engen Kontakt mit der Landbevölkerung und vor allem mit dem Gutsbesitzer, damit im damals kaum bekannten Ort Mariensee am Wechsel ein beispielhaftes Zeichen zu setzen.

LITERATURVERZEICHNIS

Achleitner, Friedrich: Österreichische Architektur im 20. Jahrhundert. Ein Führer in vier Bänden, Band III/1, Wien 1.–12. Bezirk, Wien 1990.

Allgemeine Bautätigkeit in Wien im Jahre 1904. In: Zeitschrift des österreichischen Ingenieur- und Architekten-Vereines, 57. Jg., Wien 1905, S. 251.

Amtliches Nachrichtenblatt der Stadtgemeinde Baden, Rollett-Museum, 49. Jahrgang, Nr. 3, Juni/Juli 2004.

Amtsschematismus.

Authengruber, Peter: Lexikon der Wiener Straßennamen, Wien 2001.

Archiv der Technischen Universität Wien.

Ausstellungskatalog: 316. Sonderausstellung Wien Museum im Künstlerhaus, 25. Nov. 2004 – 28. März 2005. Alt-Wien. Die Stadt, die niemals war. Hg. Kos, Wolfgang und Christian Rapp.

Baden, Stadtarchiv: Diverse persönliche Daten zu Anton und Simon Rieß.

Baran, L. und P.: Ferdinand Kindermann. In: Wiener Zeitung: Die Schule bleibt allezeit ein politicum. 19. Februar 2005, Zeitreisen, III.

Bautechniker, Nr. 18, 29. Jahrgang, 1909. Beilage Sammlung Fred Hennings, Aufnahme 1941, Historisches Museum der Stadt Wien.

Beutel, Josef: Ortsbild von Mariensee am Wechsel 1922, hg. von N. Aubrunner und F. J. Legorsky, Eigenverlag J. Stickelberger, Mariensee 1995.

Biographische Quellen:

1. Heiratsurkunde Michael Rieß, Reg. IV/1803 Pfarramt Lichtenwörth, geb. 15.10.1803, Sohn des Johann Georg Rieß und der Barbara, geb. Lenauer, Heirat 19.1.1837, Wien Wieden, Reg 7/160.
1. Heiratsurkunde Aloisia Lewandersky Geburtsreg VI/7/1800 Pfarramt Pfaffstätten, geb. 21.8.1800, Tochter des Hyazinth und der Anna, geb. Jungmann, getauft 21.10.1800 Pfaffstätten, Heirat 19.1.1837, Wien Wieden, Reg 7/160.

1b. Heiratsurkunde Hyazinth Lewandersky, Sohn des Nikolaus und der Katharina, und Nözlin Maria Anna, geb. Jungmann, Heirat 11.5.1800, Pfaffstätten, Reg VI/2.

2. Taufschein des Karl Rieß, 20.5.1837, getauft 21.5.1837 Pfarre Wieden zu den heil. Schutzengeln, gest. 29.10.1930 in Linz, begraben in der Familiengruft am Wiener Zentralfriedhof Gruppe 71 B/36.
2. Taufschein des Anton Riess, geb. 24.5.1842, getauft 26.5.1842 Pfarre Wieden zu den heil. Schutzengeln, Johann Dinstl eh. Pfarrer, 26.9.1855, gest. 16.3.1927, Kaufmann, Baden, Reg. XXVIII/18.
2. Taufschein der Regina Anna Francisca Weinzettel, geb. 17.4.1846 in der Alservorstadt N. 262, Tochter des Michael Weinzettel, kath., geb. von Joslowitz in Mähren, Sohn des Johann Weinzettel, Kleinhäuslers und der Anna geb. Drach, und seiner Gattin Frau Marsailer Anna Maria Francisca, kath., geb. von Wien, Tochter des Dominik Marsailer, Hausbesitzers und der Franziska geb. Folin, getauft Pfarre Rossau, Pathe Frau Regina Weinzettel Lehrers Gattin zu St. Anna Stadt N° 1040, Jakob M. Koller eh. Pfarrer, 19. November 1862.
2. Heiratsurkunde Anton Riess, Wieden, geb. 24.5.1842, Sohn des Michael und der Aloisia, geb. Lewandersky, getauft 26.5.1842, gest. 16.3.1927, Kaufmann, wohnhaft Baden N° 337, Reg. XXVIII/18, Heirat 19.7.1864 Wien Wieden, getraut von P. Friedrich Lewandersky, Ordenspriester i. Hl. Kreuz und Pfarrer in Winden in Ungarn gemeinsam mit Pf. Coop Peter Scheuch.
2. Heiratsurkunde Regina Anna Francisca Weinzettel, Reg Wien Rossau Tom. XI, Fol. 02, geb. 17.4.1846, getauft 18.4.1846, gest. 19.4.1893, Baden, Reg XVII/II, Heirat 19.7.1864 Wien Wieden, Wohnadresse Wieden, Rainergasse N° 17. Beistände Andreas Nötzl, Artztens und Anton Weinzettl, Lehrers an der k.k. Normal Hauptschule bei St. Anna.

2.b. Heiratsurkunde Michael Weinzettel, Reg. VI/223 Pfarramt Joslowitz 143, Mähren, geb. 28.9.1803, Sohn des Johann Weinzettel und der Anna Maria, geb. Drachin, getauft 29.9.1803, gest. 31.10.1862, Oberlehrer, Wien Wieden.
2.b. Heiratsurkunde Anna Maria Franziska Marßailer, Reg. IV/108 Pfarramt Wien III, geb. 14.8.1812, Tochter des Dominik Marßailer und der Franziska, geb. Folin, getauft 14.8.1812, gest. 19.6.1868, Baden Reg. XIII/243. Heirat 1.7.1840 Wien III, Reg. VI/20.
2.c. Beide auf dem Matzleinsdorfer Friedhof beerdigt.
2.d. Heiratsurkunde Dominik Marßailer, Schlunders, Tirol, Heirat 4.11.1811, Wien III, Reg. IV/38 / Franziska Folin, Schlunders, Tirol, Tochter des Mathias.
3. Taufschein des Anton Michael Riehs, geb. 1.4.1868, Pfarramt St. Stephan Tom XVI Fol. 322, in Baden 337. Vater: Riehs Anton, kath. Mithauseigentümer und Kaufmann, gebürt. Von Wien, Pf. Wieden, ehel. Sohn des Michael Riehs und der Aloisia geb. Jungmann. Mutter: Weinzettel Regina Anna Franciska, kath. gebürt. von Wien Pf. Rossau, Tochter des Michael Weinzettel und der Anna Maria geb. Marsailer, getauft am 7. 4.1868, Baptizans Rudolf Lambrecht, Paten: Karoline Eilles, Wien.
II. Taufschein des Karl Rieß – Original.
II. Heiratsurkunde Karl Rieß und Anna, geb. Österreicher – Original.
II.a. Abschrift des Trauungsscheins Karl Rieß – Anna Österreicher 22.2.1870, angefertigt von zu den Schotten Pfarrer Hieronymus Hofbauer am 28.1.1891, beglaubigt Bezirksgericht Linz 26.3.1937.
III. Taufschein des Franz Rieß – Original.
III. Heiratsurkunde Franz Rieß (geb. 3.7.1876, gest. 24.2.1954) und Emilie Martha, geb. Kessner (geb. 2.7.1883 in Brünn, gest. 10.1.1942), evangel. Pfarramt Wien III, 4.1.1908.
III.a. Taufschein der Maria Anna Rieß – Original.
III.a. Heiratsurkunde Maria Anna Rieß (geb. 5.11.1874, Pfarre St. Elisabeth, Wieden, Wohnadresse Wien IV, Starhemberggasse 2, gest. 27.12.1965 Alt-Aussee) und Rudolf Bauer (geb. 20.12.1863 in Moosbrunn, Bez. Wiener Neustadt), k.k. Ingenieur im Ministerium des Innern, wohnhaft Wien XIV, Graumanngasse 5 – Original.
III.b. Abschrift des Geburts- u. Taufscheins der Johanna Rieß (geb. 18.12.1880), ausgestellt von der Pfarre St. Elisabeth Wieden am 9.3.1939.
III.b.1. Parte von Johanna Schopper, geb. Rieß, gest. 17.4.1965.
III.c. Abschrift des Geburts- u. Taufscheins des Clemens Isidor Schopper am 11.11.1878, ausgestellt von der Stadtpfarre Linz am 21.2.1939.
III.c. Abschrift des Trauungsscheins Clemens Isidor Schopper, ausgestellt von der Pfarre am 9.3.1939.
IV.a. Ahnenpaß Paul Schopper (geb 30.8.1909) weitgehend komplett bis Ururgroßeltern (Generation Georg Rieß).
IV.b. Parte von Dr. Hubert Schopper, gest 14.12.2000.

Biographisches Lexikon des Kaiserthums Österreich, hgg. Dr. Constant v. Wurzbach, Wien ab 1860.

Blaschke, Karl: Wasserfarbenbilder von »Alt-Wien«, Ausstellung Wien Museum Künstlerhaus 25.11.2004 – 28.3.2005.

Brandstetter, Jutta: Karl König 1841–1915. Das architektonische Werk. 2 Bde, Diplomarbeit Universität Wien, Wien 1966.

Brief Maria Schneeberger (geb. Rieß) an ihre Tochter Lore Taylor, November 1987.

Brunnbauer, Heidi: Im Cottage von Währing/Döbling. Interessante Häuser – interessante Menschen. Edition Weinviertel, Reihe: Lokalgeschichte, Gösing/Wagram 2003.

Buchinger, Günther: Ein Land von Stadthäusern oder eine Stadt von Landhäusern. Zur Villenarchitektur am Semmering. In: Semmering-Architektur, Hg. Mario Schwarz, 2 Bde, Bd. 2, Erscheinungsdatum 2006.

Bundesdenkmalamt, Hg.: Die Profanbauten des 3., 4., 5. Bezirks, Wien 1980.

Castelli, Ignaz F.: Memoiren meines Lebens, Gefundenes und Empfundenes, Erlebtes und Erstrebtes, 2 Bde, Wien–Prag 1861.

Castelli, J. F.: Memoiren meines Lebens, Gefundenes und Empfundenes, Erlebtes und Erstrebtes. Mit einer Einleitung und Anmerkungen neu herausgegeben von Dr. Josef Bindtner, 2 Bde, Wien/München 1913.

Cronin, Archibald Joseph: Escape from fear. Wien-Gmünd-Aspang. Übersetzt und ergänzt von Erika Sieder, Bibliothek der Provinz 2003.

Czeike/Groner: Wien-Lexikon, Wien 1974.

Czeipek, Felix F.: Wien-Wieden. Historische Bezirksbilder. In: Die Reihe Archivbilder, Erfurt 2004.

Dehio-Handbuch. Die Kunstdenkmäler Österreichs. Topographisches Denkmälerinventar. Niederösterreich Süd, 2 Bde, Bd. 2, Wien 2003.

Dehio-Handbuch. Die Kunstdenkmäler Österreichs. Topographisches Denkmälerinventar. Wien II. bis IX. und XX. Bezirk, Wien 1993.

Dem Andenken an Josef Schöffel anläßlich seines 100. Geburtstages, Rudolf A. Moißl, Josef Hyrtl und sein Vermächtnis, Mödling 1932. In: Schriftenreihe für Heimat und Volk, St. Pölten 1942/51.

Der Architekt, Wiener Monatshefte für Bauwesen und Decorative Kunst, VII-1901, T. 69 (Starhemberggasse), IX-1903, S. 32 (Vestibül, Schaumburgergasse [es sollte wohl Starhemberggasse 47 heißen], X-1904, T. 108 (Wohnhaus Starhemberggasse 47), XI-1905, T. 17 (Fassadendetail und Haustor, Starhemberggasse 40), XIV-1908, S. 22f. (Wohnhaus in Wien I, Wildpretmarkt 1).

Deutsch, Walter: Das große Niederösterreichische Blasmusikbuch. Mit Ehrentafel der niederösterreichischen Blasmusikkapellen, Wien 1982.

Deutsche Biographische Enzyklopädie, München 1997, Bd. 6.

Die Architektur des 20. Jahrhunderts, Wasmuth, Berlin, II-1902, S. 11, T. 10 (Haus Anna Rieß), 1904, S. 22, T. 37.

Die Burgfrau von Feistritz, Christine, geb. Freiin von Imhof-Geíßlinghof. In: Die Bühne, 2. Jg., Heft Nr. 16, 26.2.1925.

Die Familienhäuser-Anlage des Wiener Cottage-Vereins in Währing und Döbling, Wien 1894.

Die österreichisch-ungarische Monarchie in Wort und Bild. Auf Anregung und unter Mitwirkung Seiner kaiserlichen und königlichen Hoheit des durchlauchtigsten Kronprinzen Erzherzog Rudolf, Wien und Niederösterreich, 2. Abtheilung Niederösterreich, Wien 1888. (= Kronprinzenwerk Niederösterreich)

Die Presse: Finanzausgleich. Gemeinden: Mit dem Auftrag zur Schneckensuche. Gemeinden kritisieren die Gesetzesflut und warnen vor explodierenden Kosten im Gesundheits- und Pflegebereich, 1. Juli 2004, S. 23.

Die Wieden im Vormärz. Historisch-topographische Darstellung der südwestlichen Vorstädte und Vororte auf Grund der Katastralvermessung, Wien 1975.

Döbling, Eine Heimatkunde des XIX. Bezirkes, hgg. von Döblinger Lehrern, 3 Bände mit Plänen und Aufzeichnungen, Wien 1922.

Duscher, Andreas: Die Avifauna der subalpinen Rasen und Weideflächen des Wechselgebietes (Steiermark & Niederösterreich), Diplomarbeit, Institut für Zoologie, Universität für Bodenkultur Wien, Wien 1999.

Duscher, Andreas et al.: Ökologie der Vogelwelt im Kulturland des Wechselgebietes, Institut für Zoologie, Universität für Bodenkultur Wien, Wien 1996.

Eisenberg, L.: Das geistige Wien, Wien 1893.

Filek-Wittinghausen, W.: Gut gewerkt in Döbling. In: Beiträge und Dokumente zur Wirtschaftsgeschichte Wiens, Wien 1984, S. 38.

Gold, H.: Geschichte der Juden in Wien, Tel Aviv 1966.

Granichstädten-Menschel-Otruba: Altösterreichische Unternehmer, Wien 1969.

Grundbuch XVIII. und XIX. Bezirk, 1190 Wien, Obersteinergasse.

Hadamovsky, Franz (Hg.): Hugo Thimig erzählt, Graz/Köln 1962, S. 79.

Hamza, Ernst: Das Rauchstubengebiet im südlichen Niederdonau, insbesondere im Wechselgebiet und der ehemaligen Mark »Pütten«, der »buckligen Welt«. In: Zeitschrift für Volkskunde, Sonderdruck, 49. Jg. 1940, Neue Folge, Band II, Heft 3, S. 109–156.

Häuser-Kataster der k.k. Reichshaupt- und Residenzstadt Wien, 2. verb. Auflage, Wien/Leipzig 1912.
Häuser-Verzeichnis der Gemeinde Oberdöbling, Wien 1888.
Haselsteiner, Andrea: Gebäude und Hausgärten als Lebensraum freilebender Vögel. Eine Analyse am Beispiel ausgewählter Bereiche der Gemeinde Aspangberg-St. Peter, Diplomarbeit, Institut für Zoologie, Universität für Bodenkultur, Wien 2001.
Hofbauer, Karl: Die Wieden, Wien 1864.
Hottner, Fr.: Karl Rahl. In: Recensionen und Mittheilungen über Bildende Kunst, Wien 1862, S. 37ff.
Jäger, Gustav: Der Wechsel und sein Gebiet in Niederösterreich und Steiermark. Mit einer Karte des Wechsel-Gebietes und einem Panorama des Hochwechsels, Wien 1874.
Karplus, Anton: Neue Landhäuser und Villen in Österreich, Wien 1910.
Kernstock, Ottokar: Festspruch zur Eröffnungsfeier der Bahnstrecke Friedberg-Pinkafeld, 15. November 1925. In: Stögerer, Karl, Hg.: Chroniken – Erinnerungen, 2. Auflage, Pinggau 1992, S. 113–115.
Kirchberg am Wechsel. Geschichte und Gegenwart einer Marktgemeinde, Kirchberg am Wechsel 2001.
Kisch, Wilhelm: Die alten Straßen und Plätze von Wiens Vorstädten und ihre historisch interessanten Häuser, 2 Bde, Wien 1895, Nachdruck Cosenza 1967.
Klaar, Adalbert: Baualterspläne der Stadt Wien 1949–1955.
Kos, Wolfgang/Rapp, Christian, Hg.: Alt Wien. Die Stadt, die niemals war. 316. Sonderausstellung Wien Museum im Künstlerhaus, 25. Nov. 2004 – 28. März 2005, Katalog.
Krickel, A. J.: Wanderung in die südlichen Gebirgsgegenden des Landes unter der Enns oder die Herrschaften Pütten, Seebenstein, Feistritz, Thernberg, Schottwien, Neuberg, Reichenau und Guttenstein, nebst der Besteigung des hohen Wechsels, und der Darstellung der erst unlängst besuchten Höhle bei Kirchberg, das Taubenloch genannt, Wien 1838.
Krieger, Martin: Das Kulturland des Dauersiedlungsgebietes von Aspangberg-St. Peter als Lebensraum freilebender Vögel, Diplomarbeit, Institut für Zoologie, Universität für Bodenkultur, Wien 2001.
Kristan, Markus: Adolf Loos-Wohnung für Paul Khuner am Möllwaldplatz 4. Persönliches Gespräch.
Kronprinzenwerk Niederösterreich: siehe Die österreichisch-ungarische Monarchie in Wort und Bild.
Kuh, Fritz: Schulchronik von Sinnersdorf, Sinnersdorf 1971. In: Stögerer, Karl, Hg.: Chroniken – Erinnerungen, 2. Auflage, Pinggau 1992, S. 82–110.
Kunsttopographie, Österreichische: Bd XLIV, Die Profanbauten des III., IV., V. Bezirkes, Wien 1980.
Landes-Gesetz- und Verordnungsblatt für das Erzherzogtum Österreich unter der Enns, Jahrgang 1905, XXXII. Stück, 153. Verordnung des k.k. niederösterreichischen Landesschulrates vom 23. November 1905, Z. 176, 122-II, betreffend die Beschaffenheit der Schulgebäude und ihrer Teile sowie die erforderlichen Schuleinrichtungen für die Volks- und Bürgerschulen des Erzherzogtums Österreich unter der Enns mit Ausschluß des Schulbezirkes Wien, S. 165–176.
Landhaus und Villa in Niederösterreich 1840-1914, hg. von der Österreichischen Gesellschaft für Denkmal- und Ortsbildpflege, Wien 1982.
Lehmann's Allgemeiner Wohnungsanzeiger.
Lipp, Franz C./Längle, Elisabeth/Tostmann, Gexi/Hubmann, Franz, Hg.: Trachten in Österreich. Geschichte und Gegenwart, Wien 2004.
Loschek, Josef: Chronik Glashütte, Tränktörl 1918. In: Stögerer, Karl, Hg.: Chroniken – Erinnerungen, 2. Auflage, Pinggau 1992, S. 8–80.
Lützow, Carl v.: Geschichte der kais. kön. Akademie der bildenden Künste. Festschrift zur Eröffnung des Neuen Akademie-Gebäudes, Wien 1877, S. 113, FN 3.
MA 37 – Baupolizei Wien.
MA 61 – Heimatrolle Wien.

Märzroth, L.: Die Eisenbahn Wien-Aspang und ihre Gebirgs-Umgebung, 4. Auflage, ergänzt von C. Frühwirth, hgg. vom Österreichischen Touristen-Club, Wien 1884.
Maurer, Rudolf: Die Wiener Vorstadt. In: Katalogblätter des Stadtarchivs Baden, Baden 2005, Manuskript.
Mautner, Stephan: Chronik Trattenbach, 1918, mit Topographie des Tales, Trattenbach 1826.
Miedel, Johann, Neustiftgasse 67–69, Wien VII.
Nachruf auf Oscar Merz. In: Neue Freie Presse, 6.12.1904.
Neue Zürcher Zeitung: Schweizer Maikäferbestand nimmt laut Pro Natura zu, 5. April 2005, Nr. 78, S. 43.
Neumann, Franz v.: Wohnhaus am Semmering. In: Zeitschrift des österr. Ingenieur- und Architekten-Vereines, XLVII. Jahrgang, Wien 1985, Nr. 4, S. 42f.
Oberhammer, Monika: Landhaus und Villen in Niederösterreich 1840–1918, Wien 1982.
Österreichische Kunsttopographie: Wien. Bd XLIV, Die Profanbauten des III., IV., V. Bezirkes, hgg. vom Bundesdenkmalamt, Wien 1980.
Österreichisches Biographisches Lexikon, Wien.
Österreich Lexikon, hgg. von Richard und Maria Bamberger, Ernst Bruckmüller, Karl Gutkas, 2 Bde, Wien 1995.
Pfarre St. Paul, Wien XIX, Vormosergasse, Trauungsbuch 69–81, III.
Pfliegler, Michael: Tagebuchblätter aus dem Paradies. In: Lesestoff für die Landjugend, hgg. von Dr. Martin Stur und Therese Weiß, S. 18-28, zit. aus Görres, Ida Friederike: Die Quelle.
Photosammlung Gerlach, Wiener Stadtarchiv: Apfelgasse 3–5, 1940.
Photosammlung im Historischen Museum der Stadt Wien.
Pozzetto, Marco: Max Fabiani 1865–1962. »Drei Häuser Riess. Wien, Starhemberggasse, Ecke Südtiroler Platz, Zwischen 1901 und 1902 errichtet, 1945 durch Bomben zerstört. Nicht wieder aufgebaut.« [falsch, Südtiroler Platz 2 steht, nur kräftig umgebaut] Wien 1983, S. 71–73.
1. Promotionsfeier an der TU Wien: Dr. Max Fabiani. In: Zeitschrift des österreichischen Ingenieur- und Architekten-Vereines, 54. Jg., Wien 1902, Nr. 16, S. 160.
Prokesch, Jacques, Fuhrmanngasse 17, Wien VIII.
Prüfungs-Catalog der technischen Abtheilung des k.k. polytechnischen Institutes pro 1854/55.
Reinöhl, Rainer: Die Baudenkmale des Kurortes Baden bei Wien, Baden 1913, S. 82.
Rieß, Anton: Diverse persönliche Daten 1842–1927, u.a. Kaufmann in Baden, Antonsgasse, Bauherr von zwei »Rießhäusern«, Partezettel 1927. In: Stadtarchiv Baden, Biographisches Archiv.
Rieß, Helene: Trauungsanzeige 1.12.1900 mit Steuer-Inspector Dr. Max Wohl, Mutter – mosaisch, Trauzeuge: Karl Rieß. In: Stadtarchiv Baden, Biographisches Archiv.
Rieß, Karl: Trauung 27.2.1870 mit Anna Österreicher in St. Paul, Wien-Döbling Vormosergasse, Trauzeugen: Franz Prantner, Steinmetz, Wien IV, Belvedereg. 2 und Karl Möckna, Rittmeister, Döbling 9.
Rieß, Regina: Trauungsanzeige 11.5.1898 mit Dr. Oskar Herz, Trauzeugen: Karl Rieß, Wien IV, Starhemberggasse 42, Dr. Rudolf Bitschnau, Starhemberggasse 22.
Rieß, Regina: Partezettel 1893. In: Stadtarchiv Baden, Biographisches Archiv.
Rieß, Simon: Silbernes Verdienstkreuz für 58 Jahre Zugehörigkeit zur Wienerberger Ziegelwerks- und Baugesellschaft 1884 (geb. 1812?). In: Stadtarchiv Baden, Biographisches Archiv.
Schnack-Herbosegg, Herbert: Persönliche mündliche Erinnerungen, Wien 2005.
Schriftenreihe für Heimat und Volk, St. Pölten 1942/51: Dem Andenken an Josef Schöffel anläßlich seines 100. Geburtstages, Rudolf A. Moißl, Josef Hyrtl und sein Vermächtnis, Mödling 1932.
Schularchiv der Volksschule Mariensee am Wechsel 1878–1965.
Schulbauten der Gemeinde Wien 1877–1890. In: Zeitschrift des österreichischen Ingenieur- und Architekten-Vereines 1891, Nr. 11, S. 98f.

Schulchronik Volksschule Miesenbach-Scheuchenstein – 50 Jahre, hgg. von Walter Wieser, Miesenbach 1962.
Schulmöbel: Christoph & Unmack, Bunzendorf in Deutschböhmen, Bezirk Friedland. Einrichtungen für Schulzimmer, Zeichensäle, Turnhallen, Kindergärten, Kleinkinderschulen, k.k. Österr. Patent 17805, 21809, 37206, 43316, 44472, k.k. Österr. Markenschutz 6168, 43632, Ausgabe 1911.
Schwarz, Mario: Die Villenarchitektur im Süden Niederösterreichs. In: Denkmalpflege in Niederösterreich, Bd. 8, Sommerfrische – Zum kulturellen Phänomen der Erholungslandschaft, Wien 1991.
Schwarz, Mario, Hg.: Semmering-Architektur, 2 Bde, Wien, Erscheinungsdatum 2005/2006.
Schweitzer, Renate: Die Cottage-Anlage in Wien-Währing. Ein Beispiel früher Siedlungsplanung. In: Wiener Geschichtsblätter, hgg. Verein für Geschichte, 22. (82.) Jg. 1967, S. 242–252.
Seemann, Helfried/Lunzer, Christian: Favoriten, Band II, Favoriten – Wienerberg, Laaerberg – Rothneusiedl, Oberlaa – Unterlaa, Wien 2003, S. 82, Triesterstraße, Städtische Wohnhausanlage zwischen Quarinplatz, Zur Spinnerin und Braunspergengasse, Photo Brüder Kantor um 1930.
Sieder, Erika: Das Hungerloch. Ein Blick auf Küche und Kultur in Mariensee und St. Peter am Wechsel, 2 Bde, 1 CD, Großwolfgers 2002.
Stadtarchiv Stockerau.
Stadtplan Carl Graf Vaszquez, 1827.
Starl, Timm: Das strenge Regiment der »Herren des Hauses«. In: Wiener Zeitung, 14. Jänner 2005. Extra, Tangenten, S. 2.
Stickelberger, Josef et al.: Mariensee und seine Ursprünge, Mariensee 1994, vergriffen.
Stickelberger, Josef et al.: Mariensee und St. Peter – Geschichten und Bilder von der niederösterreichischen Seite des Wechsels, Mariensee 1997.
Stögerer, Karl, Hg.: Chroniken – Erinnerungen, 2. Auflage, Pinggau 1992.
Taylor, Lore: Erinnerungen ihrer Mutter Maria, geb. Rieß, November 1987.
Templ, Stephan/Walzer, Tina: Unser Wien. Arisierung auf Österreichisch, Berlin 2001.
Thieme/Becker, s.v. Oskar Merz.
Totenbeschauprotokolle, Wien.
Umlauft, Prof. Dr. Fr.: Das Erzherzogtum Österreich unter der Enns. Mit zahlreichen Abbildungen und einem Titelbilde in Farbendruck, Wien 1881.
Vasko, Désirée: Die Südbahn. Ihre Kurorte und Hotels. In: Schwarz, Mario, Hg.: Semmering-Architektur, 2 Bde, Bd. 1, Wien, Oktober 2005.
Villa Bittner. In: Zeitschrift des österreichischen Ingenieur- und Architekten Vereines, 25. Jänner 1895, Nr. 4, S. 393, Tafel XX.
Wasmuths Lexicon der Baukunst, Berlin 1930, Band II, S. 405.
Weissensteiner, Friedrich: Die Rote Erzherzogin. Das ungewöhnliche Leben der Tochter des Kronprinzen Rudolf, Versuch einer Biographie, Wien 1982.
Wiedner k.k. Staatsrealschule. Bericht über die fünfzigjährige Jubelfeier der k.k. Staatsrealschule früher Wiedner Kommunal-Oberrealschule im IV. Bezirke Wiens, Wien 1905.
Wiener Fassaden des 19. Jahrhunderts. Wohnhäuser in Mariahilf. Kunsthistorische Arbeitsgruppe »GeVAG«, Studien zu Denkmalschutz und Denkmalpflege, hgg. vom Bundesdenkmalamt Wien, Wien 1976.
Wiener Neubauten im Stile der Secession, Serie II, Wien 1904, Tafel 19 Eingang, Starhemberggasse 47.
Wiener Zeitung: Timm, Starl: Das strenge Regiment der »Herren des Hauses«, 14. Jänner 2005. Extra, Tangenten, S. 2.
Wiener Zeitung: Die Schule bleibt allezeit ein politicum. Baran, L. und P. »Ferdinand Kindermann«, 19. Februar 2005, Zeitreisen, III.
Wieser, Walter: Schulchronik 50 Jahre Volksschule Miesenbach-Scheuchenstein, Miesenbach 1962.
Winkler, Susanne: Blickfänge einer Reise nach Wien. Fotografien 1860–1910 aus den Sammlungen des Historischen Museums der Stadt Wien, Wien 2000.

Wohnhaus am Semmering. In: Zeitschrift des österreichischen Ingenieur- und Architekten-Vereines, 25. Jänner 1895, Nr. 4, S. 1, 42, Tafel V.
Wurzbach, Dr. Constant V.: Biographisches Lexikon des Kaiserthums Österreich, Wien 1860.
Wüsinger, Josef: Geschichten und Bilder aus den Voralpen. Für Hütte und Palast. Sammlung gediegener österreichischer Unterhaltungsschriften, Band XXIV, Wien 1904, Verlag Heinrich Kirsch, Wien I, Singerstraße 7 (Deutsches Haus).
Zeitschrift des österreichischen Ingenieur- und Architekten-Vereines, Nr. 11, Wien 1891, »Schulbauten der Gemeinde Wien«, S. 98f. Zeitschrift des österreichischen Ingenieur- und Architekten-Vereines, 54. Jg., Wien 1902, »Promotion«, S. 160.
Zeitschrift des österreichischen Ingenieur- und Architekten-Vereines, 57. Jg., Wien 1905, »Allgemeine Bautätigkeit in Wien im Jahre 1904«, S. 251.

QUELLENANGABEN

Achleitner	Wien I: Wiesingerstraße 3; Wildpretmarkt 1. Wien V: Franzensgasse 25; Linke Wienzeile 116=Mollardgasse 17=Turmburggasse 1–7. Wien IX: Georg-Siegl-Gasse 11. Wien X: Braunspergengasse 8–10=Inzersdorfer Straße 115–117=Zur Spinnerin 21–23.
Dehio, Wien	Wien IV: Belvederegasse 41=Favoritenstraße 25=Karolinengasse 34; Favoritenstraße 30–32=Möllwaldplatz. Wien V: Franzensgasse 25; Linke Wienzeile 116 »Edlinger Hof«=Mollardgasse 17=Turmburggasse 1–7. Wien VII: Mentergasse 11; Siebensterngasse »Zu den 7 Sternen«=Stiftgasse 21.
Dehio, NÖ Süd	Mariensee am Wechsel: Mariensee 62, Mariensee 110, Mariensee 120, Mausoleum. Urgersbach: Mausoleum.
Österreichische Kunsttopographie	Wien III: Ditscheinergasse 2, 3, 4. Wien IV: Apfelgasse 3; Argentinierstraße 13=Gußhausstraße 13; Belvederegasse 41=Favoritenstraße 25=Karolinengasse 34; Danhausergasse 2=Mayerhofgasse 7; Freundgasse 14–16=Margaretenstraße 35=Preßgasse 13–15; Graf-Starhemberg-Gasse 3= Karolygasse; Große Neugasse 11=Mostgasse 4; Gußhausstraße 24=Karlsgasse 22; Johann-Strauß-Gasse 42; Lambrechtgasse 4, 6, 8; Prinz-Eugen-Straße 2; Schelleingasse 44; Schwindgasse 15; Tilgnerstraße 3.
Pozzetto	Wien IV: Graf-Starhemberg-Gasse 40–42, 47; Südtiroler Platz 2, 4.
Wiener Fassaden – Mariahilf	Wien V: Franzensgasse 25; Linke Wienzeile 116 »Edlinger Hof«=Mollardgasse 17= Turmburggasse 1–7.

ANHANG

A. Familienstammbaum

I Andreas Rieß geb. ?	Ursula Rieß geb. ?

Heirat am 5.2.1793

II Johann Georg Rieß geb. ? 1770	Barbara Lenauer geb. 30.10.1772

A-1 Johann Georg geb.1.9.1793	A-2 Franz geb. 4.10.1799	A-3 Michael geb. 15.10.1803	A-4 Anna Maria geb. 2.7.1805	A-5 Johann Georg geb. 7.10.1807
	A-6 Vinzenz geb. 22.1.1811	A-7 Georg geb. 14.4.1812	A-8 Magdalena geb. 16.3.1816	

Heirat am 24.1.1837

A-3 Michael geb. 15.10.1803	Aloisia Lewandersky 21.8.1800–21.10.1900
B-3-1 Karl 20.5.1837–29.10.1930	B-3-2 Anton 24.5.1842–16.3.1927

Heirat am 22.2.1870

B-3-1 **Karl** 20.5.1837–29.10.1930	Anna Österreicher geb. 19.4.1843

C-3-1-1 Karl Johann Joseph 14.4.1871–30.11.1948	C-3-1-2 Maria Anna 5.11.1874–27.12.1965	C-3-1-3 **Franz August Josef** 3.7.1876–24.2.1954	C-3-1-4 Johanna 18.12.1880–17.4.19

Der Urgroßvater Andreas Rieß[110], Bauer in Lichtenwörth und seine Frau Ursula scheinen weder in den Tauf- noch in den Heiratsmatriken der Pfarre Lichtenwörth auf. Damit muß die Frage, woher sie zugewandert und ob sie katholisch oder evangelisch waren, bzw. wieviele Kinder sie hatten, unbeantwortet bleiben.

Der Großvater Johann Georg Rieß (geb. ? 1770, katholisch ?) – Bauer in Lichtenwörth, Pötschinger Straße Nr. 56 (heute 38), heiratet am 5.2.1793 Barbara Lenauer (30.10.1772), Tochter von Martin und Theresia Lenauer aus Lichtenwörth:

Kinder
- Johann Georg (1.9.1793)
- Franz (4.10.1799)
- Michael (15.10.1803), katholisch getauft aus Lichtenwörth, gest.?, scheint zuerst als Germhändler (1844), 1862 als Familie Rieß, 1864 als Gastwirt (Bestandswirt) in Wien IV, Wieden, Rainergasse 9 (= erste Büroadresse des Sohnes Karl Rieß) auf. Heirat in Wien IV, Paulanerkirche am 24.1.1837 mit Aloisia Lewandersky (geb. 21.8.1800 Pfaffstätten, gest. 21.10.1900, Tochter des Hyazinth Lewandersky, Arztes und der Anna, geb. Jungmann), verw. Wittauer, Wirtin in Wien IV.[111] Sie sind die Eltern des Wiener Stadtbaumeisters Karl Rieß (1837) und seines Bruders Anton Rieß (1842), Gastwirt, Kaufmann und Weinhändler in Baden:

  Kinder
  - **Karl** 20.5.1837, get. in der Paulanerkirche, gest. 29.10.1930 in Linz, begraben in der Familiengruft Rieß am Zentralfriedhof Gruppe 71 B/36. Keine Daten vorhanden über den Schulbesuch vor dem im Jahre 1853 mit 16 Jahren begonnenen Studium am k.k. Polytechnischen Institut Wien. Seine Söhne Franz und Karl Otto sowie sein Enkel Otto besuchten die Realschule Waltergasse, welche heuer ihr 150-Jahre-Jubiläum feiert. Karl Rieß wird im Inskriptionsverzeichnis der TU Wien 1895 von seinem Sohn Franz als »Architekt« bezeichnet. Die Ausbildung zum Architekten hätte, zu dieser Zeit, nach Abschluß des Polytechnikums den Besuch der Akademie der bildenden Künste am Schillerplatz erfordert, was jedoch anhand der Recherchen durch Archivar F. Gutschi nicht zu belegen ist. Studiert von 1853/1854–1857/58 zunächst Maschinentechnik, dann Landwirtschaft und Land- und Wasserbau, Abschluß mit Diplom 1858.[112] 1853/54 – Elem. Mathematik, 1854/55 Mathematik, Physik, Geom. Konstr. Zeichnen, 1855/56 Mechanik, Maschinenzeichnen, Feldmaschinentechnik, 1856/57 Landwirtschaft, 1857/58 Landbau, Wasserbau. Baumeisterkonzession Nr. 130 seit 17.1.1868. Am 22.2.1870 Heirat in der Pfarre St. Paul, Wien XIX, Vormosergasse mit Anna, geb. Österreicher (Zwillingsschwester Franziska, 19.4.1843, lt. Heiratsmatrik get. 10.6.1843 in Pfarre Nußdorf[113]) aus Ober-Döbling 205 (heute wäre dies die nicht existente Nr. Gymnasiumstraße 93, Tochter des Zimmermeisters und späteren k.k. Hof- und Stadtzimmermeister Josef Österreicher (Holzlagerstätte Wien XIX, Ecke Peter-Jordan-Straße/Gymnasiumstraße – heute Studentenheim.) Josef Österreicher und seiner Frau Anna, geb. Schilk (Tochter des Michael Schilk und seiner Frau Ursula geb. Schaeck, Wirt in Unterheiligenstadt, Wohnadresse bis 1894 Nußdorfer Straße 111, heute Heiligenstädter Straße). Trauzeugen: Franz Prantner – Steinmetz, IV, Belvederegasse 2, und Karl Möckna – Rittmeister, Döbling 9.

110 siehe Details Spitzer-Lichtenwörth.
111 siehe Details Bezirksmuseum Wieden.
112 Archiv TU Wien, Prüfungsbücher 1853/54–1857/58.
113 Nicht zu verifizieren.

Heirat am 17.6.1901

C-3-1-1 Karl Johann Joseph 14.4.1871–30.11.1948	Olga Gerlach 10.9.1877–1958

Heirat am 31.12.1930

D-3-1-3-1 Karl Otto 18.3.1902–1985	Trude Harmer 17.2.1907–1980

E-3-1-3-1-1 Hellmut 18.3.1932–1997	E-3-1-3-1-2 Helga geb. 27.5.1936	E-3-1-3-1-3 Hannelore geb. 29.4.1938

Heirat 1963

E-3-1-3-1-1 Hellmut 18.3.1932–1997	Waltraud Skorzeny geb. 21.2.1940
F-3-1-3-1-1-1 Robin geb. 5.6.1968	F-3-1-3-1-1-2 Timo geb. 10.2.1971

Heirat am 28.5.2005

F-3-1-3-1-1-2 Timo geb. 10.2.1971	Catharina Havas geb. 11.7.1974

Heirat am 30.8.1956

E-3-1-3-1-2 Helga geb. 27.5.1936	Mehmet Necat Erol geb. 6.3.1922

F-3-1-3-1-2-1 Osman geb. 4.7.1958	F-3-1-3-1-2-2 Murat geb. 26.12.1963	F-3-1-3-1-2-3 Selim geb. 14.9.1971	F-3-1-3-1-2-4 Karin geb. 14.9.1971

Heirat am 25.5.1986

F-3-1-3-1-2-1 Osman geb. 4.7.1958	Kathrin Ittner geb. 30.5.1960
G-3-1-3-1-2-1-1 Stefanie geb. 18.10.1988	G-3-1-3-1-2-1-2 Konstantin geb. 9.7.1990

F-3-1-3-1-2-3 Selim geb. 14.9.1971	Sonja Gindl geb. 10.9.1971

G-3-1-3-1-2-3-1
Helena
geb. 8.8.2003

Heirat am 4.9.1999

F-3-1-3-1-2-4 Karin geb. 14.9.1971	Wilhelm Luggin geb. 14.5.1969
G-3-1-3-1-2-4-1 Florian geb. 17.11.2000	G-3-1-3-1-2-4-2 Selma geb. 5.10.2002

Heirat 1972

E-3-1-3-1-3 Hannelore geb. 29.4.1938	Herbert Saak geb. 29.10.1934
F-3-1-3-1-3-1 Michael geb. 12.2.1965	F-3-1-3-1-3-2 Simon geb. 7.12.1967

Heirat 1997

F-3-1-3-1-3-1 Michael geb. 12.2.1965	Nicole Datler geb. 24.7.1972
G-3-1-3-1-3-1-1 Christoph geb. 6.5.1999	G-3-1-3-1-3-1-2 Georg geb. 21.6.2001

Heirat 1993

F-3-1-3-1-3-2 Simon geb. 7.12.1967	Petra Kachler geb. 12.1.1970
G-3-1-3-1-3-2-1 Stefanie geb. 9.7.1995	G-3-1-3-1-3-2-2 Katrin geb. 2.1.1997

Kinder – Karl Johann Joseph (14.4.1871–30.11.1948). Schüler der Realschule Waltergasse, Dipl. Ing. Maschinenbau, heiratet 17.6.1901 Olga Gerlach (10.9.1877 Prag–1958).

Kind – Karl Otto (18.3.1902 Peine–1985), heiratet 31.12.1930 Trude Harmer (17.2.1907–1980) in Wien., evang.

Kinder – Hellmut (18.3.1932–1997), heiratet 1963 Waltraud Skorzeny (21.2.1940) in Linz

Kinder – Robin (5.6.1968)

Timo (10.2.1971) heiratet 28.5.2005 Catharina Havas (11.7.1974)

Helga (27.5.1936 heiratet 30.8.1956 Mehmet Necat **Erol** (6.3.1922)

Kinder – Osman (4.7.1958) heiratet 25.5.1986 Kathrin Ittner (30.5.1960)

Kinder – Stefanie (18.10.1988)

Konstantin (9.7.1990)

Murat (26.12.1963)

Selim (14.9.1971) mit Sonja Gindl (10.9.1971)

Kinder – Helena (8.8.2003)

Karin (14.9.1971) – Architektin heiratet 4.9.1999 Wilhelm Luggin (14.5.1969)

Kinder – Florian (17.11.2000)

Selma (5.10.2002)

Hannelore (29.4.1938) heiratet 1972 Herbert Saak (29.10.1934) in Miesenbach

Kinder – Michael (12.2.1965) heiratet 1997 Nicole Datler (24.7.1972)

Kinder – Christoph (6.5.1999)

Georg (21.6.2001)

Simon (7.12.1967) heiratet 1993 Petra Kachler (12.1.1970)

Kinder – Stefanie (9.7.1995)

Katrin (2.1.1997)

Heirat am 10.8.1897

C-3-1-2 Maria Anna 5.11.1874–27.12.1965	Rudolf Bauer geb. 20.12.1863

Heirat am 5.9.1922

D-3-1-2-1 Maria 12.12.1898–6.11.1984	Felix Schnack Edler von Herbosegg 28.10.1890–5.3.1957
E-3-1-2-1-1 Herbert geb. 15.12.1924	E-3-1-2-1-2 Wolfgang 15.12.1924 – gefallen

Heirat am 22.11.1956

E-3-1-2-1-1 Herbert geb. 15.12.1924	Elisabeth Wittasek geb. 13.4.1929
F-3-1-2-1-1-1 Christoph geb. 10.7.1958	F-3-1-2-1-1-2 Susanne geb. 18.5.1961

Heirat am 8.11.1990

F-3-1-2-1-1-1 Christoph geb. 10.7.1958	Beate Zabloudil geb. 23.4.1961
G-3-1-2-1-1-1-1 Sophia geb. 23.11.1990	

Heirat am 5.10.1993

F-3-1-2-1-1-2 Susanne geb. 18.5.1961	Klaus Krammer geb. 3.12.1959
G-3-1-2-1-1-2-1 Clemens geb. 5.11.1991	G-3-1-2-1-1-2-2 Florian geb. 19.11.1995

Maria Anna (5.11.1874, Wien IV, Starhemberggasse 2–27.12.1965 Alt-Aussee), heiratet am 10.8.1897 Rudolf Bauer (20.12.1863 Moosbrunn, Bez. Wiener Neustadt), k.k. Ingenieur im Ministerium des Innern, wohnhaft Wien XIV, Graumanngasse 5. Trauzeugen: Emil Otto Förster, Ministerialrat, IX. Bezirk, Maximilianplatz 15 [heute Rooseveltplatz vor der Votivkirche], Johann Österreicher, Hofzimmermeister, Wien XIX. Bezirk, Gymnasiumstraße 93 [nicht mehr existent, Gymnasiumstraße endet heute mit 85, ehemals Holzlagerplatz der Fa. Österreicher, später »Kuffner-Villa«, heute Studentenheim]

Kinder – Maria (12.12.1898–6.11.1984 Wien-Währing) heiratet am 5.9.1922 Felix Schnack Edler von Herbosegg (28.10.1890 Mostar–5.3.1957 Graz), Kontrolleur bei der DOSAG (Donau-Save-Adria), der Mostar-Sarajewo-Bahn, Erinnerungen an Ferien im Südbahnhotel am Semmering.

Kinder – Zwillinge Herbert (15.12.1924) heiratet 22.11.1956 Elisabeth Wittasek (13.4.1929)

Kinder – Christoph (10.7.1958 Wien), heiratet 8.11.1990 Beate Zabloudil (23.4.1961)

Kind – Sophia (23.11.1990)

Susanne (18.5.1961 Wien) heiratet 5.10.1993 Klaus Krammer (3.12.1959)

Kinder – Clemens (5.11.1991)

Florian (19.11.1995)

und Wolfgang (15.12.1924, im Zweiten Weltkrieg gefallen)

Heirat am 4.1.1908

C-3-1-3 **Franz August Josef** 3.7.1876–24.2.1954	Emilie Martha Kessner 2.7.1883–10.1.1942

D-3-1-3-1 Martin Franz 18.11.1908 – gefallen	D-3-1-3-2 Christian Franz 14.11.1910–26.7.1929	D-3-1-3-3 Otto Franz 14.1.1914–16.8.1996	D-3-1-3-4 Wilhelm Franz 15.12.1919–1935

1. Heirat, gesch.		2. Heirat 1952
Lucilla G.A. Guzmann 21.11.1908–?	D-3-1-3-3 Otto Franz 14.1.1914–16.8.1996	Margarethe Gottscheber geb. 1931
E-3-1-3-3-1a Susanne geb.12.1943	E-3-1-3-3-1b Peter geb. 1953	E-3-1-3-3-2b Christine geb. 7.5.1956

Heirat		Heirat	
E-3-1-3-3-1a Susanne 14.1.1914–16.8.1996	Klaus Göbel geb. 1939	E-3-1-3-3-1b Peter geb. 1953	Heidemarie Juza geb. 1953
	F-3-1-3-3-1a-1 Ulrike geb. 20.11.1963		

Heirat

	E-3-1-3-3-2b Christine geb. 7.5.1956	Arnulf Smolle geb. 8.3.1952
F-3-1-3-3-2b-1 Viktoria geb. 15.3.1985	F-3-1-3-3-2b-2 Marie-Theres geb. 18.3.1988	F-3-1-3-3-2b-3 Florentien geb. 18.5.1992

Franz August Josef (3.7.1876–24.2.1954, evang. AB). Grab am Zentralfriedhof. verh. mit Emilie Martha Kessner aus Brünn, (2.7.1883- 10.1.1942, evang. AB) Eheschließung 4.1.1908 am evang. Pfarramt 1030 Wien.

Kinder – Martin Franz (18.11.1908, gefallen, mit Wirkung vom 30.4.1945 lt. Standesamt Mariahilf für tot erklärt).

Christian Franz (14.11.1910-26.7.1929), beim Klettern in Osttirol von der Mutmalspitze abgestürzt, in Vent am Friedhof begraben[114], Hochschulstudent.

Otto Franz (4.1.1914-16.8.1996), der letzte in der direkten Linie der Baumeisterdynastie, liegt auch am Zentralfriedhof begraben.
1. Ehe mit Lucilla Genoveva Aloisia Guzmann (21.11.1908 aus Bielitz, Vorfahren mütterlicherseits aus Triest – Andrea Bozzini, 24.11.1801 und Clara, geb. Brancovig 7.8.1812, väterlicherseits aus Wien)
Kind – Susanne (12.4.1943), verh. mit Klaus Göbel (1939)
Kind – **Ulrike** (20.11.1963)
2. Ehe 1952 mit Margarethe Gottscheber (1931 Neusetz bei Straden, Stmk.)
Kinder – Peter (1953), verh. mit Heidemarie Juza (1953)
Christine (7.5.1956), verh. mit Arnulf Smolle (8.3.1952)
Kinder – Viktoria (15.3.1985)
Marie-Theres (18.3.1988)
Florentien (18.5.1992)

Wilhelm Franz (15.12.1919–1935) beim Klettern auf der Hohen Wand mit 16 Jahren abgestürzt, im Familiengrab am Zentralfriedhof begraben, Realschüler.

114 lt. Bergführer Hubert Scheiber, 6458 Vent 29, steht das Kreuz heute noch.

Johanna (18.12.1880 in Wien IV, Starhembergg 2–17.4.1964), heiratet am 27.11.1906 in Wien IV, Pfarre St. Elisabeth, Wohnadresse Wien IV., Starhemberggasse 42, Clemens Isidor Schopper (11.11.1878 Linz–22.2.1923 Linz), Dr. der Medizin, k.u.k. Oberarzt, Pathologe, wohnhaft in Triest, später Leiter des Bakteriologischen Instituts Linz.
Tochter Eva ist mit wenigen Monaten an Gehirnhautentzündung gestorben

Heirat am 27.11.1906

	C-3-1-4 Johanna 18.12.1880–17.4.1964	Clemens Isidor Schopper 11.11.1878–22.2.1923	
D-3-1-4-1 Eva	D-3-1-4-2 Paul 30.8.1909–31.12.1984	D-3-1-4-3 Hubert 3.10.1912–14.12.2000	D-3-1-4-4 Trude geb. 11.2.1919

Heirat

	D-3-1-4-2 Paul 30.8.1909–31.12.1984	Traudl Wolfarth 22.1.1912–17.6.1995	
	E-3-1-4-2-1 Ursel geb. 17.6.1940	E-3-1-4-2-2 Ulrich geb. 27.8.1943	

Heirat 1967, gesch.

E-3-1-4-2-1 Ursel geb. 17.6.1940	Reinhard Trauth geb. 25.6.1939		
F-3-1-4-2-1-1 Florian geb. 27.12.1968			

Heirat

	F-3-1-4-2-1-2 Thomas geb. 15.12.1970	Carina Gründling	
	G-3-1-4-2-1-2-1 Raphael geb. 1.3.2000	G-3-1-4-2-1-2-2 Lukas geb. 7.4.2002	G-3-1-4-2-1-2-2 Nina geb. 16.12.2003

Heirat am 25.8.1967

	E-3-1-4-2-2 Ulrich geb. 27.8.1943	Emma Lohberger geb. 22.3.1945	
F-3-1-4-2-2-1 Roland geb. 20.5.1970	Ursula Drahoss geb. 30.9.1976	F-3-1-4-2-2-2 Berndt geb. 30.11.1973	F-3-1-4-2-2-3 Veit geb. 15.9.1977
G-3-1-4-2-2-1-1 Julia geb. 3.2.1994	G-3-1-4-2-2-1-2 Elisabeth geb. 25.7.1997		

Heirat am 14.4.1942

D-3-1-4-3 Hubert 3.10.1912–14.12.2000	Wiltraut Romana Schleifer geb. 24.6.1921
E-3-1-4-3-1 Frohlinde Jutta geb. 8.4.1943	E-3-1-4-3-2 Wiltraut Romana geb. 26.3.1945

Heirat am 16.8.1968

E-3-1-4-3-1 Frohlinde Jutta geb. 8.4.1943	Günter Franz Feurstein geb. 10.2.1939

F-3-1-4-3-1-1 Michaela Christine geb. 7.8.1969	F-3-1-4-3-1-2 Hannes Gregor geb. 10.1.1972	F-3-1-4-3-1-3 Klaus Gallus geb. 10.1.1972

Heirat am 26.4.2001

F-3-1-4-3-1-1 Michaela Christine geb. 7.8.1969	Christian Prasser geb. 26.11.1969
G-3-1-4-3-1-1-1 Oskar Leo geb. 17.7.2001	G-3-1-4-3-1-1-2 Anna Rosa geb. 13.3.2003

Heirat am 7.8.2002

F-3-1-4-3-1-3 Klaus Gallus geb. 10.1.1972	Martina Wachter geb. 18.1.1974
G-3-1-4-3-1-3-1 Kilian Gallus geb. 14.1.2000	G-3-1-4-3-1-3-2 Lina Zoë geb. 28.11.2003

1. Heirat am 30.7.1964, gesch. 2. Heirat am 26.7.1986, verw.

Rudolf Huemer geb. 6.4.1941	E-3-1-4-3-2 Wiltraut Romana geb. 26.3.1945	Max Accart 30.10.1949–28.8.2003

F-3-1-4-3-2-1 Erik Huemer-Accart geb. 13.5.1966

1. Heirat		2. Heirat
Wilhelm Stieger 24.1.1916–23.11.1940 gefallen	D-3-1-4-4 Trude geb. 11.2.1919	Herbert Rössler geb. 23.5.1925
E-3-1-4-4-1a Hildegunde geb. 3.5.1941		E-3-1-4-4-1b Magdalena geb. 8.2.1960

Heirat

E-3-1-4-4-1a Hildegunde geb. 3.5.1941	Wolf Dieter Ohl geb. 21.12.1944
F-3-1-4-4-1a-1 Julia geb. ?	F-3-1-4-4-1a-2 Constanze geb. ?

Heirat am 17.7.1993

E-3-1-4-4-1b Magdalena geb. 8.2.1960	Roman Weiß geb. 6.2.1957
E-3-1-4-4-1b-1 Ortrun geb. ?	E-3-1-4-4-1b-2 Christiane geb. 9.9.1992

Anton (24.5.1842–16.3.1927) geboren auf dem Schaumburgergrund Nr. 87[115], getauft in der Paulanerkirche, Taufpate Karl Schönwiese, Fabriksinhaber in Inzersdorf Nr. 125. Eltern: Michael Rieß, Gastwirt, kathol. und Aloisia Lewandersky, kathol. (Tochter des Hyazinth Lewandersky, Arzt und der Nözlin Maria Anna, geb. Jungmann), Wohnadresse Weyringerg. 9, Wieden, Mithauseigenthümer am Schaumburgergrund 39.[116]
Trauung 19.7.1864 mit Regina Anna Francisca Weinzettel (17.4.1846 in der Alservorstadt Nr. 262, getauft Pfarre Rossau–19.4.1893 Baden), Tochter des Michael Weinzettel, »gebürtig von Joslowitz in Mähren, d.z. Lehrer an der Hauptschule des k.k. Waisenhauses nun dirig. Oberlehrer an der Pfarrschule Schaumburgergrund«[117] auf der Wieden und der Anna Maria Franziska, geb. Marßailer (14.8.1812 Pfarramt Wien III, Eltern Marßailer Dominik und Franziska geb. Folin aus Schlunders, Tirol–19.6.1868 Baden), Wohnadresse Schaumburgergasse 2. Beide sind am Matzleinsdorfer Friedhof beerdigt.
Gastwirt »Zur englischen Köchin«, Baden, Antonsgasse 1a, Weinhändler und Kaufmann in Baden, »Inspektor des Vereines der behausten Bürgerschaft in Baden.«[118]
Grab am Friedhof Baden: IV/Reihe 1/M 21 gemeinsam mit seiner Frau Regina. Stammgast am »Eisernen Tor«.

Kinder – Karl (1863–15.7.1872)
Anton Michael (1.4.1868 Baden–8.2.1954) heiratet 30.12.1899 Margherita Juliana Anna Rosa Sieckenberger (30.11.1875 Mailand–30.5.1957 Braunau/Inn, begraben in Baden) in S. Antonii Patavini, Triest. Beruf: Negociator, Handelsgeschäfte, Kaffeerösterei, Kontor, beruflich in Raab (heute Györ, Ungarn), Sparkassenbeamter.

Kinder – Maria (13. 8.1905 Baden–24.2.2004 Mattighofen, OÖ) heiratet 6.2.1938 Karl Schneeberger (1.4.1904 Wien-11.5.2002) in Heiligenkreuz, Förster bei den Bundesforsten, gesch.
Kinder – Irmgard (25.12.1938 in Baden), heiratet 6.2.1958 Hans Dobler (13.4.1932 Braunau)
Kinder – Helmut (5.5.1958 Braunau) heiratet Eva Ellinger (6.12.1957 Vorchdorf)
Kinder – Georg (16.10.1988 Vöcklabruck)
Wolfgang (14.12.1959 Braunau–18.4.1977)
Andreas (26.12.1964 Braunau) heiratet Monika Cejkova (4.6.1967 Pilsen)
Kinder – Alexander (3.10.1996 Wels)
Christina (11.6.2000 Braunau)
Lore (**17.2.1942** Baden) heiratet 8.6.1962 Graham Taylor (31.5.1942) in Oxford, gesch.
Kinder – Robert (20.11.1962 Oxford) heiratet Renate Podusel (30.7.1964 Bludenz)
Kinder – Andrea (2.7.1988 Braunau)
Christian (28.11.1990 Braunau)
Susan (4.5.1964 Oxford) und Hans Wenger (4.11.1954 Braunau)
Kinder – Sandra (8.4.1984 Salzburg)
René (7.9.1994 Braunau)
Marcel (7.4.1998 Braunau)

115 heute Schaumburgergasse 13.
116 wäre heute Graf-Starhemberg-Gasse 40-42, das ehemalige Familienhaus ›Rieß‹ bzw. der ›Fabiani‹ -Bau.
117 Taufschein der Regina, Anna, Francisca Weinzettel, 17.4.1846, Wien Pfarre Rossau den 19. November 1862, Jakob M. Koller e.h. Pfarrer.
118 Siehe S. 85, Originaldokument im Stadtarchiv Baden.

Manfred (22.9.1943 Zlabings=Slavonice/Tschechien) heiratet 18.5.1976 Christine Klingesberger (1.5.1953 Polling)

Kind – Gerda (11.3.1976 Braunau) heiratet Wolfgang Haider am 2.8.2003

Herbert (13.5.1948 Mattighofen) heiratet 26.10.1977 Friederike Heiml (27.2.1949 Mauerkirchen)

Kinder – Karin (22.12.1979 Oberndorf)
Klaus (2.6.1981 Braunau)

Regina Margaretha Rieß (25.2.1910–17.5.1954, beigesetzt in Rieß-Grab Baden), Wohnadresse Pfarrplatz 5.

1. Ehe 26.6.1933 mit Adolf Emil Scholz, Privatbeamter (31.8.1907 Wien 8, Pfarre Alservorstadt), zuständig nach Albern, Bez. Bruck/Leitha, Sohn d. Adolf Eduard und der Maria, geb. Osgyani, keine Kinder. Pfarrplatz 5. Trauzeuge: Dr. Oskar Herz, Hofrat a. D. Rechtsanwalt, Wien IV, Gußhausstr. 7. Ehescheidung Wr. Neustadt 20.10.1942, Abt 1 Zi Eg 591/41.

2. Ehe 6.12.1944, Baden Nr. 212/ mit Hans Wöhrer (lt. Sterbeurkunde geschieden)

Regina Caroline (7.5.1874, Wohnadresse Antonsgasse 2–19.4.1945, exhumiert, nach Wien überführt), Trauung 11.5.1898 mit Dr. Oskar Herz (25.11.1869 Oberhollabrunn 324), gebürtig von Baden, Pfarre Oberdöbling, Sohn der Pauline Herz, Wohnadresse Pfarrplatz 5. Trauzeugen: Rieß Karl, Baumeister, Adr. Starhemberggasse 42, Dr. Rudolf Bitschnau, Wien IV, Starhemberggg. 22.

Kinder – Erich (13.1.1900 in Wien)
Paula (1902 in Wien, Trauung mit Karl Baschiera – Anglist, Buchautor), keine Kinder.

Helene Valerie (16.10.1875–19.2.1958 Wien), Wohnadresse Antonsgasse 2, Trauung 1.12.1900 mit Dr. Max Markus Wohl, Steuerinspektor (8.7.1864 Zabladow, Galizien, Mutter Serafina, mosaisch–4.2.1943) Wohnadresse Wassergasse 10, lebten immer in Baden, keine Kinder. Trauzeuge: Rieß Karl, Baumeister, Wien IV, Starhemberggasse 42.

Heirat am 19.7.1864

B-3-2
Anton
24.5.1842–16.3.1927

Regina A.F. Weinzettel
17.4.1846-19.4.1893

C-3-2-1
Karl
1863–15.7.1872

C-3-2-2
Anton Michael
1.4.1868–8.2.1954

C-3-2-3
Regina Caroline
7.5.1874–19.4.1945

C-3-2-4
Helene Valerie
16.10.1875–19.2.1958

Heirat am 30.12.1899

C-3-2-2
Anton Michael
1.4.1868-8.2.1954

Margherita Sieckenberger
30.11.1875-30.5.1957

Heirat am 6.2.1938

D-3-2-2-2
Regina Margaretha
25.2.1910-17.5.1954

D-3-2-2-1
Maria
13.8.1905-24.2.2004

D-3-2-2-1
Karl Schneeberger
1.4.1904-11.5.2002

E-3-2-2-2-1
Irmgard
geb. 15.12.1938

E-3-2-2-2-2
Lore
geb. 17.2.1942

E-3-2-2-2-3
Manfred
geb. 22.9.1943

E-3-2-2-2-4
Herbert
geb. 13.5.1948

Heirat am 6.2.1958

E-3-2-2-2-1
Irmgard
geb. 15.12.1938

Hans Dobler
geb. 13.4.1932

F-3-2-2-2-1-2
Wolfgang
14.12.1959-18.4.1977

F-3-2-2-2-1-3
Andreas
geb. 26.12.1964

Heirat

F-3-2-2-2-1-1
Helmut
geb. 5.5.1958

Eva Ellinger
geb. 6.12.1957

G-3-2-2-2-1-1-1
Georg
geb. 16.10.1988

Heirat

F-3-2-2-2-1-3 Andreas geb. 26.12.1964	Monika Cejkova geb. 4.6.1967
G-3-2-2-2-1-3-1 Alexander geb. 3.10.1996	G-3-2-2-2-1-3-2 Christina geb. 11.6.2000

Heirat am 8.6.1962, gesch.

E-3-2-2-2-2 **Lore** geb. 17.2.1942	Graham Taylor geb. 31.5.1942

Heirat

F-3-2-2-2-2-1 Robert geb. 20.11.1962	Renate Podusel geb. 30.7.1964
G-3-2-2-2-2-1-1 Andrea geb. 2.7.1988	G-3-2-2-2-2-1-2 Christian geb. 28.11.1990

F-3-2-2-2-2-2 Susan geb. 4.5.1964

F-3-2-2-2-2-2 Susan geb. 4.5.1964	Hans Wenger geb. 4.11.1954

G-3-2-2-2-2-2-1 Sandra geb. 8.4.1984	G-3-2-2-2-2-2-2 René geb. 7.9.1994	G-3-2-2-2-2-2-3 Marcel geb. 7.4.1998

Heirat am 18.5.1976

E-3-2-2-2-3 Manfred geb. 22.9.1943	Christine Klingesberger geb. 1.5.1953

Heirat am 2.8.2003

F-3-2-2-2-3-1 Gerda geb. 11.3.1976	Wolfgang Haider

Heirat am 26.10.1977

E-3-2-2-2-4 Herbert geb. 13.5.1948	Friederike Heiml geb. 27.2.1949
F-3-2-2-2-4-1 Karin geb. 22.12.1979	F-3-2-2-2-4-2 Klaus geb. 2.6.1981

1. Heirat am 26.6.1933, gesch.

2. Heirat am 6.12.1944, gesch.

Adolf Emil Scholz geb. 31.8.1907	D-3-2-2-2 Regina Margaretha 25.2.1910–17.5.1954	Hans Wöhrer

Heirat am 11.5.1898

C-3-2-3 Regina Caroline 7.5.1874–19.4.1945	Oskar Herz geb. 25.11.1869
D-3-2-3-1 Erich geb. 13.1.1900	

Heirat am 11.5.1898

D-3-2-3-2 Paula geb. 1902	Karl Baschiera

Heirat am 1.12.1900

C-3-2-4 Helene Valerie 16.10.1875–19.2.1958	Max Markus Wohl 8.7.1864–4.2.1943

Jüngere Geschwister des Michael Rieß:

Der jüngere Bruder von Michael Rieß, Johann Georg (7.10.1807), hat mit seiner Frau Anna Maria, geb. Prandl, fünf Kinder. Die Nachkommen der Linie des jüngsten Sohnes Anton (geb.28.2.1842) mit Anna Maria, geb. Brandl sind im Folgenden zu finden.

Anton (31.12.1871–5.9.1957) heiratet am 15.11.1897 in erster Ehe Barbara Köckenbauer (geb. 4.11.1872). *Eckbauer.* Trauzeugin: Köckenbauer Franziska, Wien I, Hoher Markt 1, verw.

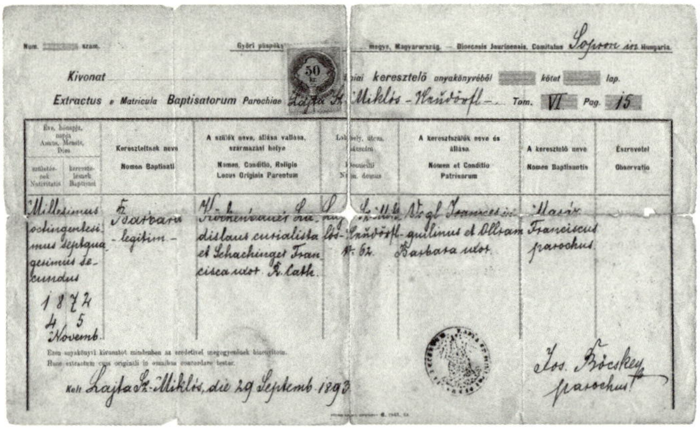

Num. szam. Győri püspök... megye, Magyarország. – Dioecesis Jaurinensis. Comitatus Sopron in Hungaria.

Kivonat ... plébániai keresztelő anyakönyvéből ... kötet ... lap.

Extractus e Matricula Baptisatorum Parochiae Lajta Sz. Miklós - Hnidorf – Tom. VI Pag. 15

Éve, hónapja, napja / Annus, Mensis, Dies (születésnek Nativitatis / keresztelésnek Baptismi)	Kereszteltnek neve / Nomen Baptisati	A szülők neve, állása vallása, származási helye / Nomen, Conditio, Religio, Locus Originis Parentum	Lakhely, utcza, házszám / Domicilii Nro. domus	A keresztszülők neve és állása / Nomen et Conditio Patrinorum	A keresztelő neve / Nomen Baptisantis	Észrevétel / Observatio
Millesimus octingentesimus septuagesimus secundus 1872 4 5 Novemb.	Barbara legitim.	Köckenbauer Ladislaus curialista et Schachinger Francisca udot R. cath.	Lajta Sz. Miklós Hnidorf N. 62.	Vogl Joannes Guilinus et Ullram Barbara udor	Mayer Franciscus parochus	

Ezen anyakönyvi kivonatot mindenben az eredetivel megegyezőnek bizonyitom.
Hunc extractum cum originali in omnibus concordare testor.

Kelt Lajta Sz. Miklós, die 29 Septemb. 1893

Jos. Böcskey parochus

Taufschein Barbara Köckenbauer (Privatarchiv Irene Brandl)

Sohn Johann geb. 27.9.1893 mit seiner Frau Theresia Kainrad geb. 20.8.1899 und Familie (Privatarchiv Irene Brandl)

Kinder – Johann (27.9.1893–1954) heiratet 3.2.1920 Theresia Kainrad (geb. 20.8.1899),
Kinder – Hermine (12.1.1919) heiratet 1937
1. Ehe Karl Kogler (gefallen 1941)
Kind – Johann (14.10.1940–20.2.1994) verh. mit Johanna Decker (28.3.40 Schwarzenbach–11.7.1994)
Kinder – Johannes Rupert (4.1.1962) heiratet 20.10.1988 Ursula Strohwick (23.2.1961)
Kinder – Michael Koller (18.6.1980)
Iris (17.7.1989)
Karl Christian (28.9.1964) heiratet 12.9.1987 Sabine Stirling (13.1.1966)
Kinder – Kristina (19.2.1992)
Stefanie (24.11.1994)
2. Ehe Dominik Kahrer 1949
Kind – Hermine (7.4.1950) heiratet 12.8.1967
1. Ehe Franz Spitzer (7.11.1947)
Kind – Ulrike (8.2.1968) heiratet 14.2.1990 Manfred Schermann, gesch.
Kind – Theresa (12.5.1990)
2. Ehe am 12.10.1989 Michael Horvath (1.3.1956)
Maria (14.7.1954) heiratet 28.7.1973 Kurt **Spitzer** (27.11.1943)
Maria (5.9.1920–1992), heiratet Johann Wörfel (1920–1993)

Am 14.9.1935 heiratet Anton Rieß in 2. Ehe Marie Hirschler, geb. Kollecker, verw. Hirschler (17.10.1884–17.10.1972) in Gutenstein. Trauzeugen: Franz Huber – Gastwirt, Mariahilfberg, Josef Schmidl – Mesner, Mariahilfberg. Sie brachte die beiden Kinder Hermina (Anna) Kollecker (2.7.1907–16.12.1980) und Karl Hirschler (1911–1983) in die Ehe mit.

Heirat am 30.1.1837

A-5
Johann Georg
geb. 7.10.1807

Anna Maria Prantl

B-5-1
Joh. Evangelista
geb. 9.1.1823

B-5-2
Franziska
geb. 19.2.1832

B-5-3
Johannes
geb. 4.6.1835

B-5-4
Maria
geb. 23.3.1840

Heirat am 7.11.1876, gesch.

Anna Maria Brandl

B-5-5
Anton
geb. 28.2.1842

C-5-5-1
Anton
geb. 31.12.1871

1. Heirat am 15.11.1897, verw.

C-5-5-1 Anton geb. 31.12.1871	Barbara Köckenbauer geb. 4.11.1872

Heirat am 3.2.1920

D-5-5-1-1 Johann 27.9.1893-1954	Theresia Kainrad 20.8.1899	D-5-5-1-2 Franziska Barbara 7.10.1899-30.12.1969

1. Heirat 1937

E-5-5-1-1-1 Hermine geb. 12.1.1919	Karl Kogler gefallen 1941	E-5-5-1-1-2 Maria 5.9.1920-1992

Heirat

F-5-5-1-1-1-1a Johann 14.10.1940–20.2.1994	Johanna Decker 28.3.1940–11.7.1994

Heirat am 20.10.1988 — Heirat am 12.9.1987

G-5-5-1-1-1-1-1 Johannes Rupert geb. 4.1.1962	Ursula Strohwick geb. 23.2.1961	G-5-5-1-1-1-1-2 Karl Christian geb. 28.9.1964	Sabine Stirling geb. 13.1.1966
Michael Koller geb. 18.6.1980	H-5-5-1-1-1-1-1-1 Iris geb. 17.7.1989	H-5-5-1-1-1-1-2-1 Kristina geb. 19.2.1992	H-5-5-1-1-1-1-2-2 Stefanie geb. 24.11.1994

2. Heirat 1949

E-5-5-1-1-1
Hermine
geb. 12.1.1919

Dominik Kahrer

Heirat am 28.7.1973

F-5-5-1-1-1-2b
Maria
geb. 14.7.1954

Kurt Spitzer
geb. 27.11.1943

1. Heirat am 12.8.1967, gesch.

2. Heirat am 12.10.1989

Franz Spitzer
geb. 7.11.1947

F-5-5-1-1-1-1b
Hermine
geb. 7.4.1950

Michael Horwath
geb. 1.3.1956

Heirat am 14.2.1990, gesch.

G-5-5-1-1-1-1b-1
Ulrike
geb. 8.2.1968

Manfred Schermann

H-5-5-1-1-1-1b-1-1
Theresa
geb. 12.5.1990

Heirat

E-5-5-1-1-2
Maria
5.9.1920–1992

Johann Wörfel
1920–1993

Franziska Barbara Rieß (7.10.1899–30.12.1969) jüngere Schwester von Johann Rieß (geb. 27.9.1893 –1954), heiratet am 12.2.1933 Karl Brandl (6.1.1901–21.8.1972).
Trauzeuge Johann Brandl, Fleischhauer und Selcher, Wien XVIII Gentzgasse 115.

Heirat am 12.2.1933

D-5-5-1-2 Franziska Barbara 7.10.1899–30.12.1969	Karl Brandl 6.1.1901–21.8.1972

E-5-5-1-2-1 Marie Barbara 14.4.1925–18.5.2004	E-5-5-1-2-2 Margarete Barbara geb. 27.8.1929	E-5-5-1-2-3 Franziska 27.3.1931–5.11.1969	E-5-5-1-2-4 Karl 25.2.1934–23.12.197
E-5-5-1-2-5 Emma 20.1.1936–20.4.1996	E-5-5-1-2-6 Anton geb. 25.8.1939	E-5-5-1-2-7 Johann 27.1.1941–1.3.1992	

Heirat am 30.1.1954

E-5-5-1-2-1 Marie Barbara 14.4.1925–18.5.2004	Florian Scheuhammer geb. 26.3.1930

Heirat am 16.9.1978

F-5-5-1-2-1-1 Martina geb. 29.1.1960	Hermann Gottfried geb. 4.2.1958
G-5-5-1-2-1-1-1 Mario geb. 15.6.1980	G-5-5-1-2-1-1-2 Christian 24.2.1982

Heirat am 16.2.1963

E-5-5-1-2-2 Margarete Barbara geb. 27.8.1929	Erwin Zwittkovits 23.7.1919–8.2.1978

E-5-5-1-2-5
Emma
20.1.1936-20.4.1996

Heirat am 20.6.1992

F-5-5-1-2-5-1
Christa
geb. 22.5.1954

Stefan Winter
geb. 13.3.1960

G-5-5-1-2-5-1-1
Kathrin
geb. 22.10.1992

Heirat am 12.6.1985

F-5-5-1-2-5-2
Susanne
geb. 20.8.1962

Günter Stocker
geb. 12.6.1959

G-5-5-1-2-5-2-1
Denise
geb. 3.8.1984

G-5-5-1-2-5-2-2
Günter
geb. 28.7.1985

Heirat am 2.10.1965

E-5-5-1-2-6
Anton
geb. 25.8.1939

Irene Kreuter
geb. 9.2.1948

F-5-5-1-2-6-1
Andreas
geb. 15.2.1968

F-5-5-1-2-6-2
Robert
geb. 11.4.1975

F-5-5-1-2-6-3
Anton
geb. 24.1.1978

Heirat am 12.10.1991, gesch.

F-5-5-1-2-6-1
Andreas
geb. 15.2.1968

Gabriele Grossmann
geb. 30.7.1971

Heirat am 28.4.2000

F-5-5-1-2-6-2
Robert
geb. 11.4.1975

Claudia Pöttschacher
geb. 20.12.1977

G-5-5-1-2-6-2-1
Michelle
geb. 19.10.1997

G-5-5-1-2-6-2-2
Janine
geb. 4.3.2001

Heirat am 4.5.2003

F-5-5-1-2-6-3
Anton
geb. 24.1.1978

Ines Kautnik
geb. 12.4.1980

G-5-5-1-2-6-3-1
Manuel
geb. 13.3.2001

G-5-5-1-2-6-3-2
Christoph
geb. 20.3.2004

Heirat am 29.9.1979

E-5-5-1-2-7 Johann 27.1.1941–1.3.1992	Irene Ruess geb. 14.6.1954

F-5-5-1-2-7-1
Cornelia
geb. 20.9.1975

G-5-5-1-2-7-1-1 Hanna geb. 28.1.2003	G-5-5-1-2-7-1-2 Michaela geb. 17.2.1987

2. Heirat am 14.9.1935

C-5-5-1 Anton geb. 31.12.1871	Maria Hirschler geb. Kollecker, verw. 17.10.1984–17.10.1972

Heirat

Hermina (Anna) Kollecker 2.7.1907–16.12.1980	Johann Lukas 3.10.1901–27.1.1959

Johann
geb. 1940

Martin
geb. 1974

Heirat Jänner 1937

Karl Hirschler 1911–1983	Hedwig Kreuter gest. 1984
Karl geb. 10.1.1935	Josef geb. 23.11.1945

Heirat 22.5.1960

Karl geb. 10.1.1935	Marie Bauer geb. 11.5.1936

Karl
geb. 13.5.1964

Heirat 12.8.1972

Josef geb. 23.11.1945	Christiana Zechmeister geb. 5.10.1948

B. Baupläne, Fassaden und Grundrisse

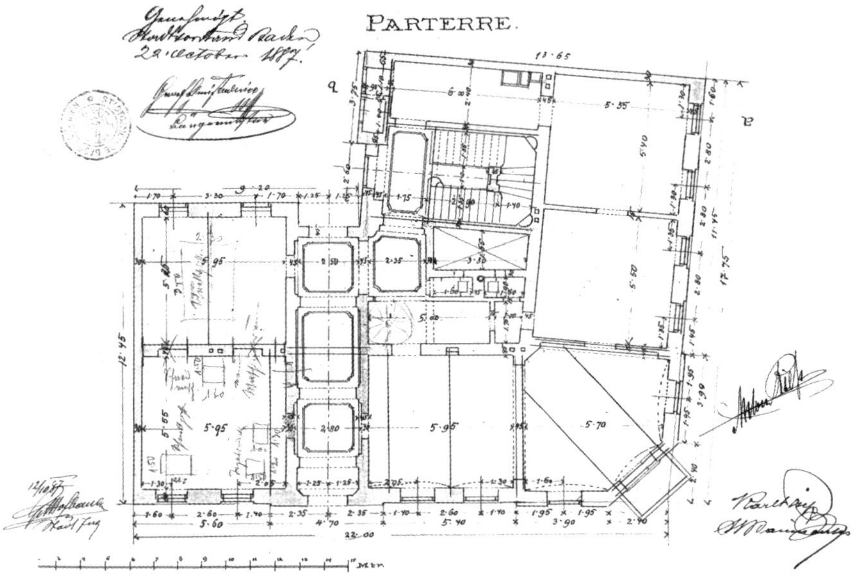

Grundriß eines Stadtpalais um 1878 in Baden

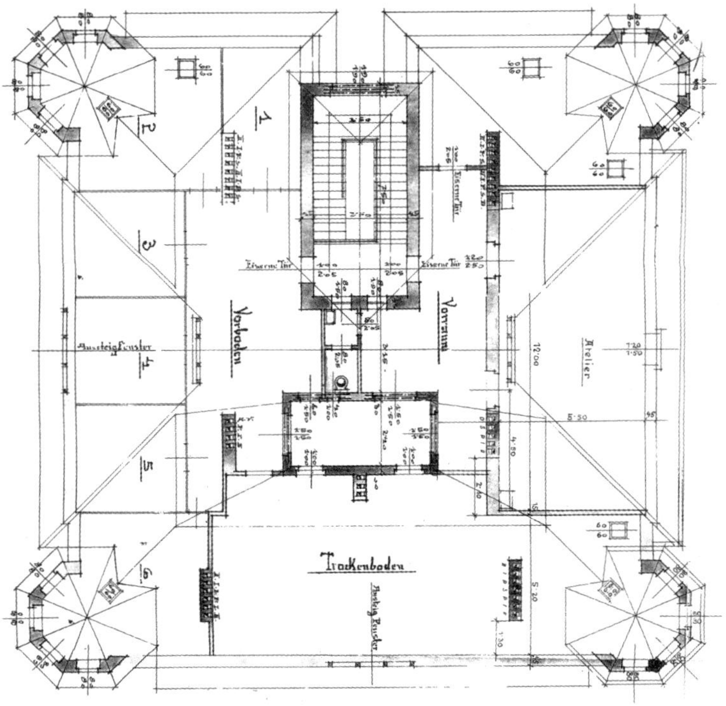

Grundriß eines Stadtpalais um 1912 in Wien

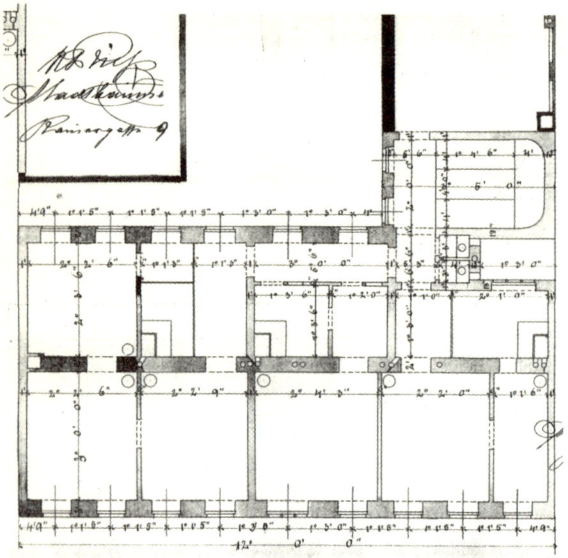

Grundriss des frühesten erhaltenen Originalbauplans 1870 (zwei Jahre nach Erhalt der Baumeisterkonzession)

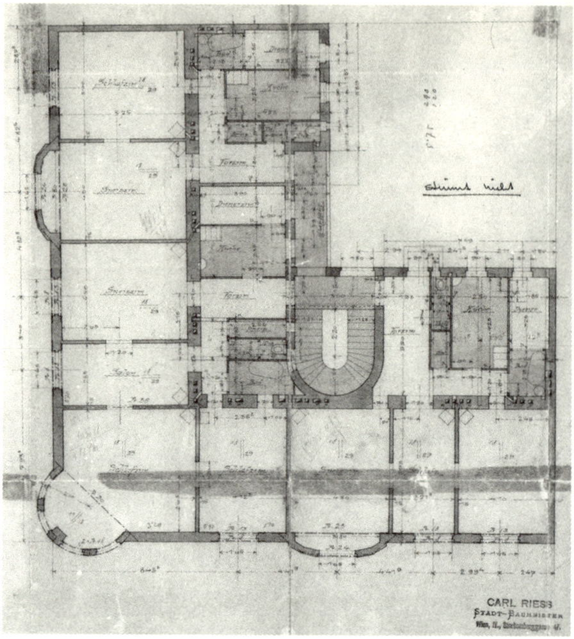

Grundriß eines Mietwohnhauses um 1904 in Baden

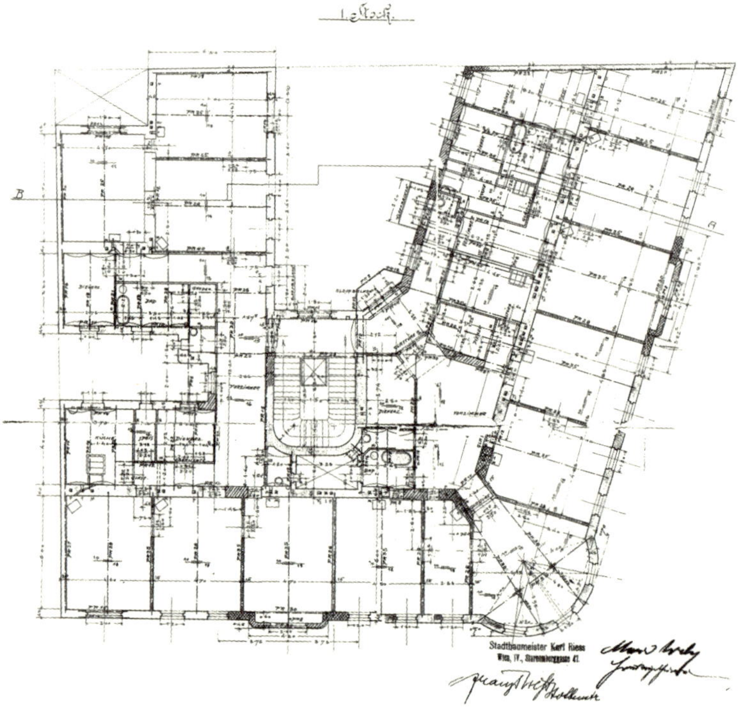

Grundriß eines Mietwohnhauses um 1906 in Wien

Fassade des frühesten erhaltenen Originalbauplans 1870
(zwei Jahre nach Erhalt der Baumeisterkonzession)

Fassade eines Mietwohnhauses
um 1904 in Baden

Fassade eines Mietwohnhauses
um 1904 in Wien

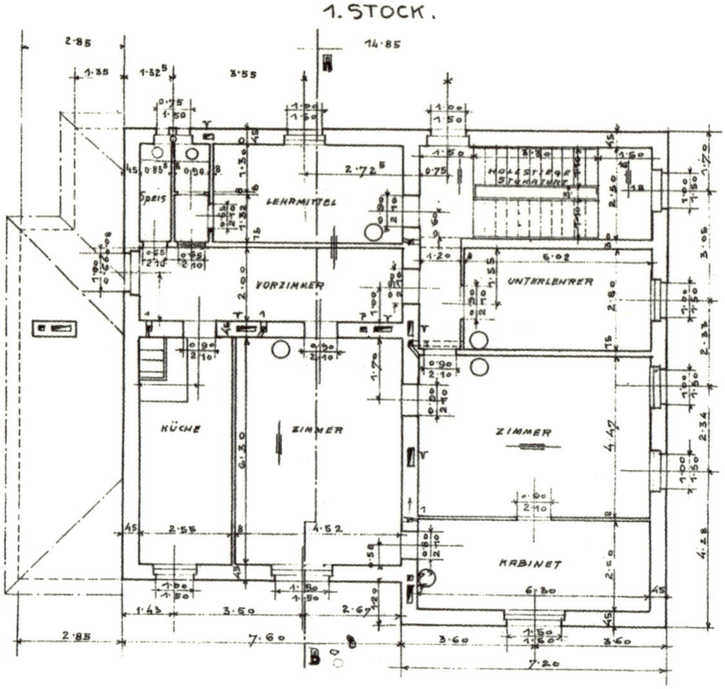

Grundriß der Lehrerwohnung in der Volksschule Mariensee 1914

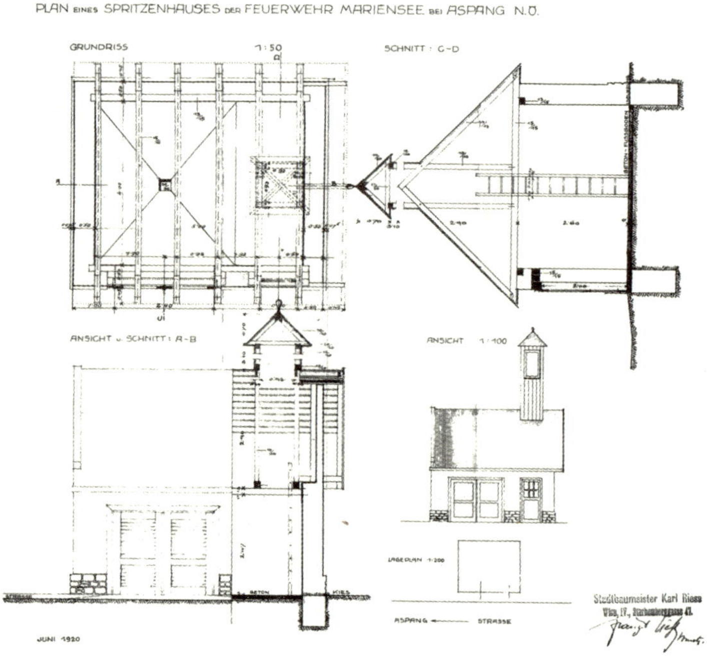

Plan des ersten Spritzenhauses der FF Mariensee 1922

Stiegenhaus in Wiener Mietwohnhaus 1902

Büroadressen der Stadtbaumeister

1881–86	4. Bezirk, Rainergasse 9.
1882	4. Bezirk, Graf-Starhemberg-Gasse 41 und 43.
1888	4. Bezirk, Rainergasse 9 und Starhemberggasse 42.
1889–90	4. Bezirk, Graf-Starhemberg-Gasse 42 und 47=»Anna Rieß-Haus«.
1902–33	4. Bezirk, Graf-Starhemberg-Gasse 42 und 47 gemeinsam mit seinem Sohn Franz.
ab 10.5.1905	Franz Rieß Alleininhaber, Tel. U 48-0-30.[125]
1921	mit Dezember wird das Gewerbe von Karl Rieß zurückgelegt.
bis 1937	Kommerzialrat Ing. Franz Rieß – Alleininhaber.
ab 1937	4. Bezirk, Graf-Starhemberg-Gasse 47, Dipl. Ing. Otto Rieß, Gesellschafter.
mit 4.10.1944	4. Bezirk, Südtiroler Platz 2. Im Mitgliederstatus der Baumeisterinnung Bauwirtschaftskammer 9003/10.11.43/HE BH 4./5.R/367/43 besitzt Dipl. Ing. Otto Rieß die Konzession Nr. 1100, 1944 als Gesellschafter d.off.Hg. »Stadtbaumeister Karl Rieß« mit der Adresse Wien 4, Graf-Starhemberg-Gasse 47. Nach Beschädigung des Hauses durch einen Bombentreffer wird diese Adresse gelöscht und das Büro auf die neue Adresse verlegt.
1948	4. Bezirk, Südtiroler Platz 2. Diese Büroadresse scheint nicht im Verzeichnis der Innung auf, ist jedoch anhand von Bauplänen belegt.
1972	wird die Firma »Stadtbaumeister Carl Rieß« aufgelöst.

Bauten des Sohnes Franz (1876–1954) hauptsächlich als Baumeister, in nur seltenen Fällen als Entwerfer:

1902	4. Bezirk, Graf-Starhemberg-Gasse 47?
1902	4. Bezirk, Südtiroler Platz 2.
1902	4. Bezirk, Südtiroler Platz 4.
1903/4	4. Bezirk, Graf-Starhemberg-Gasse 40.
1903	6. Bezirk, Stumpergassse 9.
1906	6. Bezirk, Mollardgasse 17.
1910	6. Bezirk, Linke Wienzeile 116=Turmburggasse 1–7.
1910	3. Bezirk, Ditscheinergasse 2–4.
1908	9. Bezirk, Georg-Sigl-Gasse 11. Entwurf und Durchführung
1914/15	10. Bezirk, Braunspergengasse 8–10.
	10. Bezirk, Inzersdorfer Str. 115–117.
	10. Bezirk, Zur Spinnerin 21–23.
1912	18. Bezirk, Bastiengasse 54–56 »Dürrwaringhof«.
1914	Mariensee am Wechsel, 2. Volksschule, Jugendstilbau mit historistischem Interieur, derzeit noch erhalten.
1920	Mariensee am Wechsel, 1. Feuerwehrhaus, Holzkonstruktion – siehe Photographie, 1967 abgerissen.
1924	Mariensee am Wechsel, Mausoleum für Hermann Schenker, künstlerischer Entwurf Paul Gütl.

Biographie des Enkels Dipl. Ing. Otto (1914–1996):
Mit 4.10.1944 (Bauwirtschaftskammer 9003/10.11.43/HE BH 4./5. R/367/43) erscheint Dipl. Ing. Otto Rieß mit der Konzession Nr. 1100 im Mitgliederstatus der Baumeisterinnung als Gesellschafter d. off. Hg. »Stadtbaumeister Karl Rieß«, Wien 4, Graf-Starhemberg-Gasse 47. Nach Zerstörung des Hauses durch einen Bombentreffer wird diese Adresse gelöscht und das Büro auf die neue Adresse verlegt. 1948 4. Bezirk, Südtiroler Platz 2.
1972 wird die Firma ›Stadtbaumeister Carl Rieß‹ aufgelöst.

Biographie der Ururenkelin Ulrike Göbel, letzte in der direkten Linie der Baumeisterdynastie:

Geb. 20.11.1963, Reifeprüfung AHS Erlgasse, Studium der Kunstgeschichte Universität Wien, HTL Mödling – Innenarchitektur-Kolleg, Reisen nach Asien, Architekturstudium am Schillerplatz – Meisterklasse Timo Penttilä. Seit 1993 selbständige Tätigkeit in der Sanierung und Verwaltung der Rieß-Häuser Wien X, Zur Spinnerin 21–23 und Wien XX, Leipzigerstraße 48. Seit 1999 Umbau, Dachbodenausbau und Sockelsanierung der ehemaligen Privatvilla Otto Rieß, Wien XII, Schönbrunner Allee 15, erbaut 1903 von Alois Schaufler.

Biographie von Paul Gütl:

Geb. 13.8.1875 in Gleichenberg, Steiermark, gest. 1946 in Wien. Wohnadresse zu Studienbeginn Wien IV, Technikerstraße 9, dann 1901/2 Danhausergasse 12. Zu Studienbeginn Vater verstorben. Zunächst Staatsgewerbeschule Wien, danach 4 Jahre Praxis. 1 Jahr Spezialschule Victor Lunz.1899/1900 bei Otto Wagner eingetreten, Studienabschluß.

C. Mitgliederstatus der Baumeisterinnung 1821–1892.

1868	17.1.–12.3.
1906	4. Bezirk, Starhemberggasse 42, Franz Rieß, Architekt, Inhaber d. prot. Fa. Stadtbaumeister Karl Rieß [lt. Lehmann].
1910	4. Bezirk, Starhemberggasse 42, Franz Rieß, Inhaber der prot. Fa. Stadtbaumeister Carl Rieß.
1921	mit Dezember wird das Gewerbe von Karl Rieß zurückgelegt.
1944	Südtiroler Platz 2 – scheint nicht im Verzeichnis der Innung auf.
1937	Mitgliederverzeichnis der Wiener Bauzunft für das Jahr 1937: Franz, Rieß, Ing., Kommerzialrat, Alleininhaber seit 1905 Tel. U 48-0-30.
ab 1937	Otto, Dipl. Ing. Gesellschafter, Starhemberggasse 47
ab 1944	lt. 4.10.44 Bauwirtschaftskammer 9003/10.11.43/HE BH 4./5. R/367/43 besitzt Dipl. Ing. Otto Rieß die Konzession Nr. 1100, 1944 als Gesellschafter d.off.Hg. »Stadtbaumeister Karl Rieß« mit der Adresse Wien 4, Graf-Starhemberg-Gasse 47. Nach Zerstörung des Hauses durch einen Bombentreffer wird diese Adresse gelöscht und das Büro auf die neue Adresse verlegt.
1948	4. Bezirk, Südtiroler Platz 2. Diese Büroadresse scheint im Verzeichnis der Innung nicht auf, ist jedoch anhand von Bauplänen belegt.
1972	wird die Firma »Stadtbaumeister Carl Rieß« aufgelöst.

D. Prüfungsbücher der Technischen Universität Wien 1853–1918

Hauptkatalog der ordentlichen und außerordentlichen Hörer sowie der Hörer der Bodencultur für das Studienjahr:

Karl Rieß, geb. 20. Mai 1837, Wien, NÖ.
Vater: Michael Rieß, Gastwirt, Rainergasse 9
Studienbeginn: 1853.
Bis 1856 Studienrichtung Maschinentechnik, dann Landwirtschaft und Land- und Wasserbau.
1853/54 Elem. Mathematik,
1854/55 Mathematik, Physik, Geom. Konstr. Zeichnen,

1855/56 Mechanik, Maschinenzeichnen, Feldmaschinentechnik,
1856/57 Landwirtschaft,
1857/58 Landbau, Wasserbau«,
1858 schließt er sein Studium mit dem Diplom ab.

Karl Johann Joseph Rieß, geb. 14. April 1871, Wien, NÖ
Vater: Karl Rieß Baumeister, Starhemberggg. 22, Wien IV
Studienbeginn 1887, wohnhaft Wien-Wieden
1887/88, Rector: Franz R. von Rziha
Nr. 525, S. 105, deutsch, kath.
Vater: K. Rieß, Stadtbaumeister, Starhemberggg. 22
1888/89, Rector: k.k.Reg.Rath Dr. L. Ditscheiner
Nr. 496, S. 102
Vater: Carl Rieß, Stadtbaumeister, IV, Starhemberggg. 42
1890/91 nicht eingetragen
1891/92, Rector: k.k.Reg.R. Joh. Radinger
Nr. 575, S. 115
Vater: Rieß, Karl, deutsch, kath.
25.7.92 für 2. Studienabschnitt befähigt
1892/93 – nicht eingetragen, gedient, vermerkt in 1892/94
1893/94, Rector: Dr. Franz Coula
Nr. 655, S. 133
Vater: Karl Rieß, Stadtbaumeister, IV, Starhemberggasse 42
1894/95, Rector: L Emanuel Czuber
Nr. 764, S. 155 – Vermerk – wegen Nichtbezahlung der Studiengebühr
Vater: Karl Rieß, Stadtbaumeister, IV, Starhemberggasse 42
Studienabschluß mit Dipl. Ing. für Maschinenbau

Franz Rieß, geb. 3. Juli 1876
Studienbeginn: 1893
1893/94 Hauptkatalog
Nr. 653 – Studienrichtung Ingenieurbaufach
Mathematik I – ungenügend
1895/96 1. Modernes Blatt, Rector: Toula
Nr. 195, S. 179
Mathematik II – nicht angetreten, keine Prüfungen abgelegt
Zum 1. Mal scheint »Architekt« als Berufsbezeichnung des Vaters Karl Rieß auf. Wien IV, Starhemberggasse 42. Recherche am Schillerplatz negativ, Titel ab 1917 nach »strenger Prüfung« oder 10–15jähriger Beruftätigkeit, später heruntergesetzt.
1896/97 Hauptkatalog
Nr. 976, S. 196
Vater: Stadtbaumeister IV, Starhemberggasse 42, auch Wohnung des Studierenden.
Realschule, Militärdienstpflicht erbracht. Weder I. noch II. Staatsprüfung.
Studiennachweis ausgestellt mit R.Bl. 3/46-917/18 am 22.III.1918.

E. ARCHIV DER VOLKSSCHULE MARIENSEE
Archivierungsstand 1. März 2005

E.1. Dokumente

1.a. Schulgründung in Mariensee 1878.
1.b. Geschäfts- und Sitzungsprotokolle und Korrespondez des O.S.R. Mariensee ab 1879, 1. Jänner 1924 bis 6. Jänner 1938.
1.c. Diverse offizielle Schreiben zu Schule und Schülern ab 1872.
1.d. Schulneubau 1913/14 – Karl Rieß.
1.e. Verzeichnisse der Schüler und Schulversäumnisse ab 1880, Matrik der im schulpflichtigen Alter stehenden Kinder 1887–1919.
1.f. Zeugnisse/Übersiedlungsmitteilungen ab 1880.
1.g. Klassenbücher (Hauptbuch und Klassenbuch der II. Klassse – Schuljahr 1943/44, Hauptbuch und Klassenbuch der I. Klassse – Schuljahr 1944/45). Leihgabe NÖ Landesausstellung Schallaburg 2005 »Österreich ist frei« Konferenzprotokolle (Konferenzprotokoll 14. März 1938-5. Juli 1941)
1.h. Photographien

E.2. Schulbibliothek

Alexander, Heinz R.: Afrika liegt nebenan. Verlag Waldheim-Eberle, Wien 1958.
Aufklärung für Schulkinder.
AULIM Lehrbriefe: Zeichnen. Kallus Julius, Hg., 1.–6. Schulstufe, Hippolyt Verlag, Wien.
Beihefte der Reichsstelle für den Unterrichtsfilm F 194/1038: Abbau und Förderung von Steinkohle, von Studienrat Dr. Reinold Schmidt.
Bibliothekskatalog der Schule Mariensee, Schülerbibliothek 1904-1916.
Brehms Tierleben, hgg. von Viktor Fadrus und Karl Linke, Illustrationen von E. Dichte und F. Roubal, 1. Teil, Verlag Jugend & Volk, Wien 1946.
Brentano, Clemens: Das Märchen von dem Schulmeister Klopstock und seinen fünf Söhnen. Illustrationen von Mila Luttich, Wien 1946.
Bruckner, Karl: Der Weltmeister. Dem Sieger von Cortina gewidmet, Wien 1959.
Bunt sind schon die Wälder, hgg. Rudolf Steiner Schulverein, Tenger Verlag, Wien 1950.
Buntes Leben. Lesestoff für die 5. und 6. Schulstufe der österreichischen Volksschulen, 7. Auflage, ÖBV, Wien 1948.
Chapman, Jean: Der kleine Löwe, Wien 1972.
Das große Abenteuer: Hauff, Wilhelm: Saids Schicksale, Bd. 78.
Das große Abenteuer: Jefrenov J.: Das weiße Herz, Bd. 79.
Das Kind im Straßenverkehr, hgg. vom Kuratorium für Verkehrssicherheit, 1964 (1969).
Das kleine Schweinchen. United World Library, Verlag Jugend & Volk, Wien.
Defoe, Daniel und Gräbner, G.A.: Robinson Crusoe, erzählt von Erich Schulze, Verlag Jugend & Volk, Wien 1950.
Demmer, Elly: Ob's stürmt oder schneit. ÖBV, Wien 1971.
Demmer, Elly: Was kribbelt und krabbelt und leuchtet und blüht. Illustrationen von Helga Demmer, ÖBV, Wien/München 1967.
Der Neue Weg, Österreichische Monatshefte für pädagogische Forschung u. Bildung, 4. Heft, April 1927.
Der Winter ist ein rechter Mann. Ein Lesebüchlein für Kinder, hgg. Rudolf Steiner Schulverein Wien, Winter 1949.
Deutsches Lesebuch für Volksschulen, Bd 1 (1943), Bd 2 (1941), Illustrationen von Ludwig Richter, Verlag Überreuter, Wien.
Die goldene Leiter:
Bd. 1 – Pacolt, Maria: Sagenkranz aus NÖ und dem Burgenland.
Bd. 2 – Bianki, Witali: Das Mäuschen Pieps.
Bd. 3 – Pacolt, Maria: Der gefangene Wassermann. Sagen aus der Steiermark.
Bd. 9 – Der Wachsmensch von Lambach. Sagen aus OÖ.

Bd. 12 – Zacek-Fischer, Hilde: Kasperl Faxlmaxls lustige Abenteuer.
Bd. 17 – Pacolt, Maria: Der goldene Kegel.
Bd. 40 – Feld, Friedrich: 1414 geht auf Urlaub.
Bd. 41 – Rukschcio, Gertrud: Die Teufelsbrücke.
Bd. 56 – Berger, Eleonora: Georg und Gerda.
Bd. 57 – Feld, Friedrich: Das Kätzchen, das seinen Schatten verlor.
Bd. 58 – Ferra-Mikura, Vera: Deine Karoline.
Bd. 62 – Schistler, Erik: Der Schneider und der Riese.
Bd. 65 – Körner, Franziska: Michael und Knurri.
Bd. 73 – Gedichte und Reime, Bd. 1: Hampel Strampel. Gestaltung Inge Auböck, Josef Schießer.
Bd. 74 – Gedichte, Bd. 2: Was der Morgenwind erzählt.
Bd. 75 – Gedichte, Bd. 3: Was der Morgenwind erzählt.
Bd. 76 – Gedichte, Bd. 4: Ein kleines Lied.
Bd. 78 – Becker, Elfriede: Gogo das Affenkind.
Bd. 83 – Steiner, Alexis: Krikri das tapfere Entlein.
Bd. 85 – Lobe, Mira: Fritz der rote Blitz.
Bd. 86 – Lobe, Mira: Hänschen Klein.
Bd. 87 – Haushofer, Marlen: Das Waldmädchen.
Bd. 89 – Domengo, Hans: Das ist Ursel.
Bd. 91 – Ionesca, Angela C.: Hast Du Angst Kai.
Bd. 94 – Keiser, Elfe: Ranga.
Bd. 95 – Feld, Friedrich: Wunder in der Westentasche.
Bd. 96 – Kirsch, Walter Paul: Münchhausens Abenteuer.
Bd. 97 – Pearl S. Buck: Da tanzte der kleine Fuchs.
Bd. 98 – Bechstein, Ludwig: Schwan kleb an.
Bd. 99 – Die drei kleinen Schweinchen.
Bd.100 – Pearl S. Buck: Peter und das Eichhörnchen.
Bd.101 – Demmer, Elly: Die Maus vom Zwerg Samalie.
Bd.102 – Lobe, Mira: Titi im Urwald
Bd.103 – Rodari, Gianni: Flip im Fernsehen.
Bd.106 – Lutz, Maria: Rübezahl der Berggeist.

Die Österreichische Nordpolfahrt von Payer und Weyprecht in den Jahren 1872–1874. Verlag Jugend & Volk, 4. Auflage, Wien 1950.

Die Sonnenuhr. Lesebuch für Schule und Haus, 3. Auflage, Wien 1959.

Ebner-Eschenbach, Maria: Tiergeschichten. Illustrationen von Norbertine Breßler-Rotke, Verlag Jugend & Volk, Wien 1950.

Eidam, Konrad, Lehrer in Felixdorf, NÖ: Das erste Schuljahr. Ein Wochenbuch mit den auf die einzelnen Halbstunden verteilten Lehrstoffen, vielen methodischen Ratschlägen, 2 Tafeln Vorübungen für das erste Schreiben und 14 Tafeln Schülerzeichnungen, Wien 1907.

Einheit, Freiheit, Unabhängigkeit. ÖBV, Wien 1965.

Eigl, Kurt: Die lustigen Hl. Drei Könige. Illustrationen von Günter Brinek. Domino Verlag Wien.

Eisenbahnkarte von Österreich-Ungarn, Artaria Verlag, Wien 1906.

Ekker, Ernst A.: Die Kirschenfrau geht in die Luft, Verlag Jugend & Volk, Wien 1974.

Elementar-Zeichenschule, Fallenböck, Alfred, Hg., Wien 1885.

Ellegast, Franz: Erinnerungen eines alten Kaufmannes, Schriftenreihe der Handelskammer Niederösterreichs, 1967.

Fabelbuch für die österreichische Jugend, hgg. von Karl Lintner, Illustrationen von F. K. Gold, ÖBV, Verlag Jugend & Volk, Wien 1950.

Fadrus, Viktor und Karl Linke: Buch der Arbeit. Illustrationen von Alfred Krenz, Teil 1 und Teil 2, ÖBV, Verlag Jugend & Volk, Wien 1946.

Fadrus, Viktor: 30 Tierfabeln. Illustrationen von Erich Dichtl, ÖBV, Verlag Jugend & Volk, Wien 1950.

Faschingbauer, Bertl: Kleine Lit. Illustrationen von Ella Gams, Verlag Jugend & Volk, Wien 1950.
Faschingbauer, Bertl: Schwupstis Brautfahrt. Illustrationen von Ella Gams, Verlag Jugend & Volk, Wien 1947.
Fenzl, Viktoria: Das und Dies von Luis und Lies. Wien 1946.
Fenzl, Viktoria: Drudi Dradi Hand in Hand reisen in das Mohrenland, Verlag Jugend & Volk, Wien 1948.
Fenzl, Viktoria: Guckauf und Purzelheinz. Die lustigen Heinzelbrüder. Illustrationen von Dorothea Brockmann, Verlag Jugend & Volk, Wien 1948.
Fenzl, Viktoria: Meckmereck. Illustrationen von Ernst Pacolt, Verlag Jugend & Volk, Wien 1951.
Fenzl, Viktoria: Melchior vor dem Tor? Illlustrationen von Gertrude Schiebl, Verlag Jugend & Volk, Druck Paul Gerin, Wien 1951.
Fenzl, Viktoria: Murli Brumm und andere lustige Leute. Illustrationen von Ernst Kutzer, Verlag Jugend & Volk, Wien 1950.
Flämische Märchen und Volksgeschichten, hgg. von Karl Jacobs, Illustrationen von Herta Slatky, Verlag Jugend & Volk, Wien 1946.
Frohes Lernen. Lesebuch für Schulanfänger, hgg. von Battista, Ludwig, 13. Auflage 1948, 18. Auflage 1958, 1. Teil (22. Auflage, 1964), 2. Teil (20. Auflage, 1963), Wien.
Gellert, Georg: Im Granatfeuer der Schlachtfelder. Erzählung aus dem Völkerkriege 1914/1916, Berlin 1915.
Geschichten von Hunden und Katzen, 9. Auflage, Titania Verlag.
Guggenmoos, Josef: Hoppel Dipoppel weiß einen Schatz. Illustrationen von Elie Delignon, ÖBV, Wien 1964.
Handlgruber-Rothmayr, Vroni: Klein Helmer und das Traummännlein. Illustrationen von Ernst Kutzer, Verlag Jugend & Volk, Wien 1950.
Hassmann, Prof. Fr. H. Rudolf: Allgemeine Unterrichtslehre für Lehrer- und Lehrerinnen-Bildungsanstalten, 5. Auflage, Wien, Paderborn 1912.
Hauff, Wilhelm: Das kalte Herz. Märchen 1. Teil, Illustrationen von Ernst Liebenauer, Verlag Jugend & Volk, Wien 1950.
Hauff, Wilhelm: Die Karawane. Das Wirtshaus im Spessart. Volk & Reich Verlag, Prag.
Hayde-Hetmanek, Bertl: Märchenreigen. Illustrationen von Luzy Adelsberger, Wien 1947.
Heller, Hilda: Die sieben Grünen und andere Tiergeschichten. Illustrationen von E. G. Hubert, Verlag Jugend & Volk, Wien 1950.
Helm, Clementine: Backfischchens Leiden und Freuden, Verlag G. Wigand, Leipzig.
Herget, Anton: Schaffende Arbeit, 13. Jg., Lehrerfortbildung 10. Jg., Prag/Wien 1925.
Hobiger, Sepp: Bauernbluat. Poesie und Prosa des Waldviertler Bauerndichters, Scholle Verlag, Wien 1949.
Holgersen, Alma: Der kleine Indio und die Mutter Gottes. Wien 1967.
Holub, Emil: Auf Karrenweg und Negerpfaden durch Südafrika, hgg. von Hans Stadler, Bilder von Josef Danilowatz, Verlag Jugend & Volk, Wien 1924.
Hörler, Hans: Jug auf neuen Pfaden. Eine Erzählung aus dem 1. bis 2. Jahrtausend vor Christus, Verlag Jugend & Volk, Wien 1965.
Hörler, Hans: Jugs Abenteuer in Ägypten, Wien 1961.
Hörler, Hans: Jugs abenteuerliche Reise zum Fluß der Flüsse, Wien 1957.
Hupfauf, Erich: Lisl und ihre Freunde, ÖBV, Wien 1965.
Hutzinger, Rosa: Tripfeltropf. Die Abenteuer eines Wassertropfens. Illustrationen von Josefine Batke-Koller, Wien 1950.
Jahrbuch ÖGB 1961.
Jahrbücher: Buchklub der Jugend, 1951 (1,2), 1952 (1,2,3), 1953 (1), 1954 (1,3), 1955 (3,4), 1956 (3), 1958 (1), 1962 (1,3,5), 1963 (1,3,5a), 1964 (1,3), 1965 (1,3), 1966 (4,5a), 1967 (3,4,5a, für die Jüngsten), 1968 (4,5a,6), 1969 (3,5a,7, für die Jüngsten), 1970 (2,3,4,5a,8), 1971 (1,2,3,4,5a, für die Jüngsten), 1972 (1,2,4,5a, für die Jüngsten), 1973 (1,2,4, für die Jüngsten), 1974 (1,2,3,4), 1975 (1,2,3,4, für die Jüngsten), 1976 (3,4, Elternjahrbuch).

Jung, Eckart: Das heitere Kinderbuch. Bde 9–10, Wien/Berlin/Leipzig.
Jung, Julius: Leben und Sitten in der Kaiserzeit. Deutsche Universalbibliothek für Gebildete, Leipzig 1884.
Kaindl, Franz: Wia I red. Gedichte und Gedanken eines Niederösterreichers, Verlag Puschls' Witwe, Waidhofen/Thaya 1946.
Kaiser, Elfe: Wolfgang und die Funkstreife, Wien 1961.
Kamitz, Bertold: Das Jahr des Kindes. Illustrationen von Luzia Adelsberger, Verlag Jugend & Volk, Wien 1952.
Katechismus der katholischen Religion, Wien 1953 (1959).
Kinderwelt von A–Z, hgg. Richard Bamberger et al., ÖBV, Wien/Hamburg/Zürich 1954.
Kleist, Heinrich: Michael Kohlhaas. Erzählung aus dem 16. Jahrhundert, Illustrationen von Roland Strasser, Meisterwerke der Prosa, Band 6, Verlag Gerlach & Wiedling, Wien 1946.
Köhrer, Erika: Der Feuerteufel. Illustrationen von Robert Graber, Verlag Jugend & Volk, Wien 1949.
Kulturkunde auf heimatlicher Grundlage. Tat und Ziel der Einheitsschule mit Lehrplan, Lehrbeispielen und Abbildungen, hgg. von Gustav Klemm, Dresden 1911.
Langreitstätter, Maria: Das Geheimnis der großen Nacht, Klagenfurt 1959.
Lehrerzeitung 1974.
Leitner, Franz Johann's Julerl. Volksstück in fünf Bildern, 2. Auflage, Stempel: Volksbibliothek Mariensee, handschriftl. Vermerk »Peisching, erhalten am 4. Jänner 1921. Rosa Tobler.«
Lesehefte Heimat – Welt, 1966, 1968.
Liederblätter, Noten, Volkstumspflege:
- Hefte der Volkstumspflege –
  1935 Folge 1 (November),
  1936 Folge 3, 5–12 (Jänner, März–Oktober),
  1936/37, 2. Jahrgang Folge 1–3, 6–12 (November–Jänner, April–Oktober),
  1937 Folge 1, 2, 3 Werbeausgabe (Oktober–Dezember),
  1937/38, 3. Jahrgang, Folge 1-4 (November–Februar),
- Mein Österreich. 30 zwei- u, dreistimmige Schulchöre und Volkslieder, hgg. von Raimund Zoder, 1946.
- Österreichische Bundshymne, 1947.
- Österreichisches Liederblatt Blatt 1–12, o. Jahreszahl.
- Österreichisches Liederblatt. Neue Folge, 1946/47, Nr. 2, 3.
- Österreichisches Liederblatt 1947/48, 1, 2.
- Österreichisches Liederblatt 1948/49, 5.
- Österreichisches Liederblatt 1950/51, 1, 4.
- Österreichisches Liederblatt 1953/54, 1–4.
- Österreichisches Liederblatt 1954, 5/6 – Prof. Viktor Zack.
- Österreichisches Liederblatt 1954/55, 2/3–5/6.
- Liederblatt der Ostmark Blatt 14–17.
- Steirisches Liederblatt 1, o. Jahreszahl, 3 (1937).

Liederbuch für die Grundschule, hgg. von Leo Rinderer, Wien/München 1968.
Linke, Karl: Der freie Aufsatz auf der Unterstufe, Mittelstufe und Oberstufe. Mit Schüleraufsätzen und Schülerzeichnungen, 5. Auflage, 1. Auflage 1916.
Luftensteiner, E.: Das »Einmaleins« der deutschen Sprache. 2. Auflage, OÖ Landesverlag, Linz.
Lundgren, Ester Ringèr: Klein Trulsa. Verlag Jungbrunnen, Wien 1965.
Macdonald, George: Die Prinzessin und die Kobolde. Illustrationen von Agnes Matouschka-Gablenz, Obelisk Verlag, Innsbruck, Verlag St. Gabriel Mödling.
May, Karl: Durch die Wüste, Wien 1948.
May, Karl: Old Shatterhand, Bde 1, 2, Wien 1949.
May, Karl: Winnetou. Bde 1–3, Wien 1948.
Menzel, Rudolf: Der Schwalbensommer. Illustrationen von Hans Lang, Verlag Jugend & Volk, Wien 1952.

Mukerju, Gopal Dhan: Sirdar. Der Herdenführer. Verlag Jugend & Volk, Wien 1951.
Neues Rechnen. Ausgabe A, hgg. von Eli Wimmer-Sabeth und Georg Brein, Wien 1972.
Niedergesäß, Robert: Landschafts- und Sittenbilder, III. Abteilung, Verlag Pichler's Witwe und Söhne, Wien.
Notenheft 1968.
Paulzow, Henriette von: Thomas Thyrnan. In: Die besten Romane der Weltliteratur in neuen Ausgaben, Vierter Band, o. Jahreszahl.
Pöschl-Kraas, Gertrud: Hinein ins Leben. Illustrationen von Gaby Schück, Verlag Jugend & Volk, Wien 1949 (Wien 1953).
Raiffeisen und Schule, hgg. von Josef Weidmann, Wien 1966.
Rechenbücher:
– 1. Rechenbuch, hgg. von Brauner Werteck, Wien 1957.
– Rechenbuch der 3. Klasse, Wien 1948.
– Rechenbuch für Volksschulen, 5. Teil, hgg. von Buxbaum-Zimmel, Wien 1936.
– Wie Kinder zählen und rechnen, 3. Klasse, Hölder-Pichler-Tempsky, Verlag Jugend & Volk, Wien 1948.
– Wir können schon rechnen. Eine Rechenschule für kleine Leute, hgg. von Rudolf Schön, 3. Teil (1965), 6. Auflage (1969) Verlag Jugend & Volk, Wien. [Jeweils mit den Namen der Schüler Brunner Martin, Groller Martina, Haidbauer Manfred, Schicho Gottfried, Schicho Karin, Peter Zinkl bezeichnet.]
Riemann, H.: Handbuch der Fugenkomposition. Analyse von Bachs Kunst der Fuge. Verlag Berlin, Leipzig 1917.
Rosche, Felix: Mein Steinadler-Buch, Verlag Jugend & Volk, Wien 1951.
Rose, Elizabeth und Gerald: Wulff fährt in die Stadt, ÖBV, Wien 1969.
Rosegger, Peter: Ausgewählte Erzählungen. Illustrationen von Erich Schintz, Verlag Jugend & Volk, Wien.
Schaller, Ilse: Das Eselein Buch. Illustrationen von Elie Delignon, ÖBV, Wien 1964.
Schattauer, Friedrich: Der Zauberstab. Selbstverlag, Markt Piesting, NÖ 1971.
Scheip, Gertrud: Es glänzt ein Stern. Wien/München/Basel 1962.
Schiller, Friedrich: Wilhelm Tell. Illustrationen von Fritz Gareis, 5. Auflage, ÖBV, Verlag Jugend & Volk, Wien 1946.
Schilling, Eugenie: Susi Hasenöhrl. Birkenverlag, Wien 1949.
Schneider, Willi: Karnik. Die Geschichte eines Wildkaninchens. Wien 1947.
Schön, R. und F. Jarolim: Mengenlehre 1. Schulstufe, Wien 1972.
Schubert, Karl: Ausgeführte Stilarbeiten auf Grundlage deutscher Musterstücke, II. Band für die Oberstufe, 2. Auflage, Wien 1890 [signiert von den Lehrern Alfred Schmidl und Franz Bahrle].
Scott, Walter: Ivanhoe. In: Die besten Romane der Weltliteratur, 2. Band, o. Jahreszahl.
Sebestyèn, György: Der Mann mit dem Blumentopf. Märchen aus Ungarn. Illustrationen von Fritzi Weidener, Verlag Jugend & Volk, Wien/München 1970.
Senoner, Wilma: Geschichten für Dorit-Elisabeth. Illustrationen von Gertrude Schiebl, Paul Gerin, Wien 1947.
Sklenitzka, Franz Sales: 7000 Rosa April Maikäfer. Illustrationen von Wolfgang Zöhrer, Verlag Jugend & Volk, Wien 1973.
Spielwahlfibel für Laienspieler, 1966.
Starnfeld, T. G.: Allerlei vom kleinen Pickerl. Illustrationen von Franz Wacik, Verlag Jugend & Volk, Wien 1948.
Steininger, Grete: Die Märchen der Zauberuhr. Illustrationen von Ernst Kutzer, Verlag Jugend & Volk, Wien 1951.
Storm, Theodor: Pole Poppenspäler. Illustrationen von B. Stefferl, ÖBV, Verlag Jugend & Volk, Wien 1950.
Strauß, Richard: Ariadne auf Naxos, Verlag Adolph Fürstner, Berlin/Paris 1916. MAUSZERBISSEN!!
Strauß, Richard: Lieder. Wagner, Richard: Tannhäuser. Verlag Adolph Fürstner, Berlin. MAUSZERBISSEN!!

Stummer, J. V.: Drücke ich mich immer richtig aus? Sprachsünden die wir täglich begehen, Bd. 2 (1956), Bd. 3 (1957), Birken-Verlag, Wien.
Tafeln für den Religionsunterricht:
- Tafeln I–XL, Kleinformat, tlw. (Leidensgeschichte) sehr beschädigt, 19. Jhdt., Herder, Freiburg, Baden. – dzt. Leihgabe an die Pfarre Mönichkirchen, Pfarrer Mag. Dietmar Orgelmeister (August 2004).
- Tafeln 1–80, Illustrationen von Zitaten aus Bibel, Genesis, etc. Großformat, tlw. leicht beschädigt, Beginn 20. Jhdt.

Tausend und eine Nacht. Die schönsten Märchen, bearbeitet für die Jugend von O. Berger, o. Jahrezahl.
Tetzner, Lisa: Der kleine Su aus Afrika. Obelisk Verlag, Innsbruck/Wien 1970.
Tetzner, Lisa: Der kleine Su aus Amerika. Obelisk Verlag, Innsbruck/Wien 1970.
Thomas-Werke: Zur Wertschätzung des Thomasschlackenmehles im allgemeinen und der böhmischen Schlackenmehle insbesondere, 3. Auflage, Buchdruckerei Industrie Wien.
Tiechl, Eduard: Deutsche Sprachschule für österreichische Bürgerschulen, Wien 1926.
Tuwim, Irena: Der Schwänzer Heinz, Verlag Jugend & Volk, Wien 1965.
Umlauf-Lamatsch, Annelies: Schnick, Schnack, Schnuck, die Hutzelmännlein. Illustrationen von Ernst Kretzer, Verlag Jugend & Volk, Wien 1952.
Unsere Republik im Wandel der Zeit. ÖBV, Wien 1964.
Verkehrshandbuch für Niederösterreich, Wien 1924.
Verne, Jules: Die Reise um die Erde in 80 Tagen, hgg. von Karl Linke, Verlag Jugend & Volk, Wien 1950.
Volksmärchen aus Österreich, hgg. von der Wiener Pädagogischen Gesellschaft, Illustrationen von E. Schütz, Verlag Jugend & Volk, Wien 1950.
Vom Bodensee zum Burgenland, gesammelt von Josef Ziegler, Bilder von Franz Schrempf, ÖBV, Wien 1926.
Wagner, Richard: Tannhäuser. Richard Strauß-Lieder. Verlag Adolph Fürstner, Berlin. MAUSZERBISSEN!!
Wagner, Richard: Walküre. Ring der Nibelungen. Reclam Verlag, Leipzig 1925. MAUSZERBISSEN!!
Wahlstedt, Viola: Anna und Susanna hinterm Ladentisch, Obelisk Verlag, Innsbruck 1965.
Wahlstedt, Viola: Keiner glaubt Aslak. Illustrationen von Aiga Rasch, Obelisk Verlag, Wien 1971.
Washington, Irving: Geschichte von der Alhambra. ÖBV, Wien 1925.
Weyrich, Edgar: Aus der Ostmark vergangenen Tagen. Erzählungen aus der Geschichte Niederösterreichs mit alten Bildern, ÖBV, Wien/Leipzig 1927.
Wie Kinder zählen und rechnen. Für die 3. Klasse, Wien 1948.
Wohanka, Emmy: Das Kleine Wiesenvolk. Illustrationen von Helene Giritsch, Verlag Jugend & Volk, Wien 1952.
Wohanka, Emmy: Prinz Pips. Eine Spatzengeschichte aus Schönbrunn. Illustrationen Ferdinand K. Gold, Wien 1953.
Wolf, Therese: Falter Muckis Lebenslauf. Illustrationen von Ella Gams, Verlag Jugend & Volk, Wien 1950.
Wölfflin, Kurt: Wer fängt den Wollknäuel. Illustrationen von Dorothea Stickl-Dimow, ÖBV, Wien 1969.
Wolter, Hans Joachim: Die König-Elf und der tote Briefkasten. Verlag Bentzing, Zürich-Köln 1970.
Zeehe, A. und Adam Schuh: Lehrbuch der Geschichte für die oberen Klassen der Mittelschulen, III. Teil, Geschichte der Neuzeit von der Mitte des XVII. bis zur Mitte des XIX. Jahrhunderts, 7. Auflage, Wien 1930.

E.3. Wandtafeln

Bei den mit ° bezeichneten Wandtafeln wurde der fehlende Bildtitel hinzugefügt.

Ackerunkräuter 1, hgg. v. Bundesanstalt für Pflanzenschutz Wien, Druck Waldheim Eberle Wien.

Anatomische Wandtafeln v. Frohse, Druck C. Angerer und Göschl:
- Tafel 1 Ganze Skelettfigur von vorn. Homo sapiens.
- Tafel 2 Ganze Muskelfigur.
- Tafel 5 Arterien, Schlagadern.
- Tafel 6 Brust- und Baucheingeweide des Menschen I.
- Tafel 11 Schematische Darstellung des Blutkreislaufes.
- Tafel 12 Das menschliche Gehörorgan.
- Tafel 13 Das menschliche Sehorgan.
- Tafel 15 Medianschnitt durch Kopf und Hals.

Bergwerk – Lithogr. Anstalt von Karl Prochazka in Teschen, Verlag A. Pichlers Witwe.
Bundesland NÖ, Landkarte, Hg. Akademie der Wissenschaften.
°Cäsar.
°Christkindlmarkt – Wien.
Der Erzberg – Verlag der ›Lehrmittelzentrale‹ Wien, Druck Steyrermühl, Blatt 1.
Der Kraftwagen – Der Viertaktmotor, gez. Kluger, Hofmann Druck, Wien VI.
Der Quadratmeter.
Die Zahlen von 1–100.
Dirr, Rudolf: Die Familie. Druck Erwin Metten Nachf., Wien IX.
Dirr, Rudolf: Straßenordnung. Druck Waldheim Eberle, Wien VII.
Drache, Rudolf: Theodor Körners Tod bei Gadebusch am 26.8.1813, 1902, Druck und Verlag C. C. Meinhold & Söhne, Dresden.
Erzgewinnung am Steirischen Erzberg, Photo Julius Farkas.
Eschner, Max: Technologische Wandtafeln, Druck A. Pichlers Witwe & Sohn, Wien:
- Eisengießerei.
- Gerberei.
- Glasbereitung.
- Hochofen.
- Lokomotive.
- Luftschiff.
- Papierbereitung.
- Steinkohlenbergwerk.
- Telegraph.
- Zuckergewinnung.

Fadrus, V.: Österreichische Landschafts- und Kulturbilder:
- Dachauer, Willy: Burg Kreuzenstein – Auszug zur Falkenjagd. Deutscher Verlag für Jugend & Volk, Druck Christoph Reisser's Söhne, Wien V.
- Dachauer, Willy: Burg Liechtenstein. Deutscher Verlag für Jugend & Volk, »Secession« Graphische Kunstanstalt Wien.
- Dachauer, Willy: Minnesänger im Rittersaal zu Kreuzenstein. Deutscher Verlag für Jugend & Volk, Druck Österr. Staatsdruckerei, Wien I.
- Danilowatz, Josef: Ebenfurter Überlandzentrale, Gemeinde Wien, Städtische Elektrizitätswerke, Deutscher Verlag für Jugend & Volk, »Secession« Graphische Kunstanstalt Wien, 1923.
- Danilowatz, Josef: Elektrizitätswerk der Gemeinde Wien, Maschinenhalle mit 12.000pferdigen Dampfturbinenaggregaten, Deutscher Verlag für Jugend & Volk, Druck Österr. Staatsdruckerei, Wien I, 1923.
- Danilowatz, Josef: Förderturm und Kohlensortierungsanlage der Grünbacher Steinkohlenwerke AG, Druck Christoph Reisser's Söhne, Wien V, 1923.
- Danilowatz, Josef: Kammeröfen des Gaswerkes Lobau, Deutscher Verlag für Jugend & Volk, Wien I, 1923.
- °Danilowatz, Josef: Kohlebergbau, 1923.
- Danilowatz, Josef: Verkehr, Deutscher Verlag für Jugend & Volk, Wien I, 1924.
- Gold, Ferdinand: Donautal bei Dürnstein. Deutscher Verlag für Jugend & Volk, »Secession« Graphische Kunstanstalt Wien, 1925.
- Grazioli, E.: In einem alten Kloster. Nach dem Original, Druck Fricke & Co., Stuttgart.

– Révy, Heinrich: Im Turnierhof der Rosenburg. Deutscher Verlag für Jugend & Volk, Wien I, »Secession« Graphische Kunstanstalt Wien.
– Schütz, Erich: Altes Stadttor in Krems 1840. Deutscher Verlag für Jugend & Volk, Wien I, Druck Österr. Staatsdruckerei, Wien I.
– Schütz, Erich: Kärntnertor [unbezeichnet].
– Schütz, Erich: Wien – Hoher Markt um 1725, Deutscher Verlag für Jugend & Volk Wien/Leipzig, Druck Christoph Reisser's Söhne, Wien V.
– Strasser, Roland: Landsknechte. Deutscher Verlag für Jugend & Volk, »Secession« Graphische Kunstanstalt Wien.

Frank, Fr., Wien: Urwald im Böhmerwald.

Gefahren im Alltag. München.

Geschichte:
– Germanen. Der Praktische Schulmann, Nr. 211, 1936, Offsetdruck Fricke & Co., Stuttgart.
– Germanische Heldenehre – Grablegung des Königs Alarich, sign. Planck. Der Praktische Schulmann, Druck Keller & Nachmann, Stuttgart.
– °Griechisches Theater, Druck C. Angerer und Göschl.
– Kampf um eine vorgeschichtliche Burg in Deutschland. Der Praktische Schulmann, Nr. 176, Offsetdruck Fricke & Co., Stuttgart.
– Mensch und Naturkräfte. Original von W. Planck, Verlag Der Praktische Schulmann, Nr. 42, Offsetdruck Paul Möschet, Stuttgart.
– °Schlacht im Mittelalter, Druck A. Pichlers Witwe.
– Schwäbische Bauern auf dem Zug nach dem Banat. Der Praktische Schulmann, Nr. 196, sign. W.Pl., Verlag Friedrich Ernst Fischer, Dresden-Bühlau, Offsetdruck Fricke & Co., Stuttgart.
– °Streitwagen in Rom, sign. Hans Widtmerdt (?), Weimar 1912.
– Vormarsch in Rußland, Original von Hugo Bouvard 1936, Dr. Josef Stur, Bilder aus dem Weltkrieg Nr. 1, Verlag Friedrich Ernst Fischer, Dresden-Bühlau, Offsetdruck Fricke & Co., Stuttgart.

Geschützte Pflanzen in Niederösterreich, 1951.

Gold, Ferdinand: °Töpfer.

Großstadtverkehr.

°Handwerksbetriebe.

Haslinger, Quirin: Die Kalkgewinnung in den Alpenländern. Österr. Lehrmittelanstalt Linz, Druck J. Wimmer, Linz.

Haslinger, Quirin: Vollgattersäge und Holzlagerplatz, Österr. Lehrmittelanstalt Linz, Druck J. Wimmer, Linz.

Hausbau, Architekt Roth, Blatt 15, Ed. Hölzl's Kunstanstalt.

Heilpflanzen, Blatt 1, 2, 3, hgg. von Dr. Bernhard Hörmann, München.

Hellmann, A.: Geographische Charakterbilder aus Österreich-Ungarn, A. Pichlers Witwe
– Der Donaudurchbruch bei Wien, Blatt 24.
– Die Salzgärten bei Capo d'Istria.

Hoffmann, Anton: Eine Wagenburg der Hussiten, München, A. Pichlers Witwe.

Hoffmann, Anton: Im Dorf. Druck Erwin Metten Nachfolger.

Hoffmann, Anton: Obst- und Gemüsemarkt. Druck Erwin Metten Nachfolger.

Hoffmann, Anton: °Schlacht, München, A. Pichlers Witwe.

Holzgewinnung in den Alpenländern.

Jahn, Gustav: Frühling. Wandtafelwerk Blatt 30, Druck und Verlag der Österreichischen Staatsdruckerei Wien.

Jahn, Gustav: Mariazell. Wandtafelwerk Blatt 26, Druck und Verlag der Österreichischen Staatsdruckerei Wien.

Jonas, Franz: Bundespräsident. Photographie, 1965.

Klemm, Josef: Elektrische Straßenbahn, Druck A. Pichlers Witwe.

Kluger: Traktor, Dieselmotor, Hofmanndruck Wien VI.

Krenek, C.: Bauernhof, k.k. Hof- und Staatsdruckerei.

Lehmann, A.D.: Geographische Charakterbilder
- Auf der Puszta. Druck A. Pichlers Witwe.
- Das Erzgebirge. Druck A. Pichlers Witwe.
- Das Riesengebirge. Druck A. Pichlers Witwe.
- Der Hamburger Hafen.
- In der Wüste. Druck A. Pichlers Witwe.
- Die Gotthardbahn bei Wassen.
- Polarlandschaft. Druck A. Pichlers Witwe.

Lenz, M. Wandtafelwerk: Mühle, k.k. Staats- und Hofdruckerei Wien.

Mappe mit verschiedenen Kleinplakaten.

Märchen:
- Aschenbrödel. Original von Erich Schütz. In: V. Fadrus Märchenbilder, Deutscher Verlag für Jugend & Volk, Wien-Leipzig, Druck: Christoph Reisser's Söhne, Wien V.
- Der Wolf und die 7 Geißlein. Original von Herbert Rasch, Stockmann Märchenbilder Serie 2/5, Verlag Paul Stockmann, Bochum.
- Die 7 Raben. Orig. Steinzeichnung von Ernst Kutzer. In: V. Fadrus Märchenbilder, Deutscher Verlag für Jugend & Volk, Wien/Leipzig, Druck: Christoph Reisser's Söhne, Wien V.
- Dornröschen. Original von Karl Friedrich Bell. In: V. Fadrus Märchenbilder, Deutscher Verlag für Jugend & Volk, Wien I, Druck: Österreichische Staatsdruckerei Wien.
- °Dornröschen.
- Frau Holle. Original von R. Dirr, Hofmann Druck Wien VI.
- Froschkönig. Künstlersteindruck von Erich Schütz. In: V. Fadrus Märchenbilder, Deutscher Verlag für Jugend & Volk, Wien/Leipzig, Druck: Christoph Reisser's Söhne, Wien V.
- Gestiefelter Kater. Original von Erich Schütz. In: V. Fadrus Märchenbilder, Deutscher Verlag für Jugend & Volk, Wien I.
- Hans im Glück.
- Hänsel und Gretel. Orig. Steinzeichnung von Franz Vacik. In: V. Fadrus
- Märchenbilder, Deutscher Verlag für Jugend & Volk, Wien I, Druck »Secession« Graphische Kunstanstalt Wien.
- Hase und Igel.
- Hase und Jäger.
- Rotkäppchen. Original von Herbert Rasch, Stockmann Märchenbilder Serie 1/3, Verlag Paul Stockmann, Bochum.
- Rotkäppchen, Bild 2, Original von Käthe Olshausen-Schönberger, Wachsmuth's Märchenbilder, Leipzig.
- Rübezahl. Original von Paul Hey. In: V. Fadrus Märchenbilder, Deutscher Verlag für Jugend & Volk, Wien-Leipzig, Druck: Christoph Reisser's Söhne, Wien V.
- Rumpelstilzchen. Original von M. Scheel. Der Neue Schulmann, Nr. 1153, Offsetdruckerei Fricke & Co., Stuttgart.
- °Tapferes Schneiderlein, Original von Paul Hey.

Menschenrassen.

Metrische Maße und Gewichte.

Mozart vor Kaiserin Maria Theresia, Verlag A. Pichlers Witwe, Druck Kunstanstalt und Buchdruckerei Friedrich Sperl, Wien III.

New York. Nach Lichtbildern bearb. Von V. Mundorff, Der neue Schulmann Nr. 4016, Offsetdruck Fricke & Co., Stuttgart.

Österreichische Qualität, 1972.

Österreichische Sehenswürdigkeiten – Photographien – Zeichnungen:
- Alpenwasserfall, Käfertal in den Hohen Tauern. Blatt 14.
- Arthur-Haus, Hochkönig, Salzburg – Photographie Ernst Fuchs.
- Bad Gastein. Blatt 8.
- Bregenz am Bodensee. Blatt 3.
- Burg Hochosterwitz. Die österreichische Landschaft, Blatt 26. Kunst Tiefdruck Chwala, Wien, Verlag der Alpenlandbuchhandlung Südmark, Graz.

– Burg Unter-Falkenstein – Franz Walden.
– °Donau – Wachau, Original A. Heilmann, Verlag A. Pichlers Witwe, Wien, Druck Eduard Sieger, Wien.
– Eger – Marktplatz mit Stöckl. Heimat und Welt, Blatt 6, Verlag der Alpenlandbuchhandlung Südmark, Graz.
– Gosau-See mit Dachstein. Blatt 5.
– °Graz, Original von Friedrich Frank, Wien 1914.
– Großglockner, Kärnten – Reinhold Böhringer.
– Großglockner, Hochalpenstraße. Blatt 33.
– Großglockner, Hochalpenstraße. Photographie Ernst Fuchs, Zell am See, Verlagsnummer 955, Deutscher Verlag für Jugend & Volk, Wien I.
– Koblenz, Heimat und Welt, Blatt 2, Verlag der Alpenlandbuchhandlung Südmark, Graz.
– Leopoldsberg mit Kahlenbergerdorf und Donaustrom. Blatt 19.
– Mariazell – Hermann Brühlmeyer.
– Melk – Hermann Brühlmeyer, k.k. Hof- und Staatsdruckerei.
– Ötztaler Alpen, Similaun, Tirol – Reinhold Böhringer.
– °Pasterze, Karl Prohazka, Teschen, Verlag A. Pichlers Witwe.
– Sankt Wolfgang – Dipl.Kfm. Hans Orlier
– Schladminger Tauern, Steiermark – Franz Walden.
– Schloß Blühnbach, Werfen, Salzburg – ÖNB.
– Silvretta Gruppe, Vorarlberg – Reinhold Böhringer.
– Wien 1915, Original von Friedrich Frank.
– Wien, Ringstraße. Blatt 16.

Pilch, Adalbert: Frühling. Verlag A. Pichlers Witwe, Wien V, Margaretenplatz.
Pilch, Adalbert: Herbst. Verlag A. Pichlers Witwe, Wien V, Margaretenplatz.
Pilch, Adalbert: Winter. Verlag A. Pichlers Witwe, Wien V, Margaretenplatz.
Pilze: Speisepilze, Giftpilze.
Pilze, eßbare. Prof. Raschkes 2. Tafel. In: Graser's Naturwissenschaftlichen und landwirtschaftlichen Tafeln 1 B.
Pleuelstange, Verlag A. Pichlers Witwe.
Prinz Eugen, der edle Ritter. Gemälde von Franz Roubal, Führer und Volk, Leipziger Schulbilder Verlag Wachsmuth.
Quittan, Prof. J.: Hausbau. Druck Waldheim-Eberle, Wien VII.
Quittan, J.: Tischler, Druck Waldheim-Eberle, Wien VII.
Reidinger, Hans: Bäcker. Druck Waldheim-Eberle, Wien VII.
Reidinger, Hans: Schuhmacher. Druck Waldheim-Eberle, Wien VII.
Reinkenhof, Prof. R.: Fleischhauer, Druck J. Eberle KG.
Reinkenhof, Prof. R.: Schneider, Waldheim-Eberle, Wien VII.
°Reisen. Fluß, Pferdekutsche, Burg.
Reisernte in Japan. Photoarchiv Der neue Schulmann Nr. 4027, Offsetdruck Fricke & Co., Stuttgart.
Renner, Dr. Karl – Bundespräsident. Photographie.
Salzgewinnung – OÖ Salzkammergut, Höllengebirge.
St. Petersplatz in Rom. Lichtbild. Der neue Schulmann Nr. 4021, Offsetdruck Fricke & Co., Stuttgart.
Schiffswerft, nach einem Lichtbild der deutschen Werft Hamburg, Offsetdruck Fricke & Co., Stuttgart.
Schulordnung.
Strasser, Roland: Dorfschmiede. Deutscher Verlag für Jugend & Volk, Wien I, Druck »Secession« Graphische Kunstanstalt Wien VIII.
Tiere:
– Anthonomus pomorum [mit Bleistift ergänzt Apfelblütenstecher].
– Apis mellifica [mit Bleistift ergänzt Honigbiene] bei der Arbeit.
– °Auerhahn und Rebhühner.
– Balaena mysticetus [mit Bleistift ergänzt Der Grönlandwal].

– Bandwürmer – Bothriocephalus latus [mit Bleistift ergänzt breiter Bandwurm], Taenia solium [mit Bleistift ergänzt Schweinebandwurm des Menschen].
– Bombyx mori [mit Bleistift ergänzt Seidenspinner].
– Bostrychus thypographicus [mit Bleistift ergänzt Der Borkenkäfer].
– Camelus dromedarius [mit Bleistift ergänzt Das Kamel oder Dromedar].
– Canis Lupus [mit Bleistift ergänzt Wolf], Original von F. Specht.
– Canis Vulpes [mit Bleistift ergänzt Fuchs].
– Cervus elaphus [mit Bleistift ergänzt Hirsch].
– Chelunia maculosa [mit Bleistift ergänzt Schildkröte].
– Crocodilus vulgaris [mit Bleistift ergänzt Das gemeine Krokodil].
– °Dachs, Original von J. Sokup.
– Das Hausrind.
– Die Bettwanze, Serie I, Nr. 4.
– Die Kleiderlaus, Serie I, Nr. 1.
– Die Krätzmilbe, Serie I, Nr. 8.
– Die Mehlmotte. Dr. F. W. Winter, Serie II, Nr. 1, Dr. C. Schlüter, Deutsche Gesellschaft für angewandte Entomologie.
– Dreifachbild – Biber, Igel, Maulwurf.
– Elephas medicus [mit Bleistift ergänzt Der Elefant].
– °Entenfamilie.
– °Fasane, Original von H. Wick.
– Felis leo, Original von Wilhelm Kuhnert.
– Felis tigris.
– °Fische, Hecht und Karpfen.
– °Geier, Enten.
– °Hasen.
– Hirudo medicinalis [mit Bleistift ergänzt medizinischer Blutegel].
– °Hühnerhof.
– °Hummer, Spinne.
– °Hunde.
– Kartoffelkäfer, Prof. Dr. Richard Heymann, Berlin, Serie V, Nr. 2, Dr. C. Schlüter, hgg. v. Wr. Tierschutzverein, Wien I, Wildbretmarkt Nr. 5, sign. W. Heubach, München.
– °Katzenfamilie.
– °Krähe.
– °Lämmer, Original von F. Specht.
– Mustela martes [mit Bleistift ergänzt Baum- oder Edelmarder], lutra vulgaris [mit Bleistift ergänzt Fischotter].
– Nilpferd, Original von Prochazka 20.X.1922.
– Ocneiria monarcha [mit Bleistift ergänzt Die Nonne].
– °Pferd, gesattelt.
– Phoca groenlandica [mit Bleistift ergänzt Grönländischer Seehund].
– Pieris brassicae [mit Bleistift ergänzt Der Große Kohlweißling] in allen Stadien.
– °Raubvögel.
– °Rehe.
– Schlangen – Doppelblatt: Buffo vulgaris [mit Bleistift ergänzt Erdkröte], Lacerta agilis [mit Bleistift ergänzt Zauneidechse], Peleas berns [mit Bleistift ergänzt Kreuzotter], Salamandra maculosa [mit Bleistift ergänzt Feuersalamander], Triton cristatus [mit Bleistift ergänzt Großer Teich- oder Kammolch].
– Schmetterlinge (Admiral), Maikäfer.
– Schmetterlingslebenslauf, Original von H. Becker-Berke, Offsetdruck Fricke & Co., Stuttgart.
– °Schweine und Ferkel.
– See- und Strandvögel. Litho Dr. Fr. Eugen Kohler in Gera-Untenthaus, Verlag Friedrich Viehweg & Sohn, Braunschweig.
– Speicherschädlinge.

– Storch, Original von M. Molitor, 1903.
– Sumpf- und Teichvögel. Litho Dr. Fr. Eugen Kohler in Gera-Untenthaus, Verlag Friedrich Viehweg & Sohn, Braunschweig.
– Sus scrofa [mit Bleistift ergänzt Das Wildschwein].
– Trichina spiralis [mit Bleistift ergänzt Trichine].
– Ursus arctos [mit Bleistift ergänzt Der Eisbär].
– Vögel: Picus maior [mit Bleistift ergänzt Buntspecht], picus viridis [mit Bleistift ergänzt Grünspecht, Schwarzspecht], cuculus canorus [mit Bleistift ergänzt Kuckuck].
– Vögel am Bach.
– Vögel beim Futterhäuschen, Original F. Zerritsch, Druck Waldheim-Eberle, Wien VII, Seidengasse 3–11.
– Zebra – Photographie mit ausführlichem Text.

Wachsmuth's Technologische Wandtafeln, A. Pichlers Witwe
– Buchdruckerei.
– Kochsalzgewinnung.
– Luftschiff.
– Ziegelei.

Wandbilder für den Anschauungs- und Sprachunterricht:
– Blatt 16 a, Das Berg- und Hüttenwerk. Ed. Hölzl, Wien.

Wandbilder hervorragender Bauwerke in Österreich, A. Pichlers Witwe:
– Blatt 1, Der Stephansdom in Wien.
– Blatt 2, Das Reichsratsgebäude in Wien.
– Blatt 3, °Die Votivkirche, Druck Th. Mayerhofer & Co, Wien XVI.
– Blatt 4, Das Rathaus in Wien.
– Blatt 5, Die Karlskirche in Wien.
– Blatt 6, Das k.k. Belvedere in Wien.
– Blatt 7, k.k. Kunsthistorisches Hofmuseum in Wien.
– Blatt 9, k.k. Artillerie – Arsenal in Wien.
– Blatt 10, Die Rotunde in Wien.
– Blatt 11, k.k. Hofoper Wien.
– Blatt 12, k.k. Hofburg in Wien (Innerer Burghof).

Wandtafeln zur mathematischen Geographie von Rudolf Schmidt, Druck A. Pichlers Witwe:
– Bewegung der Erde um die Sonne.
– Bewegung des Mondes um die Erde.
– Sonnen- und Mondfinsternis.

Wildfrüchte, eßbare, Nr. 4, Bernard Hörmann, München.

Wilt, H.: Die Semmeringbahn mit Blick auf die Polleres-Wand, Druck und Verlag der k.k. Hof- und Staatsdruckeri Wien.

Zahlentafel 1 – 100.

E 4. Zeitschriften, Photographien, Sonstiges.

Amtsblätter	1959–1960
Das Blatt der Hausfrau	1953
Der öffentliche Angestellte	1950
Erziehung und Unterricht	1948–1956
Frau und Mutter	1949
Kontinente	1955
Lehrerzeitung	1974
Schulblatt	1946, 1948

Belobigungsmarken
Partezettel
  Martin Steiner
  LH Hartmann
  Pfarrer Gold [hinzugefügt 2005]

E. 5. Lehrbehelfe und Schulmobiliar

Alte Schulbank	1 Stück Type Schlimp
Neue Schulbänke	etwa 16 Stück
Kästen	2 kleinere alte, grün gestrichen, mit »Metermaß«
	2 große im Lehrmittelzimmer, 1 gehört zu Mineraliensammlung
Stellagen	1 gefüllt mit Schautafeln
	1 gefüllt mit Büromaterial
Zahlentafel	1
Rechenmaschine (gr. Abakus)	1
Zirkel	1
Holzdreieck	1
Meterstab	1
Truhen	3
Kiste	1
Schreibtische	2 modern
Türschild 2. Klasse	1
Mineraliensammlung	1 im Lehrerzimmer – dzt. im Naturhistorischen Museum Wien (Dr. Niedermair, Mineraliensammlung) zur Restaurierung (kostenlos)
	1 kleine am Dachboden – lt. Naturhistor. Museum Wien wertlos
Lehrmat. f. Physikunterricht	div. im Lehrerzimmer
Bänke	2
Sessel	4
Garderobehalterungen	2, alle Haken abgebrochen
Landkarten	Eisenbahnkarte von Österreich-Ungarn, Artaria Verlag, Wien 1906.
Sowie diverse.	
Bildtafeln	siehe Liste, stammen tlws. aus der Monarchie (vgl. Sitzungsprotokolle 1879, 1896, 1914).
Märchenschautafel, färbig	4 – Hase und Igel und Hans im Glück (dzt. im Naturhistorischen Museum Wien als Leihgabe), Rotkäppchen, Hase und Jäger
Naturschutzplakat	1
Tierpräparate	von Präparator Hösch restauriert, in der Gemeinde Aspang-berg-St. Peter gelagert.

F. Index der Schüler, Lehrer und Berufe 1878–1965

(Aus den vorhandenen Klassenbüchern. Die Klassenbücher der Kriegsjahre 1938–1945 fehlen)
Kursiv geschriebene Eigennamen sind ›vulgo‹-Hofnamen

STICHWORTVERZEICHNIS

Die *kursiv* geschriebenen Eigennamen sind die ›vulgo‹-Hofnamen der Bauern

ERIKA SIEDER, Dr. phil. Seit 1994 Mitarbeit bei den Veröffentlichungen der ARGE Mariensee 200: *Mariensee und seine Ursprünge,* Mariensee 1994 (Eigenverlag Stickelberger), vergriffen. *Mariensee – St. Peter: Geschichten und Bilder von der niederösterreichischen Seite des Wechsel,* Mariensee 1997 (Eigenverlag Stickelberger).
Publikationen im Verlag Bibliothek der Provinz: *Das Hungerloch.* Band I: *Ein Blick auf Küche und Kultur in Mariensee und St. Peter am Wechsel.* Band 2: *Rezepte und Rezepturen in Mariensee und St. Peter am Wechsel.* CD: *Leichhiatliadln, Alm- und Scherzlieder* (2003). A. J. Cronin: *Escape from fear. Wien – Aspang – Gmünd.* Übersetzung mit lokalhistorischen und zeitgeschichtlichen Ergänzungen (2003).

GOTTFRIED EILMSTEINER, Freistadt, Oberösterreich. Schriftsetzer und Freischaffender Künstler, seit 1990 Zusammenarbeit mit Richard Pils, Bibliothek der Provinz.

publication *PN°1*
Bibliothek der Provinz

Verlag für Literatur, Kunst und Musikalien

U1 U-Bahn-Linie
1 Schnellbahnlinie
CAT City Airport Train
Lokalbahn Wien–Baden
Regionalbusse
Kundenzentrum der Wiener Linien (U3-Station Erdberg)
Informationsstelle der Wiener Linien
V Vorverkaufsstelle
Flughafen
P+R Park & Ride
40
Kahlenbergerdorf
Nußdorf
P+R
U4
V
Heiligenstadt
Oberdöbling
Krottenbachstr.
V Gersthof
V
Spittelau
Nußdorfer Straße
Währinger Straße-Volksoper
Michelbeuern - Allg. Krankenhaus
40 Franz-Josefs-Bahnhof
V
Alser Straße
Josefstädter Straße
Hernals
P+R
Ottakring
V U3
Kendlerstraße
Hütteldorfer Straße
Johnstraße
V
Thaliastraße
V
Schottentor
i V
Burggasse-Stadthalle
Westbahnhof
Zieglerg.
V
Rathaus
Breitensee
Schweglerstraße
Penzing
i
V
50
i
Neubaug.
Volkstheater
Museumsquartier
Purkersdorf Sanatorium
Weidlingau
45
15
Hadersdorf
50
U4
V
Hütteldorf
Ober St. Veit
Unter St. Veit
Braunschweigg.
V
V
Gumpendorfer Straße
Margaretengürtel
V
Hietzing (Tiergarten)
Schönbrunn
Meidling Hauptstraße
Längenfeldg.
Niederhofstraße
Pilgramgasse
Kettenbrückengasse
Speising
3 V i
Philadelphiabr.
Matzleinsdorfer Platz
Meidling
Hetzendorf
Schedifkaplatz
Schöpfwerk
Tscherttegasse
Gutheil-Schoder-G.
Am Schöpfwerk
Inzdf. Personenbhf.
Atzgersdorf
Alterlaa
V
V
Neu Erlaa
Erlaaer Straße
Schönbrunner Allee
Liesing
V P+R
1 2
Perfektastraße
Siebenhirten P+R
U6
V